Regietheater - ein Stein des Anstoßes, der seit den 70er Jahren Kritiker und Publikum polarisiert, zuletzt in Dresden, wo Peter Konwitschnys Inszenierung von Kálmáns »Csárdásfürstin« zu Auseinandersetzungen führte, die auch ein höchstrichterliches Urteil nicht beenden konnte.

Am Beispiel der Arbeit von Peter Konwitschny zeigt Frank Kämpfer exemplarisch die Viel-schichtigkeit des Berufs Opernregisseur zwischen Musikanalyse und szenischer Umsetzung, »Werktreue« und der Erkenntnis, daß Theater seinem Wesen nach eine gegenwärtige Kunst ist, nur existent in dem Moment, in dem sie dargestellt, »gespielt« wird: Um zu dauern, muß diese Kunst dem Augenblick, der Gegenwart treu sein. Auch dieses Paradoxon ist Gegenstand der Gespräche, in denen Konwitschny Einblick in die »Werkstatt« des Musiktheaters gibt, die Arbeit mit Dramaturgen und Bühnenbildnern, Sängern, Chören und Orchestern. Die Hamburger Inszenierungen dienen dem Musiker Peter Petersen dazu, die Probe aufs Exempel zu machen; er zeigt die Umsetzung in die Praxis und würdigt die Zusammenarbeit des Regisseurs mit dem Dirigenten und Generalmusikdirektor Ingo Metzmacher. Texte von und mit Peter Konwitschny, im Mittelpunkt die Auseinandersetzung mit Verdi und Wagner, erhellen, warum es gerade heute, im 21. Jahrhundert, die alte Dame Oper ist, die uns alle in ihren Bann zieht.

Frank Kämpfer

geboren 1960 in Berlin. Studium der Germanis-
tik, Musikerziehung und Musikwissenschaft.
Redakteur der Zeitschrift »Musik & Gesellschaft« und bei DS KULTUR. Seit 1994 Redakteur
für Oper/Musiktheater beim Deutschlandfunk
in Köln. Herausgeber eines Materialbandes
über Peter Konwitschny, »Sehnsucht nach
unentfremdeter Produktion«, Berlin 1992.

FRANK KÄMPFER
Herausgeber

Musiktheater heute

Peter Konwitschny
Regisseur

Mit einem Originalbeitrag
von Peter Petersen

Europäische Verlagsanstalt

Informationen zu unseren Verlagsprogrammen finden Sie im Internet
unter www.europaeische-verlagsanstalt.de bzw. www.rotbuch.de

Die Deutsche Bibliothek – CIP-Einheitsaufnahme

Ein Titeldatensatz für diese Publikation ist bei
Der Deutschen Bibliothek erhältlich

© Europäische Verlagsanstalt/Rotbuch Verlag, Hamburg 2001
Umschlaggestaltung: Projekt®/Walter Hellmann, Hamburg
Umschlagmotiv: »Der Freischütz«, Hamburg 1999
Foto: Jörg Landsberg
Signet: Dorothee Wallner nach Caspar Neher »Europa« (1945)
Herstellung: Das Herstellungsbüro, Hamburg
Satz: Greiner & Reichel, Köln
Druck und Bindung: fgb · freiburger graphische betriebe
ISBN 3-434-50505-9

INHALT

ANHANG

FRANK KÄMPFER

Vorwort

Seitdem der Opernbetrieb sich nicht mehr aus immer neuen Werken, sondern vor allem aus dem Repertoire-Kanon speist, ist das Interesse an der Vergegenwärtigung von Partituren aus vergangener Zeit gestiegen. Daraus resultiert der theatergeschichtlich relativ junge, von den Aufgaben her aber komplexe Beruf der Opern-Regie. Der Regisseur nämlich ist es, der im modernen Musiktheater das szenische Geschehen einer Aufführung organisiert und das Werk im Zusammenspiel mit der Musik theatralisch, also auch inhaltlich interpretiert.

Auch Peter Konwitschny versteht die Interpretation als ersten Zweck seines Berufs. Er sieht sich in besonderem Maße den Partituren verpflichtet; die musikalische Formulierung ist für ihn der wichtigste Schlüssel zum Verständnis des zu inszenierenden Werks. Um das dem Publikum unmittelbar vermitteln zu können, bemüht er sich, den Intentionen von Autor und Komponist möglichst nahe zu kommen. Er untersucht musikalische Verhältnisse, spürt den Figuren- und Geschlechterkonflikten nach, gräbt verborgene, bis heute unerledigte Mitteilungen aus.

Das Resultat sind Inszenierungen, die aufstören. Sie ergreifen und bewegen das Publikum. Und sie vermitteln sich in einer vielschichtigen, vielgestaltigen szenischen Sprache, der die Lust zum Theater-Spiel unübersehbar innewohnt.

Der Premierenerfolg allein aber prädestiniert Peter Konwitschny noch nicht, stellvertretend für viele Auskunft über einen Beruf zu geben, der hohes Können auf sehr verschiedenen Gebieten verlangt und viele Theaterbereiche und -künste zusammenführt und vereint. Den Ausschlag gab auch, was hinter den Kulissen geschieht: Vorbereitung und Probengeschehen, die Zusammenarbeit im Regieteam, mit Sängern und Theaterpersonal.

Als Hospitant bei Walter Felsenstein und als Assistent von Ruth Berghaus hat Peter Konwitschny sein Handwerk sprichwörtlich bei den Meistern erlernt. Unbeirrt beharrt er auf ihrem heute zuweilen schon vergessenen Anspruch, Theater sei in erster Instanz nicht Geschäft, sondern ethisch-moralischen Grundsätzen und ihrer Verbreitung verpflichtet.

Diese Forderung an sich selbst, an die Mitwirkenden und an einen Theaterbetrieb setzt Arbeitskonditionen voraus, die heute vielerorts schwinden. Mit Inszenierungen voller Brisanz und mit dem Anspruch auf ein Theater als gesellschaftlich bedeutsamem Ort wirft Peter Konwitschny Fragen auf, die grundsätzlicher Klärung bedürfen. Sie betreffen den Stellenwert von Regie, die Finanzierung künstlerischer Arbeit, nicht zuletzt deren gesellschaftliche Notwendigkeit – und all dies mündet in die Problematik, was Operntheater als solches heute und künftig zu leisten vermag.

Ziel dieses Buchs ist die Darstellung der Vielschichtigkeit des Berufs, am Beispiel einer Theaterpersönlichkeit. Das beginnt bei der Annäherung an ein Werk und führt mitten hinein in die praktische Arbeit mit Dramaturgen, Bühnenbildnern, Sängern, Chor und technischem Personal. Es wird klar, daß ein Gastregisseur im heutigen Opernbetrieb in sensiblen Zusammenhängen agiert, daß er sozialer Kompetenz und vieler Partner bedarf.

In tagelangen Gesprächen hat mir Peter Konwitschny die komplexen Gefüge skizziert, in denen ein Regisseur heute Verantwortung trägt. Davon erscheint hier ein Extrakt, der zentrale Aspekte aufzeigt, auch Konflikte nicht verschweigt, der in seiner Offenheit zuweilen berührt und bestürzt.

Ein zweiter Teil gilt den Inszenierungen an einem spezifischen Haus. Es handelt sich um die Staatsoper Hamburg, an der Peter Konwitschny, in Zusammenarbeit mit dem Generalmusikdirektor Ingo Metzmacher, seit mehreren Spielzeiten regelmäßig wirkt. Peter Petersen benennt in seinem Essay inhaltliche Grundzüge der einzelnen Inszenierungskonzeptionen, und er beschreibt am Detail, wie die Theatermedien Libretto, Musik, Figur und Szene, Bühnenbild und Licht zu einem vielgestaltigen Ganzen zusammengeführt werden.

Teil drei konzentriert sich auf Konzeptionelles. Texte von und mit Peter Konwitschny – zumeist während der Arbeit und oft kollektiv entstanden – ermöglichen einen neuen Blick auf manches bereits endgültig erschlossen geglaubte Werk.

Die Textauswahl beschränkt sich auf Inszenierungen der 90er Jahre, die in Leipzig und Dresden, Basel und Graz, in München, Hamburg und Essen realisiert worden sind. Sie kreisen um jenen kulturellen Epochenumbruch, der sich auch in der Oper zwischen Romantik und Moderne, d. h. hier zwischen Carl Maria von Weber und Arnold Schönberg vollzieht und kein ausschließlich musikalischer ist. Im Brennpunkt der Gespräche und Reflexionen steht Richard Wagner, dessen Werk Peter Konwitschny seit Mitte der 90er Jahre Stück um Stück auf neue Weise interpretiert.

Ich danke Konztanze Mach-Meyerhofer von der Stiftung Archiv der Akademie der Künste Berlin-Brandenburg, Berlin, für ihre Mithilfe beim dokumentarischen Teil. Den Gesprächen mit ihr und mit Yvonne Drynda verdankt diese Publikation wichtige Anregungen und Fragen.

F.K., Walberberg, Juli 2001

Musiktheater-Regie

Aus Gesprächen mit Frank Kämpfer
Sommer 2000/Frühjahr 2001

Zuerst ist die Bühne vollkommen leer, und wir können wie der liebe Gott eine Welt darauf bauen. Unendlich minus eins, schon kommt die entscheidende Inszenierungs-Idee: Daß der Gral nämlich kein Becher sein kann und daß Kundry im Schrein in der Gestalt der Maria, der Mutter Gottes erscheint. Das ist plausibel und zielt genau auf den Kern. – Solche Überlegungen entstehen wie Inseln. Ringsherum schwemmt sich immer mehr an, eines Tages wird der Zusammenhang hergestellt. Hat man einen zentralen Punkt, ist alles andere nur eine Frage der Zeit.

Bleiben wir im ersten Akt. Amfortas ist bereits weg, jetzt kommt Parsifal. Alle Chargen verschwinden. Es bleiben Gurnemanz, Parsifal, Kundry, und es wird kammermusikalisch – eine sehr intime Szene. Kundry sagt gar nichts. Laut Text ist sie »in sich versunken«. Bei uns war sie das nicht. Sie beobachtet scharf, wer denn da kommt. Und plötzlich bemerkt Gurnemanz, daß zwischen den beiden, also zwischen Kundry und Parsifal, schon etwas geschieht. Dazu spielen vier Celli, ein voller, warmer Klang. Das erotischste Instrument. An dieser Stelle gibt es keinen Gesang. Bei Beckett stünde jetzt »Stille. Schweigen«. Das wäre deutlicher. Bei Wagner spricht allein die Musik. Normalerweise wird diese Passage als Erinnerung an die Mutter interpretiert. Niemand denkt, hier könne zwischen Parsifal und Kundry etwas entstehen: eine Anziehung, Liebe auf den ersten Blick. Bei uns hat Parsifal Kundry bei der Musik von unten her angesehen und ihr unvermittelt ein rotes Papier-Herz geschenkt. Bei dieser Geste wird jedem klar, die Celli spielen hier nicht ohne Grund. Auch wenn Parsifal das noch nicht weiß, so geht es auch ihm um das Innerste, Allertiefste: um das Bedürfnis, geliebt zu sein.

Ein anderes Beispiel, eine Szene im zweiten Akt. Parsifal ruft: »Ha! Dieser Kuß!« Aber es geht nicht wirklich um einen Kuß, er ist vielmehr in höchster Not mit seiner Ideologie, die ihm keine körperliche Liebe zu Frauen erlaubt. Hören Sie auf die Musik, wie verstiegen, wie irrsinnig die klingt. Es geht nicht um eine Regieanweisung, es geht um die Musik. Sie ist die Hauptkraft meiner Arbeit. Daß sich meine Inszenierungs-Ideen entweder aus der Musik her entwickeln oder sich der Musik auf eine sehr spannungsreiche Weise zuordnen. Die Szene verdoppelt also nicht die Musik. Es entsteht vielmehr etwas, das das Ganze zwischen Musik, Text und Szene erhellt. Das kann sehr einfach sein. Es kommt darauf an, daß uns etwas erreicht, das wir verstehen können.

Das erste, was zu lernen ist: Inszeniere nicht das Libretto, sondern das Ganze. Inszeniere auch nicht nur die Musik, sondern das Ganze. Und noch ein zweiter wichtiger Punkt: Oper funktioniert anders als Schauspiel. Der musikalische Ablauf ist in der Oper gegeben. Beim Schauspiel werden Tempo, Rhythmus und Stimmen mit jeder Inszenierung neu komponiert. Analyse und Umsetzung sind in beiden Fällen grundsätzlich voneinander verschieden.

Annäherung und Analyse

Zuerst kommt ein Anruf: Hier ist Peter Jonas, ich möchte Sie fragen, ob Sie Interesse hätten, bei uns in München *Parsifal* zu machen. Die Premiere ist dann und dann. Also rufe ich Werner Hintze an und frage: Ist das ein gutes Stück? Ich habe natürlich schon etliche Opern gesehen, aber ich kann deshalb nicht behaupten, daß ich sie kenne. Also frage ich: Kann ich das machen?

Werner Hintze und Betty Bartz, die Dramaturgen, mit denen ich seit fast zwanzig Jahren zusammenarbeite, sagen mir dann zuerst Grundsätzliches zur Substanz. Daß die Gralsritter im *Parsifal* im Grunde Verzweifelte sind, und daß *Falstaff* mehr tragisch als komisch ist. Es ist für mich wichtig, daß ich die erste Entscheidung, nämlich, ob ich ein Stück inszeniere, nicht allein treffen muß. Wenn der gesamte Prozeß vom ersten Nachdenken bis zur Premiere von Anfang an ein gemeinsamer ist, dann hat die Inszenierung eine viel breitere Basis, als wenn ich alles allein machen muß. Die Sicht auf das Werk und mein Inszenierungskonzept sind dann gemeinsam entwickelt und werden fortan von einem Team, nicht von einem Einzelnen getragen.

Es ist natürlich nicht leicht, wenn Dramaturg und Regisseur und Bühnenbildner und manchmal auch der Choreograph und der Dirigent zusammen Ruhe und Zeit finden sollen. Aber ich verlange so eine Form. Ohne Rückfragen, Bestätigungen, Ablehnungen, also ohne einen gemeinsamen Weg kann keine Inszenierung entstehen. Ohne den Dialog geht bei mir gar nichts. Diese »Unfähigkeit« ist vielleicht etwas sehr Kostbares, weil sie zu einer kollektiveren Art von Entstehungsprozessen führt, wie sie das Theater nach wie vor unbedingt braucht.

Ich nehme an, daß viele Regisseure alles im Alleingang entwickeln. Der Produktionsdramaturg, wie ich ihn noch von DDR-Theatern her kenne, ist inzwischen nämlich weitgehend unbekannt. Ein Dramaturg macht heute zuerst das Programmheft, Presse und Öffentlichkeit, Verbindungen. Wenn er in einem Jahr vierzehn Inszenierungen betreut, hat er nicht einmal Zeit, auf die Proben zu gehen. Geschweige denn, mit dem Regisseur das Stück zu entdecken.

Was ich verlange, das ist gemeinsame Zeit. Und zwar im Vorab. Wir erschließen dann als erstes das Stück. Wort für Wort. Dabei kommen die einfachsten Fragen. Wie funktioniert etwas, warum sagt gerade diese Figur dies und das. Oder: In einer Szene mit drei Personen fragt einer einen zweiten, ein dritter antwortet. Was ist damit gemeint. Darin besteht Regiehandwerk, daß man so etwas bemerkt. Da werden, was die Figuren betrifft, schon Weichen gestellt. Oder der Gestus der Sprache: Was ist ironisch gemeint, was hat einen doppelten Boden. Erst jetzt wird eine Szene tatsächlich vorstellbar. Dann blicken wir wieder vom Detail auf das Ganze. Was sagt uns das, worum geht es in diesem Stück.

Dann kommt die Musik. Früher habe ich mir die Stücke am Klavier selbst durchgespielt. Jetzt gibt es eine große CD-Auswahl. Da ist es wichtig, eine Aufnahme zu haben, die nicht verfälscht. Beim *Parsifal* hatten wir Einspielungen mit Karajan, Levine und Boulez. Wir fanden heraus, daß Karajan und Levine das Stück inhaltlich gar nicht vermitteln. Dafür spielt der Sound eine sehr große Rolle. Sie sind technisch so perfekt, daß ich das, worum es eigentlich geht, also den gesellschaftlichen Impuls für diese Musik, nicht mehr erkenne. In diesem Fall ist das die Verzweiflung der Gralsritter. Erst mit Hilfe der Boulez-Aufnahme haben wir das wirklich begriffen.

Das Musikalische ist am Ende entscheidend. Musik kann man nicht nur mit den Ohren aufnehmen, sie ist eine körperliche Angelegenheit. Man muß sich dazu auch selbst bewegen. Musik existiert, indem sie sich im Raum ausbreitet und wieder zurückkommt. Einen Walzer oder einen Marsch muß man auch als eine Bewegung verstehen. Das braucht Lust an körperlichem Sein. Was sie über eine Figur aussagt, ob das zärtlich und innig ist, oder ob es hochschießende Begeisterung gibt, das begreife ich manchmal nur, indem ich die Musik immer wieder höre und mich dabei bewege. Die Gefahr ist groß, daß man nicht mehr bemerkt, daß die Musik immer noch etwas ganz anderes enthält. Daß man sie nicht nur als Bestätigung dessen nimmt, was der Text einem sagt.

Ein Beispiel aus *Götterdämmerung*. Wenn Siegfried im dritten Akt in seiner Erzählung das Bewußtsein dafür wiedererlangt, daß er Brünnhilde vergessen hatte, fragt Gunter ihn plötzlich: »Was hör ich?« Das Orchester verstummt, für einen Moment ist er mit sich allein. Im Text aber liest es sich so, als ob er das öffentlich fragt. Hört man die Musik, hat sie etwas Schmerzliches. Sie suggeriert, daß Siegfried Gunter etwas Furchtbares antut. Aber das wiederum steht nicht im Text. Daß Siegfried und Gunter sich bei uns in den Armen liegen, ja, daß Siegfried in Gunters Armen stirbt, das ist allein der Musik abgelauscht. Denn es ist viel schmerzlicher, als wenn Gunter stets auf Distanz bleibt und sich nur verraten fühlt. Jetzt begreift er, daß alles viel schlimmer ist. Er wurde verraten, aber von einem, der selbst verraten worden ist.

Die »Hagen-Alberich-Szene« Anfang des zweiten Akts ist ein anderes gutes Beispiel. Es ist Alberichs Abschied – laut Libretto antwortet ihm Hagen im Schlaf. Bei uns kommt der Vater als Geistererscheinung, und er verschwindet in seinem Sohn, der ohnmächtig dagegen ist. Man hört Hagen richtig stöhnen in der Musik. Und da er hier Nähe erträgt, erscheint er uns plötzlich als Mensch.

Daß Siegfried also diese andere Qualität hat, daß Hagen eine tragische und keine nur brutale Figur ist, das habe ich natürlich schon bei Patrice Chéreau oder bei Ruth Berghaus kennengelernt. Jede Figur hat bei Wagner ihre Größe und ihre Funktion. Man muß darauf achten, daß man diese Substanz nicht um spektakulärer Effekte willen preisgibt.

Kollektiv arbeiten

Regisseur, Dramaturg, Bühnenbildner – das ist das Team in der ersten Vorbereitungsphase. Wir treffen uns mehrfach für einige Tage, möglichst unter Aufhebung der Rollen. Ich bin dann nicht der Regisseur, der letztlich sagt, wie alles wird, Brade oder Leiacker sind nicht die Ausstatter, Bartz oder Hintze nicht Dramaturgen. Jeder darf alles sein. Wir sind gleichberechtigte Personen, die sich über einen Gegenstand austauschen. Das ist die schönste Zeit, wenn alle gleichrangig sind. Da nähern wir uns einfach als Personen mit mehr oder weniger Wissen und Fantasie unserem Gegenstand an.

Da kommen Gedankenblitze, Richtpunkte. Das müßte doch ein ganz weiter Raum sein im *Onegin,* so daß man den Eindruck gewinnt, als warten die Figuren auf etwas. Das könnte eine Überlegung von Leiacker sein, das hat vielleicht Regina Brauer gesagt. Entscheidend ist nicht, wer die besten Vorschläge macht, sondern daß etwas faßbarer wird. Jemand fragt, wie es mit russischen Birken sei. Die hat man sehr oft gesehen, zum Beispiel bei Peter Stein. Ich sage, daß mir das zu abgenutzt ist. Birken wären jedoch gut, meint ein anderer. Plötzlich ist da das Bild einer abgehauenen Birke, die in diesem Raum wie ein Totempfahl aufragt. Und dann schlägt jemand vor, sie während des ersten Chors einfach hinzurammen. Das ist das einzige, was Tatjana hat: diese tote, abgehauene russische Birke. Dieses verlorene Leben, das ist ihr Partner. Und irgendwann muß sie die Birke umarmen.

Es ist natürlich entscheidend, wer bei welcher Arbeit beteiligt ist. Denn es hat Folgen, ob Bettina Bartz oder Werner Hintze eine Inszenierung betreut, oder ein anderer. Das trifft genauso auf die Ausstatter zu. Johannes Leiacker und Helmut Brade sind Partner, die sich lange zurückhalten, bevor sie als Bühnenbildner im engeren Sinn auf den Plan treten. Sie überlegen zuerst, welches der philosophische Hintergrund ist, wie man sich die Figuren vorstellt und wie die optimale Lichtwirkung wäre. Erst nach und nach entwickeln sie eine spezifische Bühnenidee. Bert Neumann dagegen hat schnell ein fertiges Modell in der Hand. Die Herangehensweise des einzelnen bestimmt, wie sich das Ganze in dieser Phase entwickelt.

Das Wichtigste ist, daß das, was wir gemeinsam entdecken und denken, später praktisch umgesetzt wird. Zur Bauprobe, etwa ein Jahr vor der Premiere, ist mir vieles, das erst später in einer Szene geschieht, schon im Detail klar. Zwischen dem Bühnenbild und den Sängern muß es Berührungsmöglichkeiten geben. Und zwar sowohl in der Probenarbeit, als auch in der Aufführung selbst. Die Sänger müssen das Bild bewegen und verändern können und nicht nur Teil einer Ausstattung sein.

Probenarbeit: Arbeit mit Menschen

Kämpfer: Jeder Regisseur entwickelt eigene Mittel und bestenfalls eine eigene szenische Handschrift. Die praktischen Arbeitsaufgaben sind in ihrer Vielfalt aber für alle dieselben. Analysen und Inszenierungskonzepte erarbeiten Sie gern kollektiv, im Dialog mit denen, die zu festen Arbeitspartnern geworden sind. Setzt sich ein solches Miteinander und wechselseitiges Geben und Nehmen auch in der Arbeit mit den Sängern bzw. Darstellern fort?

Konwitschny: Ein Beispiel aus der Arbeit an Richard Strauss' *Daphne* am Aalto-Theater in Essen. In diesem Stück gibt es eine hochexplosive Situation. Wenn nämlich Apoll auf dem Gelage der Schäfer erscheint und mit Donner und Blitz seine Macht demonstriert. Natürlich will er die Frau, und in der Szene mit Leukippos und Daphne stellt sich heraus, dieser Gott ist ein sehr eifersüchtiger Mensch. Daraus ergibt sich eine bösartige, tödliche Auseinandersetzung zwischen den beiden Männern.

Einen Tag vor der Probe wurde mir klar, daß ich nicht weiß, was zwischen den dreien wirklich stattfinden soll. Jeffrey Dowd, der die Partie sang, erzählte von Wien. Dort hatte Christine Mielitz das Stück inszeniert. Bei ihr war Apoll eine Art Nazi, der den Rivalen einfach abschießt. Ich insistierte, da müsse doch noch etwas anderes sein. Aber ich wußte nicht, was. Auf der Probe ergab es sich dann, daß Jeffrey Dowd diesen Gott, der eben alle noch niedergemacht hatte, unversehens selbst zusammenbrechen ließ. Damit hatte niemand gerechnet. Beide, also nicht nur Leukippos, der Daphne liebt, sondern auch Apoll, waren in diesem Moment völlig hilflos. Und es war zugleich klar, daß Daphne, die Frau (und vielleicht auch die Sängerin), so etwas nicht einkalkuliert hatte und von dieser neuen Konstellation überfordert war. Die im Grunde konventionellen Opernsänger-Gesten bekamen damit einen anderen Kontext, plötzlich war das Ganze nicht mehr nur Spiel. Das, wie gesagt, kam nicht von mir, das war die Inszenierung der Sänger.

Kämpfer: Denken Sänger nicht möglicherweise, das ist nicht souverän, wenn man als Regisseur nicht in jedem Moment alles weiß und in der Hand hat?

Konwitschny: Ich weiß es insgesamt schon sehr genau. Aber es gibt Stellen, die noch nicht klar sind. Wenn die anderen auf der Bühne meine Überlegungen aufnehmen, variieren, korrigieren oder auch etwas ganz Neues daraus machen, erst dann wird es gut. Wenn die Sänger sich richtig darauf einlassen, geschieht vielleicht etwas, das sonst durch unser Bewußtsein zensiert wird.

Die Daphne-Darstellerin beispielsweise, Zsuzsanna Bazsinka, hat das in wirklich großartiger Weise gezeigt. Wie sie sich zur

Schau gestellt hat in ihrer furchtbaren Enttäuschung, wie sie sich auf dem Rücken gewälzt hat, wenn die Männer sie quälen und beschmutzen, das ging sehr in Tabu-Bereiche hinein. Wir waren aber alle ergriffen von dem, was da entstanden war – und auch, wie es auf der Probe entstand. So hatten wir die Sänger vordem nie erlebt.

Kämpfer: Im Opernalltag werden so heftige Szenen meist sehr dezent dargestellt. Erniedrigung und Verletzung realistisch zu spielen, das lernt man nicht im Gesangsunterricht. Drastik ist im Theater aber vonnöten. Wie führen Sie die Sänger an solche Situationen heran? Wie bringen Sie sie dahin, ihre Hemmungen zu überwinden und sich rückhaltlos in ein Figurengeschehen hineinzubegeben – das heißt, in Ihre Sicht auf ein Stück?

Konwitschny: Das Entscheidende ist, daß wir uns austauschen. Auch über tabuisierte Dinge. Wir sprechen darüber, ohne Hemmungen. In Essen waren mitunter dreißig Männer auf den Proben. Manche wurden rot und fingen an zu lachen. Ich habe dann nur gesagt, hier ist alles erlaubt – und zwar, damit wir sehen, was die Daphne für eine unglaubliche Frau ist. Damit wir alle verstehen, wie sie nicht nur physisch, sondern auch psychisch vergewaltigt wird. Das ist die Leistung des Regisseurs, wenn solches freigesetzt wird. Denn in diesen Momenten sind die Sänger auf der Bühne nicht allein; Bühnenarbeiter schauen von der Seite zu, Techniker, alles mögliche Personal.

Noch ein Beispiel aus *Götterdämmerung:* Die Szene, in der Siegfried erneut zu Brünnhilde kommt und vorgibt, König Gunter zu sein. Im Prinzip hat die Frau in dieser Situation von Anfang an keine Chance. Kurz vor Schluß lautet ihr Text aber: »Was könntest Du wehren, elendes Weib!« Und in der Musik ist so etwas Aufjaulendes. – Wir haben lange nach einer Geste gesucht, mit der sich Brünnhilde vielleicht doch wehren kann. Irgendwann dachte ich, sie reißt sich urplötzlich die Unterhosen herunter. Das wäre das krasseste, verletzendste Mittel, um den anderen, der Macht über sie hat, doch noch zu demütigen. Und irgendwann war klar, es konnte nicht anders sein. Jetzt mußte ich das aber der Sängerin sagen. Das war sehr schwer. Luana DeVol mag mich ja. Aber da war sie eine Zeit lang unglücklich. In der Schneiderei hat sie anfangs erbeten, daß diese Hose möglichst lang wird, um die Szene etwas zu mildern. Am Ende war sie so weit, daß sie es wirklich so nackt und schockierend spielen wollte, wie ich es mir vorgestellt habe. So entsetzlich und rüde, wie es schließlich auch aus dem Orchestergraben kommt.

Kämpfer: Diese Szene hat die Sängerin in keiner Weise beschädigt und die Figur, die sie spielt, unübersehbar gestärkt.

Konwitschny: Sie zeigt die Entwürdigung, die ihr geschieht. Zugleich zeigt sie, was eine Frau eigentlich für eine Würde hat. Der Sängerin das alles abzuringen, hat besonderer Mühen bedurft. Sie fand diese szenische Lösung zwar richtig, aber wie wir alle hat sie Grenzen und Hemmungen. Und sie hat vielleicht manchmal deswegen geweint. In solchen Situationen muß man als Regisseur sehr aufmerksam sein und einfühlsam reagieren.

Kämpfer: Noch einmal zu meiner Frage zurück. Wie motivieren Sie Sänger, sich auf Ihre Konzeption und auf Ihre Methoden einzulassen? Wie bringen Sie sie soweit, daß sie sich für Inhalte interessieren, eigenschöpferisch mitwirken und sogar bereit sind, über innere Grenzen zu gehen?

Konwitschny: Man muß wissen, wie man auf jemanden eingeht. Und man muß beobachten können. Körpersprache drückt vieles ganz unmißverständlich aus, auch wenn die Person etwas anderes sagt. Man muß es nur sehen. Das ist ohne eigene psychische Sensibilisierung und manchmal ohne eigene Gefährdung vielleicht gar nicht möglich. Das ist es, was die Sänger sofort spüren: Ich kann vermitteln, daß sie auf der Bühne nicht allein sind. Irgendwann geben sie ihre Abwehrhaltung auf. Sie merken, daß es viel besser ist, sich emotional hinzugeben, hineinzubegeben. Und sich nicht davor zu fürchten, was am Ende womöglich das Publikum denkt.

Entscheidend sind in solchen Situationen die ersten Bemerkungen der anderen Sänger. In Stuttgart lief das sehr gut. Der Premierenabend hat uns für alle Mühen belohnt, und die Sänger haben sich alle umarmt. Weil diese *Götterdämmerung* für sie selbst, für ihr Leben höchst wichtig geworden war.

Kämpfer: So zu arbeiten birgt Risiken. Wissen Sie, ob andere Regisseure auch so weit gehen?

Konwitschny: Wenn auf der Bühne eine erotische Spannung sein soll, muß das so sein. Denn was geschieht? Es werden doch all die erlernten Verhaltensweisen abgebaut. Das ist Subversion. Das gibt es nicht nur auf der Bühne, das geht auch durch unser Leben hindurch. Man fördert die Lust am Verbotenen. Und das hat mit Befreiung zu tun, manchmal von sehr heftigen Energien. Das ist frei von Moral und erzeugt ungeheure Kraft. Die wiederum muß man richtig lenken. Mit Konzeptionen und Partitur-Analysen hat das kaum etwas zu tun. Kluge Gedanken allein würden noch keinen Sänger bewegen.

Stimme und Sängerpersönlichkeit. Musikalische Interpretation

Ich finde, Stimmen sind sehr erotisch. Sie erzählen etwas über die Möglichkeiten eines Menschen. In der Stimme drückt sich viel aus: Spannung, Beklemmung, Großzügigkeit – kurz, das eigene Befinden. Das vermittelt sich wortlos, über das Timbre. Der Klang ist entscheidend dafür, ob mir eine Stimme gefällt, ob sie mir nahe geht oder nicht.

Für die Opernaufführung ist die Stimme eine zentrale Größe. Verdi zum Beispiel wollte für seinen *Macbeth* keine »schönen« Stimmen, sondern »wahre«, d. h. wahrhaftige. Gluck ist auf die Bühne gestürmt, hat den Sänger des Orpheus geschüttelt und verlangt, dieser solle singen, als würde ihm bei vollem Bewußtsein das

Bein amputiert. Das dürfe nicht schön klingen. Er solle schreien, verzweifelt schreien – weil er den Verlust seiner Frau Eurydike nicht aushalten kann.

Es gibt ein Opernpublikum, das ausschließlich auf Stimmen fixiert ist. Kommt der hohe Ton ohne Makel oder wird vielleicht ein wenig gekiekst? Hat der Sänger vielleicht Probleme mit seiner Frau? Darüber kann man im nachhinein endlos debattieren. Dahinter steht im Grunde eine Erwartung, die mit der Botschaft des Stücks nichts zu tun hat. Das ist aber sehr weit verbreitet. Übrigens auch durch die Tonträger, die es heute gibt. Die klingen technisch und auch gesangstechnisch oft sehr perfekt. Aber es mangelt an Spannung zwischen den Sängern, und es fehlt, was im Theater selbst zwischen Bühne und Publikum geschieht.

Ich halte es also für falsch, wenn ein Opernregisseur Stimmen nach Perfektionskriterien beurteilt. Für mich muß eine Stimme menschlich sein. Und menschlich bedeutet in jedem Falle erst einmal nicht perfekt. Was nicht heißt, daß nicht schön gesungen werden soll. Aber was ist »schön«? Das ist ja nicht an sich meßbar, sondern muß im Verhältnis zu dem, was ausgesagt werden soll, stehen. In einem Operngeschehen gibt es aber selten Figuren, die glücklich und entspannt sind und in sich ruhen. Sie sind meist in einer existentiellen Situation. Die vermittelt man aber nicht mit artikulatorischer Perfektheit.

Die Callas ist sicher das beste Beispiel. Die singt nicht schön, sondern geradezu häßlich, und genau dem kann man sich nicht entziehen. Eine halsbrecherische Koloratur sagt doch aus, daß ich durcheinander bin. Das kann ich nicht ausdrücken, wenn ich das glasklar bringe wie ein tolles Design.

Musikalische Interpretation findet zunächst in den Klavierzimmern statt. Gesangslehrer und Korrepetitoren vermitteln leider viel

Kitsch und falsches, künstliches Gestikulieren – eine Tradition, gegen die schon Wagner gekämpft hat.

Auf der ersten Probe sind Sänger mitunter schockiert, wenn ich mir eine Szene ganz anders vorstelle als sie. In der klassischen Gesangsausbildung wird ein stimmlicher Ausdruck physiologisch mit bestimmten Gesten verknüpft, und es ist ein Problem, das wieder zu trennen. Als Regisseur muß ich diese Verknüpfungen lösen und den stimmlichen Ausdruck Phrase für Phrase neu studieren. Dabei werden auch die Gesten und Bewegungsabläufe umgebaut. Mit Inga Nielsen und Thomas Moser habe ich so die Brautgemach-Szene im *Lohengrin* eingeübt. Die war in Hamburg nicht wie so oft hehr und schön, das war ein Ehekrach mit Handgreiflichkeiten. Ingo Metzmacher hat mich dabei zum Glück unterstützt. Denn die Sänger geraten in eine schwierige Situation, wenn der Dirigent wiederum eine andere Ansicht vertritt.

Die szenischen Anforderungen sind heute sehr hoch. Es kann vorkommen, daß ein Sänger meint, er sänge nicht gut, wenn er sich dazu bewegen muß. Es gibt aber immer mehr Interpreten, die mir sagen, sie singen besser, wenn sie auch körperlich gefordert sind. »Besser« heißt in dem Falle »richtiger«. Der Situation, die sie darstellen sollen, angemessener.

Axel Köhler ist ein gutes Beispiel dafür. 1990 hat er in Halle Händels *Tamerlan* aus freien Stücken beim Klimmzug gesungen. Die Wirkung war groß. Und zwar nicht, weil es so spektakulär war, sondern weil es gestisch genau traf. Die Anstrengung des Singens und die Geste waren sehr treffend für den Charakter und die Entwicklung dieser Figur in dem Stück.

Oder Bo Skovhus als Wozzeck. Die Art und Weise, wie er die verzweifelte Lage und den Wahnsinn ringsum in nur ganz wenigen Gesten deutlich gemacht hat, war außerordentlich. Denn Skovhus zeigte vor allem die körperliche Not der Figur – und er bewies, wie falsch es ist, diese beim Singen auszusparen.

Mir fällt dazu auch eine Szene aus *Götterdämmerung* ein. Bevor Gunter mit Brünnhilde eintrifft, ruft Hagen die Mannen zusammen. In vielen Inszenierungen erscheint dieser Hagen als böser Mensch, der die Intrige in Gang setzt. Bei uns in Stuttgart war er ein Mann, der im Innersten weiß, daß keine Intrige ihm hilft, zu sich selber zu finden und nicht mehr der manipulierte Sohn Alberichs zu sein. In seiner Not mußte er schreien und weinen und er hatte sich wie in einem Anfall die Kleider vom Leibe zu reißen. Für den Sänger war das die schwerste Stelle im Stück. Roland Bracht hat verlangt, daß er das immer und immer wieder probieren kann, bis er es richtig beherrscht hat.

Vermitteln und Überzeugen

Der Anfang in Stuttgart war eine Herausforderung. Einführung *Götterdämmerung* vor dem kompletten Solisten-Ensemble. Die Erwartung war groß: Der Regisseur des Jahres spricht über Wagner. Mich plagte eine nicht auskurierte Grippe, und der Prozeß um die *Csárdásfürstin* stand an. Ich hatte für diese Einführung überhaupt kein Konzept und habe schließlich mit ganz einfachen Worten erzählt, was in dieser Oper geschieht, was mir für unsere Arbeit heute dabei besonders wichtig erscheint. Daß in diesem Stück alles verspielt wird, was uns heilig ist, daß Gott stirbt und daß sich Brünnhilde diesem Ende, d. h. dem Theater am Schluß zu verweigern beginnt. Wahrscheinlich haben alle im Saal sehr bald bemerkt, wie gebeutelt ich an diesem Tag war, daß ich aber nicht versucht habe, mich deshalb vor ihnen zu verstellen. Auf diese Weise hat meine Erzählung – wie ich später erfuhr – viele im Saal überzeugt und berührt.

Bevor ich zum ersten Mal an einem Haus inszeniere, kenne ich die Namen aller Chorsänger. Bei siebzig bis hundert Chormitgliedern macht das Arbeit. Ich lasse mir die Fotos zuschicken und lerne. Das macht nicht jeder. Obwohl es durchschaubar ist, können sich dem viele nicht entziehen. Weil das für ihr Leben plötzlich etwas Wichtiges ist, daß ein bekannter Regisseur jeden von ihnen mit seinem Namen ansprechen kann.

Aber es sind nicht nur die Namen, sondern, daß die gemeinsame Arbeit auch für sie selbst einen Sinn macht und eine lustvolle ist. Ein Beispiel: Probe *Götterdämmerung*. Gunter singt: »... die hehrste Frau bring ich euch her ...« Brünnhilde aber wird am Strick hineingeführt wie ein Tier und wirft sich provozierend zu Boden. Die Darstellerin hat hier nur eine Chance, wenn auch die Choristen die Szene begreifen. Die müssen schockiert sein, müssen reagieren, sonst bleibt alles wirkungslos. Chorsänger aber erfahren meist nie genau, was die Solisten singen und was in der Inszenierung als Ganzes geschieht. Beim Einstudieren werden die solistischen Passagen übersprungen, und auf den Proben, wo die Solisten stimmlich meistens »markieren«, fehlt oft die Zeit, die Zusammenhänge zu erklären.

Ich unterbreche also und frage: Meine Damen und Herren, was haben Sie soeben gesehen? Verhält man sich so an König Gunters Hof? Ich erkläre die Situation dann im Detail und dazu meine Sicht. Sie merken, daß ich Kraft investiere, damit sie die Szene besser verstehen. Und wenn ich beim Erzählen dabei etwas deftiger bin, so lockert das auf. Das erfreut, das ist auch mal 'n bissel was so mit Spaß. Und das vermittelt diese ernste Geschichte viel besser, als wenn man doziert und mit einer gestelzten Fachsprache kommt.

Menschen intuitiv zu erreichen, ist im Theater außerordentlich wichtig. Die Bühnentechniker zum Beispiel, die Beleuchter, die Kollegen in den einzelnen Werkstätten. Den Sicherheitsinspektor, oder den Technischen Direktor, der für alles, was die Bühne betrifft, mein wichtigster Ansprechpartner ist. Wie gewinne ich die für mein Konzept? Nicht, indem wir in der Kantine gemeinsam Bier trinken und ich mich mit allen verbrüdere. Sondern, indem ich ihnen vermittle, daß ich sie achte und daß sie für das Ganze unverzichtbar sind.

Wenn die Bühnenmeister bei der *Daphne*-Probe zuschauen, anstatt in die Kantine zu gehen, dann habe ich sehr viel erreicht. Sie sind zwar nicht inhaltlich involviert, aber letztlich sind sie es, die das, was ich will, praktisch realisieren. Die Bühnentechnik gegen sich zu haben, ist deshalb für jeden Regisseur grundlegend falsch.

Es kommt auch ab und an vor, daß Bühnenarbeiter bei der Bauprobe als Darsteller mitwirken. Beim *Freischütz* zum Beispiel habe ich schon unvergeßliche Situationen erlebt. Wenn denen das Spaß macht, wenn die sich auf ihre Art für meine Arbeit begeistern, spricht sich das sehr schnell herum und beeinflußt die Stimmung im ganzen Haus. Da ist es wichtig, daß ich auch denen die Fabel der Oper vermitteln kann. Zugleich sind sie die erste Kontrolle für mich, ob meine szenische Lösung wirklich ohne weiteres funktioniert.

Dirigenten als Partner

John Fiore ist einmal mitten in den *Nabucco*-Proben in Dresden an den Flügel gestürmt und hat die eben laufende Szene gehörig forciert. Mit Mario Venzago ging es in Graz bei Mozarts *Entführung* sogar so weit, daß er Konztanzes Martern-Arie mitinszeniert hat. Es war seine Idee, daß die Bühnenmusik aus vier jungen Frauen besteht, die aktiv ins Bühnengeschehen eingreifen. – Begeisterungsfähigkeit, Humor und Engagement sind also Kriterien für eine produktive Zusammenarbeit zwischen Regisseur und Dirigent. Es kann aber auch zurückhaltender zugehen, wie etwa bei Lothar Zagrosek, der sehr tolerant und empfindsam auf meine Regiekonzeption reagiert.

Auf ähnliche Art demonstriert Stefan Soltesz, daß er mich und meine Sichtweisen akzeptiert. Bei ihm schlägt sich das nieder, indem er musikalisch spezifischer interpretiert. *Daphne* von Richard Strauss klang im Aalto Theater in Essen deshalb überhaupt nicht pathetisch, um so mehr hat man die Verzweiflung der Figuren gehört. Dazu kommt eine zweite Funktion: Als Intendant hat Soltesz unsere gemeinsame Sicht auf Strauss dann auch den Aufsichtsgremien des Theaters nahegebracht.

Dirigent und Regisseur – das sind zwei Funktionen an vorderster Stelle. Der innovativere Part liegt heute zumeist bei der Regie. Dirigenten wirken tendenziell eher konservativ. Das liegt vielleicht an ihrem Gegenstand. Immer ist genau vorgegeben, was sie zu dirigieren haben, und sie müssen das Note für Note einhalten.

Oft geht es zwischen beiden darum, wer der Mächtigere ist. Das ist eine latente Gefahr für die gesamte Produktion. Weil ein Opernbetrieb in strengen Hierarchien funktioniert. Falsch verstandene Demokratie wäre hier Augenauswischerei. Das geht wirklich nur im Sinne einer aufgeklärten Monarchie oder als Diktatur. Der Diktator muß in diesem Fall sehr kompetent sein – ein Mensch mit Humor, der andere gern haben kann.

Der Chef ist der, der letztendlich das Sagen hat. Das ist an allen Häusern verschieden. Einmal ist es der Intendant, ein andermal der Regisseur, anderswo der Dirigent.

Mit Ingo Metzmacher als Generalmusikdirektor ist das in Hamburg eine ausgeglichene Situation. In unserer Zusammenarbeit ist es so, daß sich Dirigent und Regisseur, also Musik und Szene potenzieren. Das ist ein Glücksfall, der auch mit uns als Personen zusammenhängt.

Unsere Väter haben ja nach dem Krieg Kammermusik zusammen gemacht: Rudolf Metzmacher und Franz Konwitschny. Ingo Metzmacher erzählt das immer wieder in Publikumsdiskussionen.

Es bedeutet ihm viel. Auch bei mir geht das sehr tief. Das Musikantische hat Metzmacher nämlich genau wie mein Vater. Er setzt ein hohes Maß an Gleichklang voraus und schafft Kontinuität. Eitelkeit ist ihm fremd, er duldet sie auch nicht bei anderen. Und anstelle der Angst, daß man dem anderen die Show stehlen könnte, gibt es die Lust, die Arbeit gemeinsam zu tun.

Auf die Proben kommt ein Dirigent meist reichlich spät. Oder er schaut auf der Probebühne kurz in die ersten Proben hinein und macht weiter normalen Konzert- und Vorstellungsbetrieb. Dann kommt er etwa eine Woche vor den Bühnen-Orchester-Proben. Bis dahin hat ein Assistent dirigiert. Nun ändert sich noch einmal vieles. Am empfindlichsten wird das bisher Erarbeitete durch neue Tempi gestört.

Mit dem Dirigenten zusammenzutreffen, wenn die Vorbereitung anfängt, davon können Regisseure heute nur träumen. Metzmacher aber sagt eben zwei Jahre vorher zu mir, das nehmen wir uns jetzt vor. Zum Beispiel *Lohengrin*. Noch bevor ich mit dem Bühnenbildner und dem Dramaturgen zu sprechen begann, hatten wir die Partitur schon einmal durchgespielt. Ein Dirigent stellt natürlich andere Fragen an ein Stück als ein Regisseur. Metzmacher hat mir musikalische Momente gezeigt, die eher versteckte Absichten Wagners erhellen. Besonders berührt war er von Elsas Auftrittsmusik. Mit ihr kommt eine andere Tonart ins Spiel, sie ist auch anders instrumentiert. Dank dieser besonderen Sprache ist die Figur im Stück musikalisch bereits isoliert. Oder später die Brautgemach-Szene: Hier hat Wagner, bevor die Katastrophe beginnt, im Stil eines Schubert-Lieds komponiert.

So etwas hat natürlich eine enorme Wirkung auf mich. Metzmacher wußte zwar nicht, wie man das inszeniert, ich war um so mehr sensibilisiert. Und der Dirigent wiederum war später sehr interessiert, was in diesem Moment dann szenisch geschieht.

Theatralisierung des Theaters

Kämpfer: Der erste Satz, mit dem Sie Ihren Beruf beschreiben, verweist auf die Bühne, die bebaut und in Ihrem Falle natürlich auch bespielt werden muß. Eine Vielzahl von Handwerken und Künsten wirkt zusammen, bevor eine Oper interpretiert werden kann. Wie muß ein Bühnenraum beschaffen sein, damit dort szenisch-musikalisch gearbeitet werden kann?

Konwitschny: Er muß bespielbar sein. Das heißt, der Raum ist nicht unabhängig von den Darstellern zu sehen und davon, was zwischen ihnen geschieht. Wichtig ist die Differenz zwischen einem Raum für das Theater und einem Environment. Wenn beispielsweise jemand Abflußröhren aus Kunststoff aufstellt, künstliche Goldfische dranhängt und das Ganze golden bemalt, dann sieht das sehr chic aus, aber es ist nichts für die Bühne. Weil dieses Objekt nicht mehr theatralisierbar ist. Das heißt, daß es keiner szenischen Handlung bedarf und keine solche bedient.

Ganz anders zum Beispiel die »Kiste« in der Stuttgarter *Götterdämmerung.* Das war Bert Neumanns Bühnenidee. Ganz aus hölzernen Pfosten gebaut, mehr oder weniger nur ein Fragment. Aber mit Platz für alles, was darin stattfinden soll. Dieser Bau kreist wie eine Welt, er symbolisiert ein Stück Shakespeare-Zeit und ein Stück Kasperle-Theater. Siegfrieds Streiche sind darin spielbar, aber auch Brünnhildes Tragödie. Und wenn die Kiste sich beim Trauermarsch dreht, zeigt sie die Zeit, die vergeht.

Kämpfer: Diese ästhetische Konstruktion bleibt selbst dann bestehen, wenn auf der Bühne die Welt untergeht. Hätte ein realistischer Bau hier der Zerstörung bedurft?

Konwitschny: Ein Beispiel dazu aus Hamburg. Im *Lohengrin* ist die Bühne ein konkreter Schulklassenraum. Jahrhundertwende wird suggeriert. Nach dem »Brautgemach«, oder besser gesagt, ab dem Moment, als Lohengrin mit Telramund einen der Mitschüler Elsas ersticht, geht es in diesem Raum nicht mehr so weiter wie bisher. Es ist etwas geschehen, das andere Dimensionen heraufbeschwört. Deshalb sinkt zunächst die Courtine herunter. Fährt sie wieder hoch, ist das Klassenzimmer verschwunden. Etwas ist unwiederbringlich verlorengegangen: ein Schutz, ein Dach über dem Kopf. Die Schüler treten an, als wären die Schulbänke aber immer noch da. Deshalb wird es so deutlich. Die Bühnenfiguren bemerken es nicht – wir schauen hin und denken, seht ihr's denn nicht! Das ist fremd im ersten Moment, damit es die Zuschauer dann um so besser begreifen.

Kämpfer: In diesem Beispiel steckt einiges Grundsätzliches. Unter anderem die Frage nach dem Verhältnis von Realismus und dem Zeichenhaften in Ihren Inszenierungen. Wie gewichten Sie hier, wie wählen Sie aus?

Konwitschny: Das geschieht oft instinktiv. Manchmal allerdings auch genau kalkuliert. Ich finde, diese Frage kann man nicht getrennt von den Darstellern sehen. Im *Lohengrin* spielen sie zunächst ganz realistisch. Dann aber kommen Momente, wo das nicht mehr so ist. Etwas wird zum Ritual, erhält also eine künstliche, metaphorische Form. Das Klassenzimmer war wirklichkeitsnah. Daß es im dritten Akt fehlt, daß die Figuren genau das aber nicht sehen, sprengt die Illusion.

Es gibt also nicht nur psychologisches Theater, es gibt andererseits nicht nur die Ästhetik der Verfremdung. Es darf alles sein, zu seiner Zeit. Ich glaube, daß ich mich in den Traditionen ziemlich frei bewege. Das muß man handwerklich natürlich beherrschen. Es gibt bei mir also die Berghaussche Choreographie, Felsensteins psychologische Durchdringung, die Hitze von Kupfer und die Dialektik von Brecht. Die Zeiten stilistischer Strenge sind lange vorbei – die wurde den Stücken auch niemals gerecht. Es muß angemessen sein. Und zwar einem einzigen Kriterium folgend: Wo liegt heute die Wahrheit für dieses spezifische Stück.

Kämpfer: In Ihren Inszenierungen wird auch dem Theater an sich hinter die Kulissen geschaut. Beispielsweise in Händels *Ta-*

merlan, wo es als Bühnenbild nur die Maschinen gab, die Brand-
mauer, und links und rechts die nackten Gestänge.
Konwitschny: Das war bei *Aida* auch so. Beim *Feurigen Engel* in
Bremen und in Paris bei *Cassandre*. In *Herzog Blaubart* fliegt alles
weg und am Horizont sehen wir Wolkenkratzer und Müll-Depo-
nie. Oder in *Nabucco*. Dieser König zum Beispiel ruft am Schluß:
In Schutt und Asche mit unseren Götzenbildern. Bei uns wurde an
dieser Stelle der Rundhorizont ausgeklinkt. Ein unglaublicher
Vorgang. Wir sehen plötzlich, daß nichts als die nackte Bühne da-
hinter ist.
Kämpfer: Was bedeutet das?
Konwitschny: Daß Gott stirbt, also Desillusionierung. Durch
Raumveränderung wird etwas über die Welt ausgesagt. Erst einmal
über die Welt, in der sich die Figuren befinden. Das hat zunächst
nichts mit ihrem inneren Befinden zu tun. Das wäre noch einmal
eine andere Schicht. Wenn der Rundhorizont fällt, findet ein Pa-
radigmenwechsel statt.
Kämpfer: Manchmal öffnen sich mitten im Stück die Saaltüren.
Und es wird hell im Zuschauerraum. Oder Figuren treten aus dem
Theater in die Realität. Alle diese Verrückungen wirken sehr emotional und spielen mit Gewohnheiten aus dem Theaterbetrieb.
Konwitschny: Oder anders, der Theaterraum, die Theatermittel
kommen plötzlich selbst mit ins Spiel. Das ist eine starke Verfremdung. Es wird deutlich, daß es nicht nur auf der Ebene der Handlung weitergeht. Das ist ein sehr schönes Mittel, um extreme Vorgänge zwischen den Figuren begreiflich zu machen. Vor 150 Jahren
war das noch nicht nötig, heute jedoch um so mehr. Vieles, auch
andere Erzählweisen, sind inzwischen abgenutzt.
Kämpfer: Wird – um auf der Metaebene zu bleiben – auf diese
Weise nicht eine ganze Inszenierungstradition, ein bestimmtes
Theater »ausgeklinkt«?
Konwitschny: In einem konventionellen Theater verstünde man
das immer als Fehler. Etwas vollkommen Regelwidriges ist hier ge-

schehen, das sollte nicht sein. Natürlich spiele ich mit dieser Assoziation. Aber wenn eine Figur wie Nabucco sagt, wir werfen unsere Heiligen über Bord und hier ist nun ein anderer Gott – da kann ich doch keine Pappgötzen umkippen lassen. Das wäre lächerlich und das reicht auch nicht aus. Da gehe ich an das Theater selbst.

Den Saal hell zu machen, geht noch einen Schritt weiter. Dann fällt wirklich die »vierte Wand«. Und das wird bedrohlich. Weil man als Zuschauer der eigenen Anonymität und Sicherheit beraubt ist. Gewöhnlich sitzt man geborgen im Dunkeln und wartet, bis vorn die Katastrophe geschieht. Wenn das Saallicht angeht, bedeutet das, daß das Bühnengeschehen den Zuschauerraum nicht mehr auslassen kann.

Wenn die Saaltüren aufgehen, wirkt das als Mittel ähnlich. Dann ist nicht mehr klar, wo die Aktion überhaupt stattfindet. Wenn sich am Bühnenhorizont eine Tür öffnet in den Lauchstädter Park oder auf den Marktplatz von Graz, dann sind das also bewußte Grenzüberschreitungen. Ist das Theater oder ist das Realität? Man denkt, das sei ein Bühnenbild. Doch es ist offenbar wirklich, die Illusion wird zerstört. Auf diese Art wird Theater als solches, also daß wir »ins Theater gehen«, als kultureller Vorgang thematisiert.

Kämpfer: In Ihren Inszenierungen wiederholt sich auch das Motiv, daß Figuren und Darsteller die Theaterwelt als Ganzes aufsprengen oder dieser entfliehen. – Daß es nötig sei, die Opernwelten ab und an zu verlassen, formulieren Sie übrigens selbst wiederholt: spätestens seit Sie an den großen Häusern inszenieren. Ist das ein Zeichen für Resignation, eine Absage an das Theater als einem letzten Terrain von Utopie?

Konwitschny: Wenn Sonia Theodoridou in Basel am Ende ein griechisches Lied singt, von der Bühne hinunter durchs Publikum zu den Saaltüren geht, weil sie das, was im *Türken in Italien* geschieht, nicht mehr aushalten will – dann ist das eine sehr deutliche Geste. Rossini ist vielleicht ein besonders krasses Beispiel dafür, was ein Komponist Kritisches über die Theaterwelt denkt.

Aber das Motiv kommt immer wieder. Tristan und Isolde zum Beispiel verlassen ja nicht nur die Welt der Kämpfe und des Hasses und der Familie, sie verlassen gleichzeitig auch die Bühne der Institution Oper. Wenn ich mich wirklich als Interpret Wagners verstehe, dann bin ich gezwungen, soweit zu gehen, um das Ketzerische an seinem Werk für uns heute faßbar zu machen. Denn, wenn die Grundfesten des Theaters, die theatralischen Grundgesetze außer Kraft gesetzt sind, dann meint das natürlich nichts anderes, als daß die realen gesellschaftlichen, philosophischen und religiösen Normative außer Kraft gesetzt sind.

Theater als Politikum

Im Grunde hasse ich Politik. Sie müßte eigentlich zur Verbesserung unserer Lage führen. Politik ist jedoch ein Gebiet, wo nurmehr wenig Produktives für die Gesellschaft herauskommen kann. Aber es ist immer klar, daß es um Machtinteressen geht, daß sich mit Krieg große Geschäfte verbinden und daß das Interesse daran stärker ist als der Wunsch, irgendwo Frieden zu schaffen.

Trotzdem gibt es für mich kein Theater, das frei von Politischem ist. Auch wenn auf der Bühne nur zwei Menschen sind, die sich lieben wollen und das nicht dürfen, so steht dahinter doch ein sozialer Konflikt. Zum Beispiel in *Herzog Blaubarts Burg* von Béla Bartók. Das ist kein anthropologisches Stück über den Menschen schlechthin, ganz gleich wann und wo und in welcher Gesellschaft er lebt. Die speziellen Konflikte, die dort dargestellt sind, sind politisch bedingt. Und zwar durch das Patriarchat, wo der Mann ungleich größere Spielräume hat als die Frau und wo alles ziel- und gewinnorientiert ist.

Ich fühle mich dem Begriff der »Polis« aus dem alten Griechenland verpflichtet. Da sprach man nicht von Politik im heutigen

Sinn, sondern von Öffentlichkeit. Es gehörte für alle freien Bürger dazu, ins Theater zu gehen und dort in einem ganz bestimmten Ritual die für die Gesellschaft wichtigen Themen, zum Beispiel über Krieg oder Frieden mit den Persern, gemeinsam zu diskutieren. Mit dieser Korrektivmöglichkeit konnte sich diese Gesellschaft damals einige Zeit halten und immer wieder erneuern. In diesem Zusammenhang ist das Theater als solches entstanden. Als ein Politikum im Sinne eines für die Gesamtheit bedeutenden Gegenstands.

Heute ist diese Funktion des Theaters in den Hintergrund gedrängt. Wenn Oper und Schauspiel nichts gesellschaftlich Bedeutendes verhandeln oder vermitteln, dann handelt es sich nicht mehr um Theater, sondern um Unterhaltung. Auf der Bühne stehen kaum mehr bezahlbare Stars, die einfach nur singen und illustre Kostüme anhaben. Das finde ich asozial.

Damit es kein Mißverständnis gibt: Der Gegenstand muß nicht die Politik sein, damit Musiktheater politisiert. Das ist anders gemeint. Bergs *Wozzeck* zum Beispiel könnte man durchaus auch als Individualdrama sehen. Aber das ist nur die Oberfläche. In unseren Tätigkeiten drückt sich aus, daß wir in eine Gesellschaft hineingewachsen sind. Und zwar im Abendland. Wo es den Anspruch gibt, sich die Natur untertan zu machen, wo es nur einen Gott gibt, den Rassenwahn und immer nur einen Gewinner.

Es ist aber auch so, daß unser Blick auf die Stücke diese politisiert. Wenn Nähe gesucht wird zwischen Aida und Radames, dann interessiert es mich nicht, warum es subjektiv zwischen ihnen nicht funktioniert. Es interessiert mich, daß sie es aufgrund der Rollen, in die die Gesellschaft sie zwingt, nicht fertigbringen, ihre positive erotische Energie zu leben. Denn Radames ist in der Hierarchie der Macht schon sehr weit oben und kann deshalb nicht mehr realisieren, was ihn umgibt. Er hat sich in eine »Volksfeindin« verliebt, und er glaubt, daß der König ihm die Frau überläßt, wenn er noch eine Schlacht mehr gegen ihr Volk führt und gewinnt. Er begreift nicht, daß er die Liebe der Frau auf diese Weise verliert. – Das ist eine Aussage von Verdi über Perversionen, die im Denken solcher Männer real stattfinden. Man hört das in Verdis Musik, daß er das aufs tiefste bedauert. Auch das ist politisch für mich.

Anderswo sagen Isolde und Tristan, wenn diese Welt uns keine Liebe erlaubt, dann müssen wir aussteigen. Ihr gemeinsamer Tod, der kein physisches Ende, sondern den Wechsel in eine vielleicht humanere Welt suggeriert, ist gleichfalls ein politisierter. Denn damit wird indirekt gesagt, daß die reale Welt unlebbar ist. Und den Zuschauern wird anheimgegeben, jetzt darüber nachzudenken, ob denn außerhalb der Bühne wirklich alles in Ordnung sei. So haben sie es damals in Griechenland gemacht. Zumindest solange diese Rückkopplungsmöglichkeit in der Gesellschaft bestand.

Ähnliche Überlegungen habe ich auch bei Brecht in den Schriften gefunden. Andererseits muß es in mir schon vorgeprägt gewesen sein. Durch meine Kindheit, durch die Art, in der ich groß geworden bin. Dieser politische Aspekt wurde mir irgendwie beigebracht. Später fand ich das dann auch bei Heiner Müller, bei Kleist, bei Lenz, bei Büchner – eigentlich bei allen mir wichtigen Autoren. Da ist ein ganz deutliches Leiden an falschen politischen Zuständen, und es besteht das Bedürfnis, das im therapeutischen Sinne aus sich herauszubringen, es anderen mitzuteilen. Zweitens ist da eine bestimmte Haltung zur Welt: Solange man kann, hat man einen Beitrag zu leisten, daß sie lebbarer wird. Das ist für mich heute verbindlich. Da muß ich nicht nachdenken, wie ich ein Stück plötzlich künstlich aktualisiere.

Zur Herausbildung eines Berufs

Regie ist anfangs schlicht Organisation. Das bewerkstelligt ein Mitwirkender. Meist sind es Sänger mit einem speziellen Geschick, eine Truppe zu organisieren. Mit zunehmender Differenzierung setzt eine Arbeitsteilung ein. Die Sänger konzentrieren sich fortan aufs Singen, sie transportieren nicht mehr den geistigen Hintergrund ihrer Figuren. In der zweiten Hälfte des 19. Jahrhunderts tritt in diese Lücke ein Vermittler, der Interpret. Spezialisten sind nötig, die dafür sorgen, daß sich der Zuschauer ins Verhältnis zum Stück setzen kann. Das heißt noch nicht Regie, und die Namen sind heute nicht mehr bekannt.

Irgendwann wird auf den Programmzetteln neben Dichter, Komponist und Dirigent aber auch der Regisseur genannt. Die Anfänge gibt es schon zu Lebzeiten Wagners. Wagner war zuletzt in Bayreuth selbst ein bedeutender Regisseur. Er hat dafür gesorgt, daß lebendiges Theater gemacht wird. Und nicht, daß man, wie später, sein Werk zelebriert.

Die Geschichte der Opernregie kennt keine Geradlinigkeit. Sie lebt von Traditionen und Sprüngen. Der Regisseur Wieland Wagner zum Beispiel vollzieht in Bayreuth nach dem Krieg einen deutlichen Bruch. Das konnte natürlich nur auf Grund von Verweigerung geschehen, einer Verweigerung gegenüber einer nicht reflektierten Befrachtung mit Ideologie. Die germanischen Helden und der Illusionismus verschwinden bei ihm, die Formsprache wird abstrakt, es ist – äußerlich betrachtet – manchmal fast wie bei Robert Wilson. Das Werk wird in neue ästhetische Zusammenhänge gestellt. Der Zuschauer ist gezwungen, neu zusammenzusetzen, was er hört, was er vom Text weiß und was er sieht.

Der Begriff des »Musiktheaters« wird im 20. Jahrhundert in Deutschland zunächst werkbezogen gebraucht. Dahinter verbergen sich Stücke verschiedenster Form, für die der klassische Opern-Begriff nicht mehr zutreffend ist. Als theatralische Darbietungsform findet er sich ab den 50er Jahren. Walter Felsenstein, dessen Regiearbeit auf eine psychologische Wahrheit des Geschehens abzielt, ist hier eine Schlüsselfigur. Götz Friedrich hat für seine Ästhetik später den Begriff »realistisches Musiktheater« geprägt. Ruth Berghaus ihrerseits hat als Opernregisseurin ein Musiktheater in der Nachfolge von Brechts »epischem Theater« dagegengesetzt.

Im Zuge Felsensteins und seiner Schüler Joachim Herz, Götz Friedrich und Harry Kupfer, aber auch in Ruth Berghaus' Theater, wird aus dem Sänger der Sänger-Darsteller; die Aufführung lebt fortan nicht mehr allein von den Stimmen, sondern von musikbezogen inszenierter Aktion.

Nicht zufällig, meine ich, bildete sich dieses Theater in einer Gesellschaft heraus, die sich nach 1945 als politische Alternative definierte, in der man den Menschen als ein gesellschaftliches Wesen und die Welt als eine veränderungswürdige verstand. Der Neubeginn im Osten war eine geeignete Ausgangssituation. Man hatte kein Geld, keinen Marshall-Plan, man benötigte Solidarität und Utopie. Plötzlich bestand ein Theaterbedarf wie in der griechischen Polis. Theater als politisches Korrektiv, wichtig zum Selbstverständnis der Öffentlichkeit. Der Regisseur war aufgefordert, sich eine progressive, der Gesellschaft förderliche Konzeption auszudenken. Nicht zuletzt deshalb war er oft Angriffen von Funktionären ausgesetzt, die ihm unterstellten, ein Gegner dieser Gesellschaft zu sein. Das ging bis zur Absetzung ganzer Inszenierungen. Es unterstreicht zugleich den wichtigen gesellschaftlichen Rang, der dem Theater eingeräumt wurde.

Im Westen gibt es diese Bedeutung des Regisseurs und des Theaters nicht. Dort spielt eine Rolle, wer und was sich gut verkaufen läßt. Philosophische und ethische Einwände gibt es nur dann, wenn das Produkt keine Abnehmer findet.

In der heutigen Opernwelt ist es jederzeit möglich, daß Regie eine Scheinfunktion bleibt. Nur vermeintlich wird dann interpretiert, eigentlich läuft alles auf schöne Materialien, spektakuläre Pointen, schillernde Bilder hinaus. Oder die Regisseure inszenieren »vom Blatt«, d. h. sie inszenieren, was in den Regieanweisungen steht und wie man es seit hundert Jahren eben so macht.

Regie und Urheberrecht

Konwitschny: Wenn ein Regisseur Formen und Erzählstrukturen findet und erfindet, die es dem heutigen Zuschauer ermöglichen, sich ins Verhältnis zur erzählten Geschichte zu setzen, dann muß das anerkannt werden. Wenn also eine eigenständige Interpretationsleistung vorliegt, die dem Stück in seiner stetigen Veränderung durch den sich verändernden historischen Kontext zwar immanent, aber in den Regieanweisungen nicht explizit verbalisiert ist, dann verdient die Inszenierung einen urheberrechtlichen Schutz. Der besagt nämlich, daß geschützt wird, was neu entdeckt worden ist und was es zuvor so noch nicht gab.

Kämpfer: Infolge Ihrer Inszenierung von Kálmáns C*sárdásfürstin* an der Staatsoper Dresden wurde im Frühjahr 2000 eine juristische Auseinandersetzung darüber geführt, ob ein Intendant nach abgenommener Generalprobe und nach der Premiere Eingriffe in eine Inszenierung vornehmen darf, auch wenn der Regisseur damit nicht einverstanden ist. Dresdens Intendant Christoph Albrecht hatte nach den Störungen der Premiere mehrere szenische Vorgänge gestrichen, und Sie haben sich gerichtlich dagegen gewehrt.

Bereits Mitte der 70er Jahre gab es im Zusammenhang mit dem Regisseur Peter Mussbach einen vergleichbaren Fall. Ich vermute einmal, daß auch andere Regisseure mit ihrer Arbeit in Konflikte mit Häusern und Intendanten geraten sind, ohne daß das öffentlich und justitiabel geworden ist.

Das Problem, das hier zugrunde liegt, ist die Frage nach dem Eigenwert und der Anerkennung von Opernregie schlechthin. Welche Konflikte hatten Sie diesbezüglich, und wie wurden diese gelöst?

Konwitschny: Was ich in diesem Zusammenhang an DDR-Theatern erlebte, war zunächst staatsideologisch geprägt. Ein Beispiel: der *Waffenschmied* 1986 in Leipzig. Die Schlußszene der Oper hat Lortzing als Vorwegnahme der 1848er Revolution komponiert. Er zeigt hier das künftige Zusammengehen von Adel und Finanzkapital. In meiner Inszenierung verwandelte sich die kleine Waffenschmiede deshalb in eine große Fabrik, in der Mitte hatte ich eine unübersehbare schwarzweißrote Fahne positioniert. Intendant Karl Kayser, ZK-Mitglied, kam zur Hauptprobe und wurde fuchsteufelswild. Er unterstellte mir, ich würde den Imperialismus glorifizieren. Die Fahne wurde daraufhin in viele kleine Bänder zerschnitten und büßte alles Bedrohliche ein. Das war eine ganz direkte politische Zensur, die übrigens auf einem Mißverständnis beruhte. Denn ich hatte nichts verherrlicht, sondern – mit Lortzings Hilfe – kritisiert.

Das Publikum reagierte unterschiedlich. Es gab Zustimmung für unsere Politisierung dieses meist harmlos dargebotenen Stücks. Derselbe Umstand erntete aber auch Protest – ähnlich wie bei der Nachinszenierung 1989 in Kassel.

1985 gab es in Berlin einen Konflikt an der Komischen Oper. Es begann mitten in den Proben zur *Verkauften Braut.* Auch hier ging es zunächst um eine einzelne Szene. Diese wollte ich, wie später in Graz oder heute noch in Dresden zu sehen, im Pissoir einer böhmischen Dorfkneipe spielen lassen. Hier nämlich entscheidet sich der Preis für die Braut. Als ich das bei der Werkeinführung vorstellte, hieß es, das wäre der Bühne Felsensteins nicht würdig. Die Sache wurde nicht zu Ende diskutiert, war als Störfaktor aber immer präsent. Die Arbeit wurde abgebrochen, und Harry Kupfer, der das Stück übernahm, hat die Szene dann ganz anders gemacht.

Die ungute Stimmung auf meinen Proben hatte mit den Details jedenfalls nur wenig zu tun. Grundsätzlich war nicht geklärt worden, wer das Recht hat, die Interpretation zu machen.

Bei der *Csárdásfürstin*-Inszenierung 1999 in Dresden war das eigentlich klar. Zumindest bis kurz nach der Premiere. Keinerlei Selbstzensur stand bei der Arbeit im Weg, und deshalb wurden die Fragen, die mir und meinem Team an diesem Werk wichtig erschienen, klar und deutlich inszeniert: Wie es sich mit der Operette verhält, wenn die Weltkriegsgranaten ins Theater einschlagen. Oder, was das über die Verhältnisse sagt, wenn ein Kopfloser tanzt.

Kämpfer: Drei Beispiele mit unterschiedlichem Ausgang. Es ist zu überlegen, ob jeweils wirklich die Regiekonzeption und nicht ein außertheatralischer Kontext Stein des Anstoßes war. Andererseits steht die Frage, ob eine Inszenierung als Ganzes beschädigt ist, wenn Details nicht realisiert werden können. Wann aber unterliegt das, was ein Regisseur will, einer zwingenden Notwendigkeit, und wann empfiehlt sich zur Fortsetzung der Arbeit ein Kompromiß?

Konwitschny: Daß es nur so und nicht anders ginge, ist sicherlich falsch. Es gibt aber eine subjektive Wahrheit, und die ist in der Kunst entscheidend. Den Auftrag für eine Inszenierung kann ich nicht »objektiv« erfüllen. Ich bin es, den ein Intendant verpflichtet – mit meiner Erfahrung und meinem Können. Und zwar nicht, um die richtige, sondern um *meine* Inszenierung zu bekommen.

Die Argumentation »ein bißchen weniger geht vielleicht auch« suggeriert, daß ein Regisseur nicht bis an die Grenze des Möglichen gehen darf. Das verhindert letztendlich, daß überhaupt innovative Interpretationen entstehen.

Kämpfer: Seitdem neue szenische Lesarten im Opernrepertoire Staub aufwirbeln – und das ist zuweilen selbst in traditionellen Opernbetrieben wie Salzburg, Bayreuth und München der Fall – werden Regisseure verdächtigt, zu verfälschen und den Werken tendenziöse oder persönliche Interpretationen einfach »überzustülpen«.

Konwitschny: Hier muß man differenzieren. Staubaufwirbeln hebt natürlich das Image. Es genügt schon, wenn *Rigoletto* in einem leergepumpten Schwimmbad spielt und ab und zu rote Farbe an die Kacheln spritzt. Damit erreicht man als Regisseur bereits Aufmerksamkeit.

Der pauschale Vorwurf, Regietheater vernachlässige die Werktreue, war dagegen schon immer ein Argument der Konservativen. Von Leuten also, die die Entwicklung in unserem Beruf nicht verstehen oder nicht akzeptieren, die beim Opernverständnis der dreißiger Jahre stehengeblieben sind.

Allerdings gibt es auch Regisseure, die eine Bühne in verantwortungsloser Weise benutzen. Eine Inszenierung, so meine ich, muß in jedem Fall eine gesellschaftlich bedeutende Angelegenheit sein. Deshalb habe ich als Regisseur eben keine hundertprozentige Freiheit. Ich bin dem Stück verpflichtet, und wenn mir dazu keine schlüssige Interpretation gelingt, werde ich meinem Vertrag nicht gerecht.

Ein Intendant muß mich dann kein weiteres Mal engagieren. Er hat auch die Möglichkeit, die Inszenierung nicht herauszubringen. Läßt er sie zu, dann kann das Publikum reagieren, indem es sich desinteressiert zeigt. – In Dresden, um zum Thema zurückzukommen, war das ein anderer Fall.

Kämpfer: Kollidierten in Dresden bei der Premiere der *Csárdásfürstin* nicht Mittel und Zweck? Ein Publikum, das zu Silvester eindeutig aus Unterhaltungsbedürfnis kam, wurde unvorbereitet mit Krieg und Erinnerung konfrontiert.

Konwitschny: Aus meiner Sicht rebellierten weniger die Operettentouristen. Obwohl sie durch eine unzutreffende Werbung falsch orientiert worden sind. In Dresden haben sich vielmehr politische Interessen gegen eine bestimmte Theaterästhetik und auch Theater-Ethik artikuliert. Es kamen anonyme Schreiben ins Haus, in denen es hieß, der Intendant müsse sich dafür verantworten, daß er Geld für Leute ausgibt, die das »Kulturgut« verschandeln, und einer wie ich müsse weg. Überraschend kam das nicht. Ähnliches war unterschwellig bereits bei *Nabucco* und *Tannhäuser* abgelaufen. Aber in diesen früheren Fällen bewies der Intendant einfach Standfestigkeit.

Kämpfer: Hat die juristische Auseinandersetzung die Lage geklärt? Was ergab sich aus Ihrer Sicht dabei für den Schutz von Opernregie?

Konwitschny: Aufgrund meines Inszenierungskonzepts, das ein Jahr zuvor detailliert schriftlich fixiert vorlag, entschied das Amtsgericht Leipzig, daß meine Inszenierung Werkcharakter und somit Anspruch auf einen Urheberrechtsschutz hat. Niemand darf etwas herausnehmen und es als das Ganze ausgeben. Das Gericht hat damit nicht gesagt, daß jede Regiearbeit an sich schützenswert sei. Der Vorgang, der längere Zeit durch die Medien ging, hat vor allem politisch ein Zeichen gesetzt, daß man sich als Künstler in der Öffentlichkeit einfach nicht einzuschüchtern lassen hat.

Arbeitsbedingungen und Perspektiven

Es muß Klarheit herrschen. Wenn man zu Gast ist an einem Haus, dann ist das die erste Bedingung für eine erfolgreiche Arbeit. Klarheit geht immer vom Intendanten aus. Er muß mir vermitteln, daß er mich als Künstler und Person auch wirklich meint. Daß ich nicht pauschal als Erfolgsgarant engagiert werden soll, daß er meine Arbeit im einzelnen aber nicht kennt und in seinem Haus nicht wirklich wünscht und ermöglichen kann.

Außerdem muß klar sein, welchen Sinn Theater an einem Haus haben soll. Ich stehe mit meiner Arbeit dafür, daß Theater seine gesellschaftlich aufklärerische Funktion wahrnehmen muß.

Wenn es einem Haus darum geht, finanziell zu überleben und mit Unterhaltungsprogrammen die Ränge zu füllen, dann bin ich dafür nicht der richtige Mann.

Ein entscheidender Punkt ist mein Vertrag. Welche Mitbestimmung sichert dieser mir zu? Habe ich Einfluß auf die Sängerbesetzung? Wie viele Wochen und unter welchen Verhältnissen können wir proben? Es muß geregelt sein, daß der Regisseur bestimmte Arbeitsbedingungen vorfindet: daß die Werkstätten funktionieren, daß der Chor gewissenhaft probt. Und daß die Sänger, die engagiert sind, über eine bestimmte Zeit auch wirklich verfügbar sind.

Ich habe einmal mit zwölf Wochen Proben begonnen. Das war Anfang der achtziger Jahre. Und zwar in Greifswald, Altenburg und in Halle. Selbst an der Komischen Oper bei der *Verkauften Braut* waren zwölf Wochen veranschlagt. Das war die Tradition von Felsenstein und Brecht.

Bei der Vielzahl von Neuproduktionen oder Wiederaufnahmen, die ein Haus gleich welcher Kategorie heute leisten muß, ist das ökonomisch unmöglich. Angesichts des wachsenden Stellenabbaus einerseits, festgeschriebener Arbeitszeiten andererseits sind Opernbetriebe heute gezwungen, sehr effizient zu sein. Fünf bis sechs Wochen Proben sind für eine durchschnittliche Operninszenierung inzwischen die Norm. Bei sechs Wochen finden sich viele Intendanten schon sehr großzügig. Natürlich wird differenziert, es gibt Schwerpunktprojekte.

Sänger sind, wie andere Künstler auch, an wachsenden Einnahmen interessiert. Das ist bei ihnen auch eine Frage der Altersversorgung. Solange sie gefragt sind, müssen sie verdienen. Das heißt, so viele Vorstellungen wie möglich zu geben. Da überlegt es sich jeder, ob er bei einer Produktion mitmacht, bei der er sechs Wochen gebunden ist und um Urlaub bitten muß. Viele lassen sich nur ungern darauf ein. Je ökonomischer der einzelne denkt, je weniger aber wächst ein Ensemble, und es entsteht nicht die Lust, etwas gemeinsam zu tun.

Das Problem mit den Starsängern – und mit solchen habe ich inzwischen häufig zu tun – ist auch, daß sie länger als drei bis vier Wochen nicht mehr bezahlbar sind. Das ist das Resultat einer Entwicklung, die von den Agenturen, die Opernsänger vermitteln, sehr forciert worden ist. Probengagen sind deutlich niedriger als Auftrittsgagen. Die Agentur sieht sich folglich um Einnahmen gebracht, wenn ein Sänger an einem Ort lange lediglich probt. Ein Theater müßte das ausgleichen können. Bei der Dimension der Gagen und angesichts der Finanzhaushalte im Theaterbereich ist dieser Gedanke heute jedoch unreal.

Zeit ist für meine Arbeit aber ein unabdingbarer Faktor. Wenn ich für *Tristan* in München sechs Wochen Probezeit habe, dann muß ich schon dankbar sein. Frau Meier, die Isolde, ist ohnehin nur drei Wochen verfügbar. Das Betriebsbüro argumentiert, ich könne den dritten Akt, wo Isolde erst am Ende erscheint, schon vorziehen. Ich verweise darauf, daß Frau Meier eine Hauptrolle singt, die entscheidende Entwicklungen durchläuft und deshalb reifen muß. »Frau Meier ist Profi«, kommt es zurück. »Wenn Sie der sagen, was sie machen soll, dann macht sie das und zwar sehr schnell.«

Es geht aber nicht darum, ob jemand etwas sehr schnell ausführt. Es geht um das Verständnis des Ganzen, um das Wachsen der Figuren und Figurenbeziehungen. So etwas braucht Zeit, um sich zu entwickeln. Insofern ist der ökonomische Zwang für die künstlerische Arbeit eine akute Gefahr.

Die Perspektive von Theater und Oper ergibt sich aber nicht allein aus der Frage nach den Finanzen und Mitteln. Daß diese immer mehr reduziert werden, spiegelt die zunehmende Gleichgültigkeit der Gesellschaft gegenüber der Qualität und dem Bestand von Theaterkultur. Theater, so wie ich es in bezug auf die Oper verstehe, ist letztendlich eine Form, unentfremdet miteinander zu kommunizieren. Es wird nicht vorproduziert und irgendwann einmal gesendet. Ausführende und Publikum müssen bei der Aufführung anwesend sein. Von den Anfängen her betrachtet, ist das eine der Grundkonstellationen unserer Kultur. Die Entwicklung der Medien zielt heute in eine andere Richtung. In virtuellen Welten aber fehlt jede Rückkopplungsmöglichkeit, geht die Korrektivfunktion unwiederbringlich verloren. Kompromisse dergestalt, das Theater dem Fernsehen anzunähern und nur mehr kurze Unterhaltungsprogramme zu spielen, helfen dem Theater nur scheinbar. Andererseits gibt es aber immer noch Leute, die auf etwas menschlich Relevantes warten, auf Rührung im aufklärerischen Sinn. Über beides muß man sich im klaren sein, wenn man heute inszeniert oder sich für den Regie-Beruf interessiert.

PETER PETERSEN

Die Hamburger Inszenierungen

1998–2000

Als Ingo Metzmacher in der Saison 1997/98 Generalmusikdirektor an der Hamburgischen Staatsoper wurde, verabredete er sich umgehend mit dem Opernregisseur Peter Konwitschny zu einer ganzen Serie von Musiktheaterproduktionen. Diese gemeinsamen Arbeiten waren so erfolgreich, daß nicht nur die Hamburger von »ihrem Dream-Team« Konwitschny/Metzmacher sprachen, sondern auch die Presse das Künstlergespann als einen Glücksfall für die deutsche Musiktheaterkultur würdigte. Fünf Operninszenierungen hatten bisher Premieren: *Lohengrin* im Januar 1998, *Wozzeck* im September 1998, *Freischütz* im Oktober 1999, *Blaubart* im Mai 2000 und *Mahagonny* im November 2000. Nach jeder dieser Premieren hatte man den Eindruck, daß mit der Neuinszenierung auch das Werk selbst neu geschaffen war. Man glaubt, die alten Stücke genau zu kennen, und stellt am Ende fest, daß sie noch ganz andere Wahrheiten und Schönheiten bergen als die, die einem schon lange vertraut sind.

Sei es die Verlegung des Spielorts im *Lohengrin* vom mittelalterlichen Antwerpen in ein Gymnasium des 19. Jahrhunderts, sei es die Gleichstellung der Armen und Reichen durch die einheitliche Abendgarderobe im *Wozzeck,* oder seien es schockartige Verfremdungseffekte wie der Eremit als Sponsor in *Freischütz,* der stinkende Müll anstelle grüner Wiesen in *Blaubart,* der Swinger-Club statt einer Westernkneipe in *Mahagonny* – in allen Fällen ist das sensationelle Spektakel nicht Selbstzweck sondern Mittel zum Zweck. Der Zweck besteht aber darin, den bekannten Opern die Frische des ersten Tages zurückzugeben, wobei jeder aktuelle Opernabend beanspruchen kann, ein neuer erster Tag zu sein.

Historische Werke wieder aufzuführen heißt zu allererst, sich mit ihnen auseinanderzusetzen; es heißt nicht, sie wie Museumsstücke auszustellen. So wie der Betrachter eines alten Gemäldes sich an dem Werk abarbeitet, um jene Schneise zu entdecken, über die er einen Zugang zu dieser fremden Zeichenwelt findet und sich selbst also in dem Bild wiederfindet, so muß ein Opernregisseur eine Darstellungsform suchen, die solche Einstiegsschneisen bereit hält, damit der Zuschauer berührt, bewegt und verstört wird. Opern können nicht wie Bildwerke ausgestellt werden, sie existieren nur, wenn sie aufgeführt werden. Dies gilt für alle auf Aufführung angewiesenen Kulturformen wie Tanz, Theater, Musik, Film oder Zirkus. Die Partitur des *Lohengrin* kann man zeigen, die Oper haben wir damit aber noch nicht gesehen, geschweige denn gehört. Hinzu kommt das gemeinschaftliche Erleben von Aufführungen, das zum Wesen dieser Kunstform gehört. Der Komponist und der Librettist wissen, daß das Stück aktual funktionieren muß und unbekannten Bedingungen unterworfen ist. Das Publikum ist heterogen zusammengesetzt: Bildungsgrad, musikalische Vorerfahrung, Urteilsfähigkeit, Gestimmtheit durch Alltagssorgen oder Festtagsfreuden sind nicht kalkulierbar. Theaterwerke sind deshalb niemals ästhetisch reine Gebilde, sondern in dem Maße »unrein«, wie sie sich aufs Leben einlassen, das von den Besuchern einer Aufführung nun einmal mitgebracht wird (vita impura – ars impura).

Vielleicht liegt hierin der Grund, daß Konwitschny tendenziell immer das ganze Haus bespielen läßt, wenn er inszeniert. Fiktive und reale Lebenswelten sind nicht scharf zu trennen. Darum kann die Grenze zwischen Kunst und Leben auch konzeptionell genutzt werden, so wie es im übrigen seit jeher Theaterbrauch war (z. B. Mozarts Anspielung auf den *Figaro* in der Prager *Don Giovanni*-Fassung). Jedem Künstler geht es darum, neue Wirklichkeiten zu schaffen, und zwar Erlebniswirklichkeiten in den Hörern und Betrachtern ihres Werks. In diesem Zusammenhang ist es interessant, wie Konwitschny den Begriff der Verfremdung auffaßt, der ihm aufgrund seiner Schulung in Brechts Berliner Ensemble wichtig und teuer ist. Der Einsatz von Verfremdungseffekten hat nicht zum Ziel, eine Sache fremd erscheinen zu lassen, sondern sie im Gegenteil wieder nahezubringen. Ausgehend von dem einfachen psychologischen Gesetz, daß etwas, mit dem wir ständig umgehen, gewöhnlich wird und seine Wirkungskraft verliert, muß ein Ding, das uns wichtig ist, vorübergehend fern gerückt werden, damit wir es wieder neu betrachten und uns auf eine neue Weise von ihm berühren lassen können. Der so verstandene Verfremdungseffekt hat somit keine belehrende, vielmehr eine belebende Funktion. Unsere Wahrnehmung erfährt ungeahnte Impulse, das Fühlen und Denken wird wieder zum Wagnis, weil es auf Unbekanntes und Ungewohntes bezogen ist.

Die folgende Beschreibung der fünf Hamburger Konwitschny-Opern ist ein Protokoll dessen, was ein Zuhörer und Zuschauer bei den Aufführungen erleben und beobachten mag. Eine zeitgenössische Oper ist nicht dabei, vielmehr handelt es sich um »historische« Werke, beginnend mit *Freischütz* von 1821 und endend mit *Mahagonny* von 1930. Versteht man Geschichte einschließlich der musikalischen Kunstgeschichte als ein Feld, das nur von der Gegenwart her erschlossen werden kann, dann sind Peter Konwitschnys Inszenierungen Beispiele produktiver Geschichtsaufarbeitung. Das Motiv, überhaupt Geschichtsforschung zu betreiben, gründet in dem Wunsch, Aufklärung über uns selbst zu erfahren. Aus eben diesem Motiv heraus werden historische Opern immer wieder neu inszeniert.

Kredit des Eremiten: Der Freischütz

Bedenkt man, daß im Hamburger Hafen auch heute noch kein Schiff ausläuft, wenn das Datum »Freitag der Dreizehnte« ist, und daß Fluggesellschaften selten eine »Reihe 13« anbieten, weil kaum jemand auf dieser Unglückszahl sitzen mag, dann spricht alles dafür, daß der Aberglaube verläßlicher ist als der Glaube. Gott wird spätestens seit Nietzsche immer wieder totgesagt, die Furcht vor Spinnen und die Hoffnung auf die helfende Kraft der Maskottchen dagegen wird ewig leben. Bedenkt man ferner, daß nicht nur der Horrorfilm oder der Fernsehkrimi wegen ihres Gruseleffekts genossen werden, sondern daß auch die Geisterbahn auf den Jahrmärkten mit ihren Gespenstern aus Pappmaché und den rot oder grün bemalten Glühbirnen sich ungeminderter Beliebtheit bei Kindern und Erwachsenen erfreut, dann wundert es nicht, daß auch der *Freischütz* von Carl Maria von Weber und Friedrich Kind 180 Jahre nach seiner Uraufführung in Berlin noch immer überaus beliebt ist. In dieser Gespenstergeschichte sind es die »siebte« Stunde, das »siebte« Jahr und die »siebte« Kugel, mit denen sich ein Unheil verbindet. Und vor Spinnen, Eulen und Hähern fürchten sich alle, so wie andererseits Agathe alle Hoffnung an die weißen Rosen knüpft, die ihr der Eremit gegeben hat.

Man sollte dem Stück nicht mehr Tiefe zusprechen, als es hat. Trotz der gewichtigen autographen Gattungsbezeichnung »Romantische Oper«, die unter dem Titel »Der Freÿschütze« steht, und trotz Richard Wagners Beschwörung des *Freischütz* als deutschester unter den deutschen Nationalopern (Wagner-Schriften Bd. 1), handelt es sich bei diesem Dreiakter um Volkstheater in der Tradition der Singspiele und des Wiener Nationalsingspiels. Nicht

Seelentiefe, sondern Hintersinn, nicht Humor, sondern Komik, nicht Entsetzen, sondern Gruseln sind die Bezugsgrößen des Koordinatensystems, in dem diese Oper ihre Kraft entfaltet.

Peter Konwitschny ist auf den Volks- und Legendenton des *Freischütz* eingegangen, denn der Charakter des Stücks, sein heiteres Wesen, sollte bewahrt werden. Deutlicher als bei anderen Inszenierungen hat er sogar die vorgegebenen (historischen) Regievorschläge aufgegriffen. Kostüme, Requisiten, Raumgestaltung, Figurenauf- und Abtritte sind so umgesetzt wie von Weber und Kind notiert. Dennoch ist die Aufführung durchsetzt mit Anachronismen, Verfremdungen, Umdeutungen und Ergänzungen. Vor allem aber wird mit der »vierten Wand« der Bühne gespielt, indem das Publikum in das Spiel hineingezogen wird und sogar Möglichkeiten zum Eingreifen bekommt. Wie meistens bei Konwitschny, wird nicht nur die Bühne, sondern das ganze Haus bespielt. Im Fall des *Freischütz* sind alle Zusätze und Verfremdungseffekte mit leichter Hand angebracht, der man das Vergnügen an der unerwarteten Wendung und dem schnellen satirischen Zugriff anmerkt.

Bei alledem gilt Konwitschnys Grundsatz, daß die Musik die Regie bestimmt, daß sie der wichtigste Inhalt eines Opernabends ist, daß Gesang und Instrumentalklang zu größtmöglicher Wirkung gelangen müssen. Manchmal meint man, nicht die Figur, sondern die Musik habe »ihren Auftritt«. Als Agathe von Ännchen in ihrer Kammer allein gelassen wird, weil sie noch auf ihren Max warten will, senkt sich ein mit blinkenden Sternen bestückter dunkler Gazevorhang vor die Szene, der nur ein fenstergroßes Rechteck an der Seite freiläßt. In diesem ist Agathe sichtbar, die Szenenverwandlung gilt jedoch der Musik. Statt die Regieanweisung »Sie tritt vor und erhebt kniend die Hände« umzusetzen, leitet Konwitschny aus dem Text, den Agathe singt, eine fast konzertante Musiziersituation ab.

Leise, leise, fromme Weise,
schwing dich auf zum Sternenkreise!
Lied erschalle, feiernd walle
mein Gebet zur Himmelshalle!

Das »Du« in diesem Gebet ist die Musik selbst, angesprochen wird
die »Weise«, das »Lied«, das sich erheben möge. Durch die unver-
mutet wortwörtliche Inszenierung der Arie können wir Ton und
Bild tatsächlich als Einheit imaginieren, als stiege die gesungene
Melodie wie ein gegenständlicher Vokalleib zu den Sternen hinauf.

So nahe das szenische Arrangement auch an der Grenze zum Klischee zu liegen scheint, so wenig kommen einem diese Bedenken, wenn man Webers schlichte, innerliche Musik – eine Adagio-Periode in E-Dur, deren Melodie von einem sechsstimmigen reinen Streichersatz (*pp* »mit Dämpfer«) getragen wird – unbeeinträchtigt von visuellen Reizen des Szenenraums und der Figurengebärde hört. Bald werden wir sehr sanft aus diesem Traumklangbild wieder hinausgeführt: Agathe winkt dem nahenden Max mit einem weißen Tuch (der Binde von ihrer vorgängigen Kopfverletzung) zu, der Sternenvorhang wird hochgezogen und das helle Zimmer wieder sichtbar, damit Agathe »vivace con fuoco« von ihrem schnell schlagenden Puls und dem wallenden Herzen singen und ihrer Vorfreude mit Gebärden und Mimik Ausdruck geben kann.

Zu einer Komödie gehört das gute Ende (oder das, was dafür gehalten wird), nicht minder aber die böse Intrige, die das Glück bedroht. Der Widerstreit des Guten und Bösen wird im *Freischütz* von den Gegenspielern Eremit und Samiel verkörpert, wobei im Libretto Samiel bereits im vierten Auftritt (nach dem Beginn von Maxens Arie »Durch die Wälder, durch die Auen ...«) als gespenstische Erscheinung im Hintergrund zu sehen ist, der Eremit aber erst am Ende der Oper wie ein Deus ex machina auftritt. Konwitschny vermehrt die Präsenz der Figuren um ein Vielfaches. Er läßt den Eremiten – vom Publikum freilich lange Zeit unerkannt – bereits in der ersten Szene des zweiten Akts in Erscheinung treten, so als wollte er die von Weber gestrichenen zwei Anfangsszenen, die den Besuch Agathes beim Eremiten zum Inhalt haben, wieder in das Stück hineinholen. Der Eremit und Samiel sind zugleich die beiden einzigen Figuren, die aus der Bildwelt des 1810 erschienenen »Gespensterbuchs« von Johann August Apel und Friedrich Laun herausgelöst wurden. Samiel ist bei Konwitschny ein Verwandlungskünstler, der jede Gestalt annehmen und oft unbemerkt sein Unwesen treiben kann. Der Eremit ist eine ganz und gar moderne Figur, die nichts Geistliches an sich, dafür aber Geld hat, die kein Credo betet, aber Kredit gewährt: Sie ist ein Deus ex publico, der nicht in der Einsiedelei haust, sondern im Parkett 1. Reihe sitzt; der die Aufführung mehrmals empfindlich stört, weil er mit dem Geschehen auf der Bühne nicht einverstanden ist; und der am Ende tatsächlich alles zum Guten zu wenden scheint.

Die Vielgestaltigkeit des Teufels ist in dieser Inszenierung verblüffend. Die erste Bekanntschaft mit Samiel macht das Publikum durch die Ouvertüre, die zwar bei geschlossenem Vorhang gespielt wird, aber nicht auf szenische Zeichengebung verzichtet. Am vorderen Bühnenausgang ist ein elektrischer Fahrstuhl zu sehen, dessen Lichtziffern in dem Moment Bewegung anzeigen, wenn die Musik in eine geheimnisvolle Tremolostimmung mit leisen Paukentönen umschlägt. Aufmerksam gemacht durch einen kurzen Lichtblitz, sieht das Publikum, daß der Lift abwärts fährt: 3 − 2 − 1 − W. Sobald der Zuschauer sich in der Topographie des Spielortes und der Leitmotivik der Oper ein wenig auskennt, weiß er rückblickend, daß an dieser Stelle der Ouvertüre Samiel »nach Hause« gekommen ist, also in »seine« Wolfsschlucht (W). Gegen Ende der Reprise, wenn das Orchester Agathes Freudenmelodie in C-Dur anstimmen will, bricht Samiel zu düsteren Tremoloklängen wieder auf, um das Schlimmste zu verhüten, daß nämlich ein Mensch auf Erden glücklich wird. Der Lift fährt von »W« bis »7« (in den 7. Himmel) aufwärts, dann wieder abwärts in irdische Mittellage. Hier kann der Teufel sich unter das Volk auf dem Platz vor der Waldschenke mischen.

Bevor er als eine Art Zeremonienmeister in schwarzer Kutte mit weißem Narrenkragen auftritt und die tanzenden und musizierenden Bauern anführt, hat er noch eine erste Probe seiner Macht gegeben: Eine über dem Volk hängende überdimensionierte Zielscheibe wird von hinten durchstoßen, weshalb es fraglich scheint, ob der glückliche Schuß des Schützen Kilian wirklich frei getroffen war. Im übrigen scheint Samiel dafür verantwortlich zu sein, daß dem armen Max der Hohn Kilians und des Volks entgegenschlägt. Sogar Text steht für Samiel bereit: Die im Libretto von einem nicht näher bestimmten Jäger gestellte Frage, woher der Brauch des Probeschusses eigentlich stamme, wird von Samiel selbst gestellt. Bei Maxens großer Arie (»Durch die Wälder …«bis »… mich faßt Verzweiflung«) sieht der Zuschauer – nicht Max! – Samiel wieder, wobei er wie vorher als mönchischer Narr aus der Versenkung auftaucht, diesmal mit einem einzelnen Engelsflügel bestückt.

Bei dem Treffen mit Kaspar schlüpft Samiel in die Rolle eines schwangeren Schenkweibes, wirkt im übrigen aber im Off als lachendes Gespenst (elektronisch moduliert wie in einer Geisterbahn) und als unheimlicher Lenker der Kugel, die einen Steinadler vom Himmel holt. Gleich darauf sehen wir ihn bei Agathe und Ännchen als ungebetenen und unbemerkten Handwerker, der das Bild mit dem Urvater Kuno, das von der Wand gefallen war und Agathe leicht verletzt hatte, wieder befestigt, nachdem er es selbst mittels Magie gelöst hatte. Als Max, der endlich dazukommt und seinen erlegten Raubvogel präsentiert, wieder weg muß, wird er von einem Zauberer abgeholt, der mal eben einen Pulk roter Federn aus dem Zylinderhut zaubert. Also: Zeichen über Zeichen – weit mehr, als bei Weber vorgesehen –, die von den Protagonisten allerdings nicht gedeutet werden.

Mit der Wolfsschluchtszene befinden wir uns nun vollends in der Gespensterbahn eines Jahrmarkts. Bei den Samiels sieht es recht unordentlich aus. Die Möbel sind aus Agathes Kammer entlehnt, doch die Standuhr, die freilich noch nie geschlagen hat, ist halb umgekippt, die Lampe wird als Vollmond angeknipst, der später wie ein Apparat in zwei runde Scheiben zerfällt. Auf einem Fernseher sitzt eine Eule mit einem leuchtenden und einem toten Auge. Der Monitor zeigt Kaspar in einem Warteraum, aus dem heraus er mit Samiel Kontakt aufzunehmen versucht. Dieser hat jetzt die Gestalt eines Prokuristen, der die Leistungen seines wichtigsten Angestellten (Kaspar) bilanziert. Bald tauchen Geister auf.

Unter ihnen, die mit Vogel- und Tierköpfen ausgestattet sind, befindet sich wiederum Samiel, jetzt wie ein Zirkusdiener gekleidet. Später erscheint er sogar in einem gold-gelben Zirkusfrack. Wenn es ernst wird, Kaspar also tatsächlich die sieben Kugeln gießt und mit jeder neuen Kugel die Unordnung größer wird – am Ende kehrt sich das Oberste, der Himmelsausschnitt, zuunterst und entschwindet wie bei einer Loopingbahn nach oben ins Nichts –, zieht Samiel sich in eine geheime Kommandozentrale zurück, zu der es nur über den Monitor eine Verbindung gibt. Schließlich scheint der jüngste Tag über uns zu kommen, denn zahlreiche Saalscheinwerfer schießen ihr Licht ins Publikum, unterlegt von Sirenengeheul. Samiel tritt aus dem Hintergrund der Bühne auf und kontrolliert, ob das Chaos komplett und vor allem pünktlich herbeigeführt wurde: Es ist alles o. k., denn die halb liegende Standuhr zeigt 01:00 Uhr an, und zwar entgegen ihrer mechanischen Einrichtung nicht auf dem Zifferblatt, sondern auf einem digitalen Display. Der Teufel scheint das alles ziemlich cool erledigt zu haben. Er ist nur mit einem unter den Achselhöhlen gefaßten weißen Badetuch bekleidet, trägt allerdings einen schwarzen Bankerhut sowie eine schwarze Aktentasche, was auf die praktische Verbindung von Business und Körperpflege schließen läßt. Sein Abgang erfolgt über den Fahrstuhl.

Im letzten Akt erleben wir Samiel in der Rolle des Teufelsgeigers. Während Ännchen ihren (erfundenen) Traum von »Nero, dem Kettenhund« erzählt, um Agathe aufzuheitern, ist die Solo-Bratschistin aus dem Orchestergraben auf die Bühne aufgestiegen, um ihr obligates Solo zur »Romanza ed Aria« vorzutragen und ihren teuflischen Kommentar an Ort und Stelle zu geben. Sie trägt elegante Abendgarderobe, deren besonderer Kick darin besteht, daß zwei kleine rote Teufelshörnchen ihr schönes Haar schmükken. Dieses Attribut kommt uns deshalb so natürlich vor, weil schon die ersten Töne, die ihrer Bratsche entsteigen, auf Samiels Leitmotiv zurückverweisen. Zum Moritatenton, in dem Ännchen ihr Lied vorträgt, passen auch die gestischen Kommentare der hübschen Teufelin, die z. B. Ännchens Ankündigung, daß Agathe »ros'ger Hoffnung Licht« winke, Lügen straft, indem sie sich in einer kleinen Pantomime mittels eines lila Seidenbandes, das von Agathes Brautkleid stammt, aufzuhängen scheint, wobei ihre herausgewürgte blaue Zunge zu sehen ist. Daß diese kleine Paganina – man bedenke, daß der historische »Teufelsgeiger« Niccolò Paganini auch auf der Bratsche brillierte – wirklich Samiel verkörpert, wird, wenn sie sich bei dem Wort »Ungeheuer« mit ihrem Bogen mehrmals leicht auf die Brust klopft, vollends deutlich.

In der abschließenden Szenensequenz, die zur Katastrophe mit glücklicher Wendung führt, gewinnt Samiel schließlich amtliches Format. Wir sehen ihn nur noch in Schlips und Kragen. Als wäre die Vorstellung unterbrochen, tritt nach dem Chor der Brautjungfern Samiel vor den geschlossenen Vorhang, um, quasi in der Rolle des Spielleiters, eine Ansage zu machen. Statt dessen rezitiert er aber den Text des Jägerchors, auf dessen frohen Schall das Publikum seit zwei Stunden gewartet hat. So bekannt die Musik ist, so fremd erscheint der nackt vorgetragene Text. Besonders die »kundige Diana«, die den Männern »die Nacht erhellt« und »die Glieder erstarket«, wird den meisten bisher entgangen sein. Verblüffend auch, wie viele La la la la la la la's im Refrain gesungen werden. Konwitschny selbst ist hier in die Rolle des Diabolus geschlüpft, indem er eine der bekanntesten Ikonen der E-Musikgeschichte verfremdet und deren Rezeption der Lächerlichkeit preisgibt. Um so schmerzlicher ist dann die Abwesenheit des Chores nach dem Öffnen des Vorhangs. Die Jäger müssen aus dem Off singen, während dem Publikum das Ergebnis eines Jagdvergnügens präsentiert wird: Vierzehn Frauen wurden zur Strecke gebracht; sie liegen, wohl sortiert nach der Farbe ihrer Kleider, in vier Reihen (»Strecken«) auf dem Boden. Ein Wolfshund mit einer langen roten Zunge bewacht das Wildbret. Er interessiert sich besonders für eine der Damen, die mit Beginn der zweiten Strophe des

Jägerlieds (»Diana ...«) ein Bein senkrecht in die Höhe gereckt hält. Unter vereinzelten Lusttönen, deren geheulter Klang sich mit dem labialen Gesang des Refrains verbindet, nähert sich der Jagdhund der Liegenden, um in deren Schritt nach dem rechten zu sehen. Als Ottokar und die Männer auftreten, verdrückt sich der Hund, und die Frauen werden durch einen Schuß in die Luft wieder zum Leben erweckt. Mit dieser frei erfundenen Szene wird die noch folgende Agathe-Handlung in gewisser Weise angekündigt. Nach dem Schuß auf die weiße Taube liegt diesmal Agathe hingestreckt auf dem Boden, doch auch sie erwacht aus ihrer »schweren Ohnmacht«.

Der allerletzte Auftritt Samiels ist der allumfassenden Güte des Eremiten zu verdanken. Dessen Güte ist so groß, daß sie sogar das Böse einschließt. Wie bereits angedeutet, ist der Eremit in der Inszenierung Konwitschnys ein Besucher der *Freischütz*-Aufführung, also »einer von uns«. Er schwärmt (wie wir alle) von Agathe und möchte nicht, daß ihr ein Leid geschieht. Als Agathe singt: »Um dich muß es zagen, dies ahnungsvolle Herz!«, springt er begeistert auf und wirft ihr einen Strauß weißer Rosen auf die Bühne. Später erzählt sie Ännchen, daß sie beim Eremiten war und von ihm weiße Rosen geschenkt bekommen habe; dies bezieht der Fan natürlich auf sich, er erhebt sich kurz und macht zum Publikum hin einige verlegene Verbeugungen. Hat Agathe Kummer, geht es auch ihm schlecht, wird sie wieder aufgeheitert, ist auch er wieder selig – so am Ende von Ännchens Arie (»zage nicht, zage nicht!«), wo er am Orchestergraben stehend ihr die gedrückten Hände strahlend entgegenreckt. Deshalb kann es ihm nicht gleichgültig sein, daß Agathe am Ende ihren Max nicht bekommen soll. Nach dem Heiratsverbot und Maxens Verbannung fällt der Vorhang zu Ottokars Worten: »Hinweg, hinweg aus meinem Blick, dein harrt der Kerker, kehrst du je zurück!« Sollte hier das Stück zu Ende sein? Nein! Der Bewunderer Agathes erhebt sich von seinem Platz, wendet sich dem Publikum zu und singt mit einer sonoren Sarastro-Stimme: »Wer legt auf ihn so strengen Bann? Ein Fehltritt, ist er solcher Büßung wert?« Auch Ottokar hört die Stimme aus dem Publikum, er hält mit beiden Armen den Vorhang auseinander (was einem Inspizienten, der auf das Regiebuch zeigt, gar nicht gefällt) und lädt den guten Mann ein, hier Recht zu sprechen (»Sprich du sein Urteil, deinen Willen will freudig ich erfüllen«). Nun bereits als frommer Eremit angesprochen, begibt sich der Mann auf die Bühne, wo er seinen Vorschlag eines Probejahrs für Max unterbreitet. Fürst Ottokar willigt ein, und alle sind begeistert. Max, der natürlich auch erleichtert ist, singt: »Die Zukunft soll mein Herz bewähren …« Daraufhin schenkt ihm der Eremit eine goldene Kreditkarte, die er aus seinem Revers zieht. Der Kreditrahmen ist ein Jahr, das Risiko hält sich also in Grenzen, gemessen an einem »Credo in unum Deum«, das für die Ewigkeit bemessen ist. Max regt an, auch Agathens Zukunft auf diese Weise abzusichern, und der Fürst bittet seinerseits um Kredit. Am Ende werden die goldenen Karten förmlich unters Volk geworfen. Der Eremit fordert alle auf, zum Dankgebet niederzuknien, wobei er selbst (in Abweichung vom Libretto) nicht kniet, vielmehr mit einer Jubelgeste deutlich macht, daß sein Plan geglückt ist. Während der Sekt aufgefahren wird, als solle die Aufführung direkt in eine Premierenfeier übergehen, geht der Eremit zum Fahrstuhl, der auf »W« steht, und bittet Samiel und seine beiden Helfer, Kaspar und die hübsche Teufelin, zum Fest. Diese werfen sich sogleich ins Vergnügen, während der Eremit und Samiel noch beieinander stehen; sie vergleichen ihre Kreditkarten, die goldene für das Gute, die schwarze für das Böse.

Fragen verboten: *Lohengrin*

Die Geschichte vom wunderwirkenden Schwanenritter Lohengrin spielt im 10. Jahrhundert, erstmals niedergeschrieben wurde sie im 12. Jahrhundert von unbekannter Hand. In der nachfolgenden Zeit immer wieder verändert und mit zusätzlichen Motiven bereichert, wurde der Stoff im Zuge eines neuen Interesses für das Mittelalter am Anfang des 19. Jahrhunderts neu zugänglich. Joseph von Görres gab den *Lohengrin* eines unbekannten Thüringer Dichters heraus und Wilhelm Grimm den *Schwanritter* Konrad von Würzburgs. Kern der Geschichte, die sich aus verschiedenen Perspektiven erzählen läßt, ist die legendenhafte Welt des Grals einerseits und die historische Zeit des deutschen Reichs um Heinrich den Vogler andererseits.

Aus Sicht und Interessenlage der Gralsritter handelt es sich bei dem Geschehen um ein Abenteuer, zu dem Lohengrin – als Sohn Parzivals der am meisten mit Wunderkräften ausgestattete Gralsritter – aufbricht, um einer bös bedrängten hohen Frau, der Jungfrau Elsa von Brabant, Beistand zu leisten und gleichzeitig die gefährdete christliche Ordnung im Reich neu zu festigen. Verpflichtet, das Geheimnis des Grals und seiner ritterlichen Hüter zu wahren, muß Lohengrin seiner Frau, als die sich Elsa ihm sogleich verspricht, sowie auch der Gesellschaft von König und Adel auferlegen, niemals nach seinem Namen und seiner Herkunft zu fragen. Was niemand weiß, ist der gute Grund seines Handelns: Hält Elsa ein Jahr lang das Frageverbot ein, wird sie ihren Bruder Gottfried wiedersehen, der ihr (und dem Herzogtum Brabant, dessen rechtmäßiger Herrscher das Kind einst werden soll) durch die heidnische Zauberin Ortrud entrückt wurde; die hatte ihn in einen Schwan verwandelt und gleichzeitig Elsa des Mordes an ihrem Bruder geziehen. Die Wunderkraft des Christen Lohengrin steht gegen die Zauberkraft der Heidin Ortrud, das Gute tritt gegen das Böse an. Das Vorhaben mißlingt, weil Elsa sich zu der verbotenen Frage verleiten läßt, doch siegt am Ende der Gral: Zwar muß Lohengrin zurück nach Montsalvat und darf nicht Ehemann Elsas und »Schützer von Brabant« sein, aber Gottfried wird trotzdem aus seiner Schwanenexistenz erlöst und als »Führer von Brabant« begrüßt.

Stellt man sich auf den Standpunkt der Brabanter, so läßt sich die Geschichte ganz anders erzählen. Nach dem Tod des Herzogs von Brabant steht das Land ohne Herrscher da, weil der Sohn Gottfried noch ein Kind und die Tochter Elsa noch unverheiratet ist. Der angesehene erste Lehensmann des Herzogs, Friedrich von Telramund, der mit der Tochter eines einstigen Friesenkönigs die Ehe eingegangen ist, strebt die Macht an. Von seiner Frau Ortrud hinters Licht geführt, beschuldigt er Elsa, ihren Bruder ermordet zu haben, um einem geheimen Liebhaber auf den Thron zu verhelfen. Der deutsche König Heinrich kommt nach Antwerpen, um in dem Streit Recht zu sprechen. Wider Erwarten stellt sich ein Beistand für Elsa ein: Ein unbekannter Ritter siegt in einem Gottesgericht gegen Friedrich und wird mit Elsa vermählt. Die Brabanter sind froh, einen starken Herzog zu haben, der König ist froh, Unterstützung im Kampf gegen die Ungarn zu finden, und Elsa ist froh, einen Beschützer an ihrer Seite zu wissen. Alle beugen sich dem Gebot, nicht nach der Herkunft des Ritters zu fragen. Als Elsa die Hochzeit vollziehen soll, besteht sie endlich doch darauf, seine Identität zu erfahren, um nicht nur das Glück, sondern auch seine Sorgen mit ihm teilen, ihn also wirklich lieben zu können. Daraufhin läßt er sie fallen. Nachdem er Friedrich, der ihn hinterrücks ermorden wollte, getötet hat, offenbart er sich den Brabantern als der Gralsritter Lohengrin und zieht von dannen – nicht ohne noch das Wunder zu erwirken, daß der Knabe Gottfried wiederkehrt. Elsa stirbt, Ortrud bleibt unter Acht und Bann, die Brabanter beklagen den Verlust ihres Heerführers und sehen einer ungewissen Zukunft entgegen.

Fragen wir nun, aus welcher Perspektive Richard Wagner den Stoff betrachtete, so wird vor allem an der Musik – und zwar schon mit den ersten Takten der in ätherischer Klanghelligkeit anhebenden Gralsmusik – deutlich, daß es die mystische Welt des Schwanenritters war, die ihn faszinierte und zum Projekt seiner letzten »romantischen Oper« animierte. Freilich ist Wagner ein dramatisch denkender Künstler, der nicht einfach die Zustimmung seines Publikums erreichen, sondern vor allem Konflikte darstellen will. Diese können ihre Wirkung nur entfalten, wenn prägnante Figuren mit starken Interessen gegeneinander antreten, und das heißt in der Oper: wenn der Teufel nicht blasser klingt als der Heiland. Vergleicht man die Einleitungsmusik des ersten und zweiten Akts *Lohengrin* miteinander, so treten die musikalisch-dramatischen Hauptkomplexe unmittelbar hervor: Der Lohengrin-Akt wird mit einer geheimnisvoll leuchtenden Heilsmusik sakraler Stimmung eröffnet, der Ortrud-Akt hebt mit unheimlich dunklen Gängen in den nur von leisen Paukenwirbeln grundierten Celli an. Reine Dreiklänge dort, verminderte und übermäßige Intervalle hier. Noch bei geschlossenem Vorhang wissen wir bereits, daß zu Beginn des ersten Akts Tag, zu Beginn des zweiten Nacht ist. Und wir finden später bestätigt, daß das ganze Hauptgeschehen des ersten Akts der ankündigenden Hoffnungsmusik gerecht wird, während das diabolische Intrigenspiel Ortruds und ihres Werkzeugs Friedrich im zweiten Akt der düsteren Unheilsmusik entspricht. Kein Wunder, daß im dritten Akt die Katastrophe durch immer dichtere Vermengung der gegensätzlichen Ausdrucksmodi vorbereitet wird. Kurz bevor Elsa die verbotene Frage stellt, ergreift Ortruds Musik sogar von Elsas Gesang Besitz (bei »Ach, dich an mich zu binden, wie sollt' ich mächtig sein? Voll Zauber ist dein Wesen«), so daß der die Oper bestimmende Konflikt im Innern einer Figur sich ausgedrückt findet.

Bei aller Sorgfalt der Erfindung und bei aller künstlerischen Phantasie, die Wagner der Ausgestaltung Ortruds und Friedrichs zukommen läßt, schlägt sein Herz doch für den Ritter Lohengrin. An dessen Reinheit und Erhabenheit kann er sich nicht genugtun, für dieses Sehnsuchtsbild imaginiert er die schönste und am ausgefallensten kolorierte Musik. Die für den Barrikadenhelden Wagner (er wurde 1849 von der sächsischen Polizei steckbrieflich gesucht) doch sehr ungewöhnliche Sehnsucht nach einer halbgöttlichen Instanz, wie die Gralsgemeinschaft sie verkörpert, war bekanntlich so stark, daß er am Ende seines Lebens das »Bühnenweihfestspiel« *Parsifal* schrieb, in dem Parsifal Lohengrin und Kundry Ortrud entspricht. Wagner stand mit seiner Mittelaltersehnsucht nicht allein. *Lohengrin* blieb bis zum 2. Weltkrieg die meistgespielte Wagner-Oper auf deutschen Bühnen. Wie ist dieses Phänomen zu erklären? Wie verhält sich das unstillbare Verlangen nach Reinheit und Erhabenheit zur europäischen Aufklärung, zu den Idealen der Französischen Revolution, zum Projekt einer demokratischen Moderne?

Von solchen Fragen geleitet, hat sich Peter Konwitschny des Stücks angenommen. Das Aufregende an Konwitschnys Hamburger Inszenierung des *Lohengrin* liegt darin, daß er mit der Realisierung der Oper zugleich deren Rezeptionsmodus problematisiert. Er befreit das Publikum aus der selbstgewählten Unmündigkeit dem Stück gegenüber. Ohne im geringsten am Kunstwert der Oper zu zweifeln, ja sogar mit einer jederzeit vernehmbaren Liebe zur Musik des *Lohengrin* ermutigt er uns, das, was wir hören und sehen, als selbstbewußte Erwachsene, als aufgeklärte Menschen des ausgehenden 20. Jahrhunderts mitzuvollziehen und zu beurteilen. Dazu gehört, daß das Frageverbot nicht einfach hingenommen, sondern in seinem repressiven Charakter erkannt wird, daß die Ungleichheit im Zweikampf zwischen Friedrich und Lohengrin als regelwidrig eingeschätzt wird, daß ein Heide nicht a priori böser sein muß als ein Christ. Konwitschny möchte vermeiden, daß das Gefälle von Oben und Unten sich im Verhältnis von erhabenem Kunstwerk und demütigem Publikum wiederholt. Gerade angesichts der überaus konstanten Erfolgsgeschichte von *Lohengrin* erscheint es ihm nötig, zunächst die Aura des Mystischen und

Wunderbaren zu beschädigen, um die wirklichen Konflikte, die das Stück bestimmen, wieder nacherlebbar zu machen. Konwitschny unterläuft die falsche Erhabenheit des Werks und findet seine Wahrheit.

Der wichtigste Einfall, der alle Perspektiven verschiebt, ist die Verlegung des Spielorts vom mittelalterlichen Antwerpen in ein Klassenzimmer des 19. Jahrhunderts. Unter den süchtig machenden Klängen der Gralsmusik taucht der Raum wie aus einem licht-durchfluteten Nebel langsam auf – die Schulbänke, das Lehrerpult, die Tafel, ein Schaubild aus dem Biologieunterricht (deutsche Eiche), der Klassenschrank und die Schülertür. Der Heerrufer ist der Klassensprecher, der, wie alle Jungen, Farben trägt, und König Heinrich – geschmückt mit einer goldenen Papierkrone – ist der Lehrer einer Klasse, die zu Besuch kommt. Friedrich und Ortrud sitzen als »Problemkinder« auf der letzten Bank (die praktischer-weise dem Publikum am nächsten liegt), Elsa hat sich – stark ver-ängstigt – im Schrank versteckt. Gemessen an den Erwartungen des Publikums ist das eröffnende Bühnenbild zunächst überra-schend komisch, zumal die Schüler sich wie solche benehmen, das heißt einander anrempeln, mit Papierfliegern werfen, ihre Holz-schwerter schwingen.

Die neu errichtete Erzählebene »Schule« wird im folgenden in-sofern ausgestaltet, als der »Lohengrin« als Unterrichtsstoff behan-delt wird. Wenn Friedrich seine Anklage gegen Elsa vorträgt und dabei die Vorgeschichte berührt, begleitet er seinen Bericht an der Tafel – z. B. der Stammbaum des Brabanter Herzogshauses, Gott-fricds angeblicher Tod, Elsas heimlicher Geliebter, bezeichnet durch ein dickes Ausrufungszeichen. Der Geschichtsunterricht ist frei-lich nur eine Folie, durch die hindurch die wirkliche Handlung sichtbar wird. Friedrich – und dies gilt für alle anderen Beteiligten auch – spielt sich selbst, das heißt, er schwärzt als Schüler, der mit Ortrud geht, seine Mitschülerin Elsa an. Dies ist nichts anderes, als wenn Graf Telramund den schweren Vorwurf des Brudermordes gegen die Thronerbin erhebt. Durch die Korrespondenz der Erzählebenen wird es möglich, alles Handeln der Figuren, zu denen auch die gesungene Rede gehört, so auf die Musik zu beziehen, wie es von Wagner intendiert war. Das Drama ist nicht eigentlich angetastet, das gesellschaftliche Gebäude, in dem es spielt, ist nur um einige Etagen tiefer versetzt und wird dort noch einmal aufgebaut. Der Erwachsene von heute blickt auf das Treiben in einer Schulklasse und erkennt, daß dort dieselben Handlungsmotive wirken, von denen auch seine eigene Welt bestimmt ist. (Unwillkürlich denkt man an die heute verbreitete Sprachgewohnheit von Staatssekretären, Ministern und Ministerpräsidenten, die gern und häufig versichern, sie hätten »ihre Hausaufgaben« gemacht.) Durch die Infantilisierung der Figuren (alle Jungen, auch König Heinrich, tragen kurze Hosen, alle Mädchen, auch Elsa von Brabant, tragen kurze Röcke, breite Kragen und Schnallenschuhe mit weißen Kniestrümpfen) treten die wichtigsten Handlungsmomente sogar noch deutlicher hervor. Geradezu schockierend ist der Auftritt Lohengrins, der als Erwachsener erscheint, gegen den kein Schüler eine Chance hat. Der »Halbgott Lohengrin« (Liszt) verhält sich zu den Mächtigen der Welt wie der einzig souveräne Erwachsene zu den Zöglingen und Lehrern der Schule. Mit einem Schlage wird die problematische Handlungsstruktur der Oper *Lohengrin* sichtbar: »Übermächte spielen mit uns« (Hofmannsthal), vor deren geheimem Wirken unser Handeln sinnlos erscheint.

Unter diesen Rahmenbedingungen könnte die Geschichte vom Lohengrin ein drittes Mal erzählt werden. Es wäre die Perspektive von »ganz unten«. Ganz unten aber ist der Platz Elsas, der nicht nur von Ortrud böse mitgespielt wird, sondern der von Lohengrin abverlangt wird, für immer unmündig zu bleiben, niemals erwachsen zu werden. Ohne ein Wort zu verändern oder in die Handlung einzugreifen, gelingt es Konwitschny, durch wenige zusätzliche Zeichen den Status Elsas als Opfer Lohengrins kenntlich zu machen. Dies sind die Momente, in denen die burleske Stimmung des

Klassenzimmertreibens in die bedrückende Stimmung eines Repressionsgeschehens umschlägt.

Vom Auftritt Elsas an erkennen wir, daß sie eigentlich nur ein kleines verschüchtertes Mädchen ist. Gerufen von der mächtigen, durch vier Signaltrompeten auf der Bühne unterstützten Stimme des Heerrufers, öffnet Elsa die Schranktür um einen ganz kleinen Spalt und blickt in die Klasse. Mit den Worten »Seht hin!« richten alle ihre Augen auf Elsa, woraufhin sie die Tür schnell wieder zumacht. Dieser ängstliche Rückzug wiederholt sich mehrere Male, und zwar in genauester Koordination mit der Musik. Erklingt die Gralsmusik »dolcissimo«, wagt sie sich hervor, bei der Erwähnung Friedrichs (»Der sie so schwer zu zeihen wagte ...«) verschwindet sie wieder. Nur am Rockschoß des Lehrers fühlt sie sich sicher, ihm (König Heinrich) erzählt sie auch ihren Traum, wobei sie Mut schöpft und sogar auf einen der Tische steigt, um den Umstehenden zu verkünden, daß sie ihrem gottgesandten Ritter Krone und Ehe verspricht.

Doch das Gottesgericht scheint gegen sie zu stehen. Als der Ritter trotz zweimaligen Rufens und inständigen Gebets nicht erscheint, konstatiert der Chor: »In düst'rem Schweigen richtet Gott!« Elsa werden die Hände auf dem Rücken gebunden – dies eine Zutat Konwitschnys, die freilich aus der Situation entwickelt ist. Als Lohengrin dann doch kommt, führen Ortrud und Friedrich Elsa ab und halten sie seitwärts des Raumes gefangen. Lohengrin fängt alsbald an, sie zu suchen. Erst als ihre Stimme erklingt (»Mein Held, mein Retter!«), findet er sie zusammengekauert hinter ihren Bewachern am Boden. Elsa huscht hervor und kniet vor Lohengrin nieder, die Hände immer noch auf dem Rücken gebunden.

An dieser Stelle ergibt sich die stärkste Diskrepanz zwischen der erhaben-pompösen Mittelalterimagination Wagners und der decouvrierenden Figurenführung Konwitschnys. Lohengrin legt Elsa nämlich eine Art Ehevertrag vor:

»Nie sollst du mich befragen,
noch Wissens Sorge tragen,
woher ich kam der Fahrt,
noch wie mein Nam' und Art!«

Die Zumutungen dieses Vertrages sind auch im Bilde der mittelalterlichen Legendenwelt peinigend; umso unerträglicher wirkt das
Ansinnen Lohengrins in der hier gebotenen szenischen Realisierung. Kinder sind nicht vertragsfähig, zumal wenn es um »Leib
und Seele« geht. Gefangene können nur genötigt werden, ihre Ver-
sprechungen sind nichtig. Als Erwachsener ein gefesseltes Kind zu
umarmen und ihm die Liebe anzutragen, ist pervers. Erst nachdem
Elsa gelobt hat: »so halt' ich in Treu dein Gebot«, löst Lohengrin

ihr die Fesseln. Nachdem er sie geküßt hat, versteckt Elsa die Hände schuldbewußt wieder hinter dem Rücken. Wagners Freund Franz Liszt hatte im August 1850 in Weimar *Lohengrin* aufgeführt und über das Werk und das Ereignis einen schwärmerischen Bericht verfaßt. Was er darin über Elsa schreibt, dürfte ganz in Wagners Sinn gewesen sein:

»Elsa fesselt uns vielleicht mehr als jede andere Gestalt dieser Familie von unbesonnenen Schönen [gemeint sind andere Frauen mit einer ›angeborenen Schwäche‹ der ›Neugier‹] durch die naive Reinheit, die glühende und demütige Hingabe ihrer Liebe. Sie ist, Gott sei Dank, keine Neunmalkluge, keine *Emanzipierte,* welche für die *Rechte der Frau* kämpft und, indem sie alles erkennen, alles beurteilen will, notwendigerweise dem schönen Vorrechte des offenbarenden Hellsehens, des instinktmäßigen Ahnens entsagt, welches nur dann dem Herzen zukommt, wenn es den Verstand, anstatt von demselben aufgeklärt zu werden, selbst aufklärt. [...] Jedes ihrer Worte atmete diese liebende Entsagung, welche die Seele in absolutes Vertrauen und freiwilligen Gehorsam versenkt, in deren Schoß der Zweifel keinen Raum findet. [...] Sie weigert sich zu wissen ... Sie will unwissend bleiben ...« (Liszt-Schriften Bd. 4, S. 69/71, Hervorhebungen von Liszt)

Indem Konwitschny die Lohengrin-Legende aus der Perspektive Elsas erzählt, deckt er nicht nur das zeitbedingte Frauenbild Wagners auf, sondern er spricht von der Unmündigkeit einer ganzen gesellschaftlichen Klasse. Lohengrins Frageverbot wird nämlich von allen Umstehenden, Männern und Frauen, hingenommen, indem jede und jeder einzelne für sich in Ich-Form singt: »Welch holde Wunder muß ich sehn! Ist's Zauber, der mir angetan? Ich fühl' das Herze mir vergehn, schau' ich den hehren, wonnevollen Mann!« Vor dem Charisma des Gralsritters vergeht alles Wissen-Wollen der Männer und Frauen um König Heinrich, und entsprechend neigt auch das *Lohengrin*-Publikum dazu, mit der Süße von Wagners Musik die bitteren Brocken der Unvernunft zu schlucken. Ein Detail der Inszenierung deutet darauf hin, daß Konwitschny das Motiv des Frageverbots in den allgemeineren Rahmen der Restaurationszeit in der ersten Hälfte des 19. Jahrhunderts stellt, als Rationalität klein- und Nationalität großgeschrieben wurden. Zu Beginn des dritten Akts, in dessen erster Szene das Brautgemach hergerichtet wird, läßt er auf der Spielebene »Schule« eine Rolltafel aus dem Sexualkundeunterricht sehen. Darauf sind ein nackter Mann und eine nackte Frau abgebildet. Der aufrecht stehende Mann ist naturgetreu gezeichnet, die sitzende Frau hingegen scheint aus einem alten medizinischen Lehrbuch entnommen zu sein, denn ihr Bauch ist geöffnet und die darin enthaltenen Organe werden durch Leitlinien und Namenslisten einzeln erläutert. Als nun Elsa trotz aller Warnungen Lohengrins die verbotene Frage nach seinem Namen stellt, steht sie dicht neben dem Schaubild, ja, sie zeigt mit der Hand sogar auf ihr anatomisches Konterfei. Abgesehen von der Anspielung auf einige Mythen, die der Frau den Trieb zur Erkenntnis zusprechen, bedeutet die Verbindung von Elsas Frage mit dem analytischen Schaubild nicht weniger als das Insistieren auf Rationalität. Umgekehrt wird mit diesem szenischen Arrangement auf die Anfälligkeit der Restaurationszeit für das Irrationale und Mystische hingewiesen, das die gegenaufklärerische Spur bezeichnet, die vom 19. bis in die Katastrophen des 20. Jahrhunderts führt.

Schon im zweiten Akt wird dem Frageverbot große inszenatorische Aufmerksamkeit geschenkt, womit Konwitschny nur dem Hauptmotiv der Oper nachkommt, das ja auch als musikalische Gestalt alle Szenen durchzieht. Bedrängt von dem frechen Auftritt Friedrichs, der dem hohen Brautpaar auf dem Weg zum Traualtar entgegentritt – übrigens in einer wiederum burlesken Szene, in der es buchstäblich über Tisch und Bänke geht und Friedrich am

Höhepunkt seiner Anklage auf dem denkbar höchsten Punkt des Klassenraums steht: auf dem Schrank des Lehrers, also noch erhaben über König Heinrich! –, weigert Lohengrin sich abermals, seinen Namen zu nennen, es sei denn, Elsa verlange es von ihm. Diese gerät in höchste Not, weil sie nicht fragen darf, was sie wissen möchte, ja: wissen muß, um Lohengrin wirklich lieben zu können. Während des anschließenden Tableau-Ensembles scheint sie geistig abwesend, denn sie geht an die Tafel und malt mit weißer Kreide ein großes Fragezeichen. Wie eine Traumwandlerin durchstreift sie den mit Menschen gefüllten Raum und hinterläßt überall ihr Fragezeichen, zuletzt auf der schwarzen Weste von König Heinrich und schließlich ganz deutlich in der Luft in frontaler Hinwendung zum Publikum. Danach hält sie erschöpft inne, das Stück Kreide fällt ihr aus der Hand. Der ganze Vorgang ist mit der Musik koordiniert, die – analog zur Gestik der Menge – immer leiser und langsamer wird. Alle Figuren erstarren, niemand stellt die Frage, auch Elsa nicht – noch nicht.

Wagner hält Elsa am Ende nicht mehr für lebensfähig. Der Ungehorsam gegen Lohengrin zieht den Tod nach sich. Konwitschny wählt allerdings einen anderen Schluß. Er bringt das Stück mit einem harten Anachronismus, einem coup de théâtre zu Ende. Eigentlich soll laut originaler Regieanweisung »Lohengrin einen schönen Knaben in glänzendem Silbergewande (›Gottfried‹) aus dem Flusse an das Ufer« heben, an dessen Anblick sich alle Anwesenden (außer Ortrud) erfreuen. Statt dessen taucht aus der Versenkung, in die vorher der Gralsritter wie in mystisches Licht sanft hinabgefahren ist, ein mit Stahlhelm und Gewehr bewehrter Knabe auf. Es ist das Kind Gottfried, das hier stellvertretend für alle Kinder der Welt steht, denen eine Zukunft als Soldat droht. Der letzte Weheschrei Elsas und aller Frauen und Männer, der eigentlich dem in der Ferne entschwindenden Lohengrin gelten soll, wird von Konwitschny umgeleitet auf dieses (heute so verzweifelt aktuelle) Bild des Kindersoldaten. Wenn mit dem abreißenden Schlußklang

Dunkelheit einfällt, scheint wieder eine Frage im Raum zu stehen, die nach einer Antwort verlangt. Sie wurde schon immer von den Müttern gestellt und sollte auch von ihnen beantwortet werden: »Mütter in der Welt, wenn sie morgen befehlen, ihr sollt Kinder gebären [...] für neue Schlachten, Mütter in der Welt, dann gibt es nur eins: Sagt NEIN! Mütter, sagt NEIN!« (Wolfgang Borchert)

Herrlich ist der Müll: Herzog Blaubarts Burg

Béla Bartók hat drei Werke für das Musiktheater geschrieben: die »Oper in einem Akt« *Herzog Blaubarts Burg*, das »Tanzspiel in einem Akt« *Der holzgeschnitzte Prinz* und die »Pantomime in einem Akt« *Der wunderbare Mandarin*. Die drei Werke entstanden 1911, 1914–16 und 1918–19. Man könnte das vierte Jahrzehnt von Bartóks Leben als seine Bühnen-Epoche bezeichnen. Diese Schaffensphase war kurz, heftig und endgültig. Im *Blaubart* interessierte Bartók der Einschlag des Wunderbaren und Übernatürlichen, der zwar häufig auf Opernbühnen zu finden, dennoch nicht selbstverständlich ist. Es ist vor allem die Erscheinung der drei Frauen, die Blaubart umgebracht hat, die hier anzuführen ist. Sie werden in symbolistischer Manier als Personifikationen der Tageszeiten Morgen, Mittag und Abend verklärt, so daß Judith, die wir als jüngste Beute des Herzogs auf der Bühne erleben, wie das notwendige, abschließende Glied der Tageszeitenkette erscheint – eine »Königin der Nacht« von Blaubarts Gnaden. Sodann ist es die »Mann/Weib«-Problematik (Otto Weininger), die am Anfang des 20. Jahrhunderts hoch im Schwange war und auch Bartóks Oper durchzieht. Signifikanterweise enden alle Strophen des Prologs mit der Zeile »Wir Männer und wir Frauen«. Das Thema der Blaubart-Oper kreist um die patriarchalische Überzeugung, daß der Mann zwar einer Frau bedarf, daß er eine wißbegierige Frau aber nicht ertragen kann. Im Libretto von Béla Balázs genügt der

Wissensdrang der Frau, sie zu töten (eine auffällige Parallele zu Wagners *Lohengrin*, der Elsa zwar nicht umbringt, sie wegen ihres »Ungehorsams« aber fallen und sterben läßt). Bartóks Librettist zeichnet Blaubart als grüblerischen, düsteren und einsamen Mann. Er betont das Archaische des Typus Blaubart sogar noch und legt die Lesart nahe, daß dieser Charakter ein unabwendbares Schicksal des Mannes sei: einsam bleiben zu müssen und nicht wirklich lieben zu können.

Peter Konwitschny hat mit seiner Hamburger *Blaubart*-Inszenierung eine moderne Version der Fabel geschaffen, wobei die Akzente sich bei den Hauptfiguren leicht verschoben haben. Nicht der Frauenmörder mit seinen letztlich sexuellen Obsessionen steht im Vordergrund, sondern der Tatmensch Blaubart, der sich aufgerufen fühlt, die Welt neu zu gestalten, sie in seinem maßlosen Zeugungsdrang aber zerstört. Was der Mann in Tausenden Jahren hervorgebracht hat, entpuppt sich heute als Müll. Andererseits wird in Reaktion auf diese Akzentverschiebung auch die Frau aus ihrer Rolle als Geliebte und Gefährtin des Mannes befreit. Judith entwickelt eine Tatkraft, die sich schließlich gegen Blaubart wendet. Auf dem Höhepunkt der Auseinandersetzung richtet sie eine Pistole auf ihn. Sie tut dies aber nicht, weil sie ihn haßt, sondern weil sie seinem destruktiven Trieb Einhalt gebieten muß. Konwitschny hat mit dieser Interpretation eine Spur verfolgt, die in der Fabel und also auch bei Balázs und Bartók bereits angelegt ist. Denn was ist Judiths Drang, die Wahrheit über Blaubarts Vergangenheit zu erfahren, anderes als der Keim zur Auflehnung und zum Widerstand? Von hier aus ist es nur ein kleiner Schritt, die Figur umzukehren: Bei Konwitschny wird Judith nicht von Blaubart »gefunden«, wie man eine Blume findet, sondern sie macht sich auf den Weg, um selbst etwas zu »finden«. Planvoll und zielbewußt von Anfang an – die Pistole hat sie bereits in ihrer Handtasche, als sie zu Blaubarts Burg aufbricht –, stellt sie Nachforschungen an, um herauszufinden, wer für den Zustand unserer Welt verantwortlich ist. Sie findet es heraus, wird dafür allerdings vernichtet: Blaubart erklärt sie zur »allerschönsten« Frau, reiht sie in den Zyklus der Tageszeitenfrauen ein und verspricht ihr die Ewigkeit – modern ausgedrückt – entläßt sie in die Geschichtslosigkeit. »Nacht bleibt es nun ewig ...«, sind die letzten Worte Blaubarts. Die letzten Töne, die er singt (g – cis – fis – c), bilden ein musikalisches Ewigkeitssymbol (die Intervalle Tritonus, Quarte, Tritonus, Quarte fügen sich, wenn man sie fortführt, zu einem Zyklus von zwölf Tönen).

Zyklische Zeitvorstellungen bestimmen auch die Oper als Ganze. Sie endet so, wie sie begonnen hat. Bartóks Anknüpfungspunkt ist die ferne, legendenhafte Vergangenheit mit ihren entlegenen Seelenorten. Als sollte die Musik erst noch geschaffen werden, setzt er mit einer a-rhythmischen geringstufigen Melodik ein. Selbst die archaische halbtonlose pentatonische Skala wird zu Anfang durch vier- und dreitönige Wendungen noch unterschritten. Der Schluß der Oper wird dann sogar die zwei- und eintönige Substanz nachliefern. Die Vorzeit des anfänglichen Geschehens fällt am Ende in die Urzeit des menschlichen Seins zurück.

Konwitschny zeichnet den großen Handlungsbogen getreu nach. Da er alle Details der Dramaturgie auf einen einzigen Höhepunkt hin ausrichtet – das Öffnen der fünften Tür mit dem Blick über die »herrlich weiten Lande« –, ergibt sich der Eindruck eines geschlossenen Werkganzen, wie er sich vielleicht noch nie so intensiv eingestellt hat. Wie ein einziger erfüllter Augenblick bleibt die Aufführung in der Erinnerung, wie in einem einzigen tiefen Atemzug erleben wir das Geschehen mit. Doch womit ist der Augenblick gefüllt? Welche Luft haben wir in uns hineingesogen? Es ist der Müll vor der Stadt, den wir sehen, und der Smog über den Wolkenkratzern, der uns in den Atemwegen brennt. Gerade weil wir so behutsam zum musikalisch-dramatischen Höhepunkt der Oper hingeführt werden, wirkt das in grellstem Tageslicht daliegende Müllfeld so schockierend. Beim Öffnen der ersten vier Türen brach zwar jedesmal eine Ladung Müll von außen in

Blaubarts Burg herein, so als wäre diese wie ein Container selbst Teil einer Müllhalde, deren Gewicht gegen die Außenwände drückte, doch wurden wir von Judiths Gestalt im hereinfallenden Licht und aufgrund ihrer beharrlichen Liebesbekundungen immer wieder von der Privatheit der Szene gefangen genommen. Mit dem Blick über die »herrlich weiten Lande« wird uns nun aber der schützende Raum entzogen, indem der gesamte pseudo-gotische Saal nach oben weggezogen wird und wir der gleißenden Müllpracht offen ausgesetzt sind. Im Hintergrund eine Silhouette wie Megalopolis, darüber dichter Smog, vorne links Blaubart, der »sein« Reich mit emphatischer Gestik anpreist, vorne rechts Judith, die mit dem Rücken zum Publikum bewegungslos verharrt und sich das »Wunder« anschaut.

Die Musik wird durch die Falschheit des Bildes infiziert. Mehr noch: Das diskrepante Bühnenbild – häßlicher Müll gegen eine als schön behauptete Landschaft – scheint eine von Bartók beabsichtigte Hohlheit der Musik aufzudecken. Weckte schon die armselige Satzart des Tuttigetöses Zweifel an dem Schönheitswert dieser Klangfolge (sie besteht aus in sich unbeweglichen Säulen reiner Dur-Dreiklänge, die steif gegeneinander versetzt werden und im Notenbild fast an Hochhaustürme erinnern, die sich ja auch gleichen wie ein Geschäftshaus dem anderen), so verstärken die acht Musiker, die mit ihren vier C-Trompeten und vier Alt-Posaunen wie aus einer Bigband entliehen sein könnten und in gerader Reihe vor der städtischen Silhouette bis zur Hüfte im Müll stehen und blasen, die monströse Armseligkeit der Szene. Blaubart schwillt vor Stolz, er reckt den Arm triumphierend hoch wie die Freiheitsstatue und feuert die Blechbläser zum ekstatischen Spiel an. Jedesmal, wenn eine Periode im crescendierenden *ffff* abreißt, blickt er Judith erwartungsvoll an. Diese bleibt unbeweglich stehen und wiederholt seine Worte »senza espressione«, leise und unbegleitet (»Schön und groß sind deine Lande«). Der Kontrast könnte größer nicht sein. Wie das Kind im Märchen, das als einziges den wahren Satz spricht: »Aber der Kaiser ist doch nackt!«, straft Judith dieses Getöse Lügen. Konwitschny hat mit seinem drastischen Szenenbild den wahren Sinn von Bartóks Dur-Musik dechiffriert.

Die Erzählweise Konwitschnys ist auch in dieser Inszenierung aktualisierend und zugleich werkgetreu. Den in seine finstere Burg verschlossenen Herzog Blaubart als heutigen Intellektuellen, der sich an seinem Schreibtisch vergräbt, darzustellen, bedeutet nur eine Versetzung, nicht eine Veränderung der Figur. Die Aktualisierung des Typus zieht zeitgemäße Requisiten (Schreibtischlampe, Kühlschrank) und den entsprechenden Umgang mit ihnen nach sich. So hat Blaubart, dessen Problem ja die Verschlossenheit ist, die Angewohnheit, immer wieder zum Kühlschrank zu gehen, eine

Dose zu holen und diese zu öffnen; es ist eine Ersatzhandlung für das Öffnen seines Innern, das Judith eigentlich von ihm erwartet. Psychoanalytische Nebenmotive sind auch zu beobachten, als Judith an der ersten Tür rüttelt und statt eines schwer seufzenden Windes, wie es im Original vorgesehen ist, das keckernde, elektronisch leicht verzerrte Lachen eines Säuglings zu hören ist. Als Blaubart sich innerlich ein wenig aus seiner Verkrampfung löst (»Segen deinen Händen, Judith«), wird die Spur seiner Kindheit in einem sechs Jahre alten Knaben versinnbildlicht, der hinter dem Paar hervorspringt und einem Schmetterling nachläuft. Dieser öffnet zwei Türen, ein alter Mann mit Taschenlampe die dritte. Danach nimmt Blaubart das Heft selbst in die Hand, weil ohnehin alles entschieden sei (»most már mindegy«). Nachdem er Judith auch mit seinen Feldern und Wiesen nicht beeindrucken konnte, kompensiert er seine Verunsicherung durch Grobheit und Brutalität, schleudert Judith im Walzerschritt herum, stößt sie von sich, reißt ihr das rote Kleid vom Leibe und läßt sie im weißen Unterrock dastehen. Schließlich zwingt er sie auf das Bett, um sie zu den dissonanten Stößen des Orchesters zu begatten. Judith ist wie vernichtet. Der Tränensee, der sich hinter der sechsten Tür zeigt, scheint aus *ihren* Tränen zu bestehen. Ihren Worten »Herzog Blaubart, nimm mich also« folgen keine Taten – weder läßt sie sich umarmen noch küssen (beides ist im Libretto vorgesehen). Das Öffnen der letzten Tür erzwingt sie mit der Waffe in der Hand, doch die Drohung hat keine Wirkung mehr; Blaubart sieht sie ruhig an und entwendet ihr die Pistole mit einer leichten Bewegung.

Auch Judith ist nicht die legendenhafte Herzogin des Librettos, sondern eine gebildete Frau von heute. Sie weiß, daß der Schreibtisch Blaubarts Zufluchtsort ist. Einmal setzt sie sich auf seinen Stuhl, schlägt mit beiden Händen resolut auf den Tisch und verlangt einen weiteren Schlüssel. Lockt sie Blaubart als Frau, dann nicht ohne gleichzeitig auf der ganzen Wahrheit zu bestehen. Wiederholt gesteht sie ihm ihre Liebe (»mert szeretlek«), nach der Vergewaltigung kann sie ihn aber nicht mehr lieben. Ganz am Ende treten die drei früheren Frauen Blaubarts in alten, hoheitlichen Gewändern auf, über das Müllfeld nähern sie sich. Ihnen wird Judith, der Blaubart ein weißes Kopftuch umbindet, das er aus dem zerrissenen Bettlaken gefaltet hat, zugeordnet, um von nun ab »ewig« den Müll der Männer in schwarze Plastiksäcke zu sammeln. Am Schluß steht quasi eine türkische Putzfrau neben den drei historischen Renaissance-Damen. Alle verbindet, daß sie dem Mann dienen müssen.

Werktreue erweist sich für Konwitschny an der Wirkung, die eine heutige Aufführung auf das heutige Publikum ausübt. Zum anderen bedeutet Werktreue gegenüber einer Oper für ihn immer, aus der Musik heraus und auf die Musik hin zu inszenieren. Dabei muß die Szene das musikalische Geschehen nicht unbedingt abbilden; es kann auch in (scheinbarer) Opposition dazu stehen. Als Judith bei Blaubart angekommen ist und dieser ihr anbietet, sie könne es sich auch noch anders überlegen, bekräftigt sie, daß sie bei ihm bleiben wolle, was auch immer geschehe. Wir hören ihn darauf singen, daß die Türen jetzt geschlossen werden können. Exakt in diesem Takt *öffnet* sich aber der Gazevorhang und gibt das erste Mal den Blick auf sein Arbeitszimmer frei. Auf diese Weise deuten Szene und Musik wechselseitig aufeinander hin und ermöglichen eine Wahrnehmung, die es so nur in der Oper (oder in anderen Formen des Musiktheaters wie dem Ballett und gelegentlich auch im Film) gibt. Der Höhepunkt des *Blaubart*-Abends kann seine atemberaubende Wirkung nur entfalten, weil eine starke Musik mit einem widersprüchlichen Bühnenprospekt und den darauf gegensätzlich agierenden Figuren so koordiniert ist, daß die freigesetzten Spannungen durch Judith und Blaubart hindurchschießen und sich im Innersten des Betrachters entladen.

Geld im Überfluß: Wozzeck

Die Oper *Wozzeck* von Alban Berg – vollendet in Wien im Juni 1922, uraufgeführt in Berlin im Dezember 1925 – ist das perfekteste Musiktheaterwerk, das bis dahin geschrieben wurde. Das Attribut »perfekt« bezieht sich dabei auf die Interdependenz der Zeichensysteme, die von Berg bis zu einem nicht geahnten Grad verdichtet wurde. Wort und Ton, Orchester und Aktion, Lichtregie und Instrumentalfarbe, thematische und dramaturgische Formung, ja sogar die Art, den Vorhang zu öffnen oder zu schließen, kurz jedes denkbare Detail der Aufführung ist untereinander verknüpft und gleichzeitig in einen einzigen Zeitverlauf eingebunden. Berg hat eigentlich einen hoch artifiziellen Film komponiert. Techniken wie Schnitt, Collage, Überblendung, Zeitraffer, Rücklauf, subjektive Kamera, Offtechnik und Schwarzfilm sind im *Wozzeck* analog dem Film angewandt. In seine zweite Oper *Lulu* hat Berg dann tatsächlich eine Stummfilmmusik eingebaut. Die Entwicklung des Tonfilms verfolgte er mit Interesse, wie ein Brief aus Florenz an seine Frau belegt: »hochinteressante Erlebnisse mit dem *Tonfilm*: Die Zeit rückt immer näher, wo das, was ich mir vorstelle, möglich sein wird.« (Berg-Briefe, 624) Seine Vorstellung war bestimmt von der Idee eines polymedialen integralen Kunstwerks. Bergs Partituren gleichen hermetisch abgedichteten Gebäuden mit in sich abgeschlossenen Regelkreisen, in denen jedes Detail systematisch eingebunden ist. Jedes Werk Bergs ist eine Welt für sich.

Für einen Regisseur von heute wirft gerade die Perfektheit von Bergs *Wozzeck*-Partitur Probleme auf. In ihrem Innern stößt man auf einen Autor, der einerseits den Mut und die künstlerische Größe aufbrachte, erstmals in der Musikgeschichte einen Proletarier zum »Helden« einer Oper (Bariton) zu küren und den »Heldentenor« umgekehrt auf eine durch und durch miese Figur zu verpflichten, der andererseits aber die literarische Vorlage auf eine durchaus persönliche und auch zeitbedingte Weise interpretierte. Bergs Lesart ist von tiefem Mitleid für den geschundenen Wozzeck, der als Opfer, weniger als Täter erkannt wird, geprägt. Dieses Mitleid findet seinen stärksten Ausdruck in einem großen Orchesterepilog vor der letzten Szene, in dem Berg eine bewegende musikalische Allegorie auf einen im Jenseits erlösten, von aller Pein befreiten Wozzeck komponiert hat. Das Pathos dieser Orchestersprache wird auch heute kaum jemand unberührt lassen, mit Büchners politischen und ästhetischen Intentionen hat dieses symphonische Poem allerdings nichts zu tun. Es kann nicht bezweifelt werden, daß Berg bestrebt war, »den geistigen Inhalt von Büchners unsterblichem Drama auch musikalisch zu erfüllen« (Berg-Schriften, 257); er hat sogar alle Anstrengungen unternommen, die Originalfassung von Büchners Dramenfragment zu bekommen, nachdem er einsehen mußte, daß er (schuldlos) einer fragwürdigen Textbearbeitung von Karl Emil Franzos aufgesessen war. Davon unberührt bleibt aber die Tatsache, daß Berg Büchner auf eine großartige Weise mißverstanden hat – großartig, weil die Oper *Wozzeck* ein Meisterwerk (vielleicht *die* Jahrhundertoper) ist; mißverstanden, weil Berg das revolutionäre Potential des Büchner-Stücks nicht wahrhaben wollte. Berg war ein unpolitischer Mensch und Künstler. Er machte sich noch 1934 die Haltung Gerhart Hauptmanns zu eigen, dessen Bekenntnis: »Stand ich dem Sozialismus auch nahe, so fühlte ich mich nie als Sozialdemokrat« er so kommentierte: »Wie wunderbar einfach ist dieser auch für mich so zutreffende Standpunkt formuliert!« (Berg-Briefe, 640) Büchner dagegen mußte sich als politischer Flüchtling in Strasbourg verstecken, weil er eine Flugschrift verfaßt und verteilt hatte, deren erste Forderung lautete: »Friede den Hütten! Krieg den Palästen!« (*Der Hessische Landbote*, 1834)

Peter Konwitschny hat seine Vorüberlegungen zur Inszenierung des *Wozzeck* auf die Fragen konzentriert, wie es zu erreichen sei, daß der heutige Opernbesucher sich erstens in der Mord- und Justizgeschichte vom Anfang des 19. Jahrhunderts (1821–24), zweitens in Büchners Drama *Woyzeck* eineinhalb Jahrzehnte später (1836/37) und drittens in Bergs Oper *Wozzeck* vom Anfang des 20. Jahrhunderts (1914–22) wiederfindet. Musiktheater verwirklicht sich ja nur in den Aufführungen selbst, ein einzelnes Musiktheaterwerk ist deshalb stets so aktuell wie seine jüngste Produktion. Opern – seien sie nun schon vierhundert oder erst vier Jahre alt – müssen ihre ästhetische Kraft und ihre künstlerische Botschaft vor einem Publikum entfalten, das heute lebt und in seinem jetzigen Lebensgefühl bewegt werden will.

Wenn nun Wozzeck in der ersten Szene der Oper den Hauptgedanken des ganzen Werks vorträgt (»Wir arme Leut! ... Geld! Wer kein Geld hat!«), dann wird kein Staatsopernbesucher bei dieser Klage an sich selbst denken können, denn er gehört nicht zu den

»armen Leuten«. Der Begriff der Armut ist heute mit ganz anderen Vorstellungen belegt als im Leipzig des frühen 19. Jahrhunderts oder im Wien der 1920er Jahre. Die Armut, die den heutigen Opernbesucher wirklich bedrängt, ist von anderer Art: Es ist die Armut der Seele als Kehrseite des materiellen Überflusses. Nicht der Status Wozzecks als Armer, sondern die Unmenschlichkeit, die ihm widerfährt, ist das Thema, das auch den heutigen Betrachter der Oper *Wozzeck* berührt.

Konwitschny hat deshalb für seine Inszenierung zwei fundamentale Entscheidungen getroffen: Erstens soll Geld das Leitmotiv der Oper werden, indem es möglichst oft zu sehen und (entgegen allen Erwartungen) in Hülle und Fülle vorhanden ist; zweitens sollen die Armen nicht arm aussehen, sondern wohlhabend und elegant, weshalb alle Männer in schwarzen Konzertfracks und alle Frauen in schwarzen Abendkleidern auftreten. Mit diesen Richtungsentscheidungen wird der Wahrnehmung des *Wozzeck* als einer »Oper des sozialen Mitleids« ein Riegel vorgeschoben; statt dessen können nun aber die Vorgänge *zwischen* den Figuren, auf die Berg all seine musikalische Phantasie und all sein kompositorisches Können verwendet hat, so auf den heutigen Betrachter einwirken, daß er sie in seinen Erfahrungshorizont einbeziehen und z. B. als Mobbing, als ärztlichen Terror, als sexuelle Not, als neurotisches und psychotisches Verhalten, als Hybris, als Mut und Feigheit, als Geilheit und Bestialität, als Einsamkeit und Verlassenheit erkennen kann.

Zugleich ist mit dieser Grundentscheidung auch ein Weg gefunden, Bergs Oper in ihrer hermetischen Abgeschlossenheit aufzubrechen, ohne sie wirklich angreifen zu müssen. An der Partitur, soweit sie den musikalischen Haupt- und Nebentext enthält, wird nämlich kein Deut geändert. Wer während der Vorführung die Augen schließt, erlebt Bergs originale *Wozzeck*-Musik. Mehr noch: Da die Musik alle Gebärden und Handlungen, ja sogar das Bühnenbild und das Licht in sich aufgenommen hat – darin besteht ja gerade die suggestive Kraft von Bergs Komposition –, wird das gesamte Drama vor dem inneren Auge des Zuhörers ablaufen. Da dem so ist, kann die neu entwickelte Handlung, die freilich aufs engste mit der originalen Handlung verknüpft ist, wie die Stellungnahme Konwitschnys zum gleichzeitig realisierten Urtext, teils auch wie dessen Übermalung wahrgenommen werden. Von Konwitschnys (bisher) fünf Hamburger Arbeiten ist der *Wozzeck* die Inszenierung, bei der der Regisseur nahezu als Ko-Autor erscheint. Einige Beobachtungen an einzelnen Szenen machen das deutlich. Die Oper beginnt wie ein Konzert. Es gibt keinen Vorhang, die Bühne ist das hell erleuchtete Podium für den Auftritt zweier Sänger, die während des Beifalls, der dem Dirigenten im Orchestergraben gilt, hereinkommen und nach leichten Verbeugungen sich in Positur begeben. Bevor aber der erste kleine Trommelwirbel und das Glissando-Motiv (Rasiergestik) in den Streichern erklingen, verfällt der jüngere Sänger (Wozzeck) für einige Sekunden in einen krampfartigen Zustand, der von einer Schreckensvision, die ihn befällt, ausgelöst zu sein scheint. Der kleine Vorfall ist durchaus noch als Angst eines labilen Musikers vor dem ersten Einsatz zu deuten; man sieht darüber hinweg, weil das »Konzert« nun doch beginnt. Bald häufen sich aber die Anzeichen, daß zwischen diesen beiden Sängern etwas nicht stimmt. Dem Bariton (Wozzeck) scheint das eitle Geschwätz des Tenors (Hauptmann) auf die Nerven zu gehen; er kennt das Gerede schon, denn er spricht die Worte stumm mit. Wozzeck wird in der gesamten ersten Szene als der Überlegene sichtbar – eine Auffassung, für die es sowohl bei Büchner als auch bei Berg Anhaltspunkte gibt. Konwitschny legt die Figur von Anfang an als wehrhaftes Opfer an. Wozzeck grinst sein Gegenüber frech an, mokiert sich über seine blöden Witze und hebt sogar die Faust, erst hinter dessen Rücken, später – bei »Ich glaub', wenn wir in den Himmel kämen, so müßten wir donnern helfen« – auch offen drohend. Der Hauptmann weiß sich nur mit Geldangeboten zu helfen. Als Wozzeck ihm auf die Vorhaltung, er habe »ein Kind ohne den Segen der Kirche«, mit einem Bibelzitat souverän antwortet: »Der Herr sprach: ›Lasset die Kleinen zu mir kommen!‹«, hält der Hauptmann ihm ein Bündel Scheine hin. Wozzeck nimmt sie, wirft sie aber bei den zentralen Worten »Geld! Geld! Wer kein Geld hat!« hoch in die Luft. Hiermit ist das Motiv »Geld« eingeführt und zugleich dessen Entwertung vorgeführt. Dies wird am Schluß der Szene noch einmal übersteigert, als der Hauptmann Wozzeck jetzt wirklich den Lohn geben will, dieser eine ironisch übertriebene, quasi höfische Bittgeste einnimmt, *einen* Schein bekommt, sogleich aber von einem Geldregen aus dem Bühnenhimmel überschüttet wird.

In dieser überaus wichtigen ersten Szene werden die Weichen für den Verlauf des ganzen Stücks gestellt. Die Darsteller sind Grenzgänger zwischen ihrem Status als Konzertsänger einerseits und dramatis personae andererseits. So wird mit dem Auftritt von Andres, der sich nach der ersten Strophe seines Liedes »Das ist die schöne Jägerei« vor dem Publikum förmlich verbeugt, der Erzählzusammenhang »Konzertveranstaltung« oder gar »Gesangswettbewerb« neu belebt, während Wozzeck von seinen Gesichten ganz am Anfang eingeholt wird und sich als »Verrückter« gebärdet. Dabei ist die Beziehung von Musik und Handlung sehr eng. Wenn Wozzeck von einem rollenden Kopf fabuliert, spielt er mit Andres' Kopf, als wäre ein Henker am Werk. Bei den Worten »Man möchte den Atem anhalten« würgt Wozzeck Andres. Dieser bleibt andererseits in seiner Rolle als Sänger, denn er nimmt das in Fülle herumliegende Geld als Honorar. Bei der »Silberstreif«-Stelle halten beide einen einzelnen Schein gegen das Licht, wie um zu prüfen, ob er echt ist, gleich darauf versteckt Andres ihn in der Westentasche, als hätte er ihn gestohlen, und wirft ihn dann – bei der Erwähnung der »Hobelspäne« – sicherheitshalber doch weg. Umgekehrt schleudert Wozzeck mit den Worten »Alles hohl!« einen dicken Stapel Geld in die Luft. Durch die Verbindung des Geldes mit Wozzecks krankhafter Naturwahrnehmung – die Szene spielt im Original auf dem »Freien Feld«, das übrigens durch den Blättersegen während des Zwischenspiels als eine Art Herbstlandschaft assoziiert wird – ergibt sich eine Nähe zu Karl Marx' Theorie vom »Fetischcharakter der Ware«. Im *Kapital* finden sich die entsprechenden Hinweise innerhalb der Polemik gegen die bürgerliche Ökonomie: »Woher die Illusionen des Monetarsystems? Es sah dem Gold und Silber nicht an, daß sie als Geld ein gesellschaftliches Produktionsverhältnis darstellen, aber in der Form von Naturdingen mit sonderbar gesellschaftlichen Eigenschaften. [...] Seit wie lange ist die physiokratische Illusion verschwunden, daß die Grundrente aus der Erde wächst, nicht aus der Gesellschaft?« (Marx: *Das Kapital*, 1. Buch, 1. Abschnitt, 1. Kapitel, 4. Paragraph). Aus Andres' Sicht, der hier durchgehend den Profi-Sänger gibt, scheint das Geld etwas Unheimliches zu haben, das vielleicht aus der bedenklichen Gleichsetzung von Kunst mit Ware resultiert. Als täte er etwas Verbotenes, hebt Andres nach der von Wozzecks »Feuer«-Vision unterbrochenen dritten Strophe seines Koloraturliedes etwas Geld vom Boden auf, wirft es aber schnell wieder weg.

Mit dem Übergang von der zweiten zur dritten Szene – ein Beispiel für filmische Überblendtechnik – führt Konwitschny erstmals ein abstrakt formales Mittel der Szenenverknüpfung ein, das er braucht, weil er ohne Vorhang arbeitet. (Ausnahmen: Am Ende der Teich-Szene schließt sich ein Hauptvorhang, um den Orchesterepilog als spielexterne Äußerung des Komponisten isolieren zu können; in II/3 gibt es einen Zwischenvorhang, der beim Öffnen das von Berg geforderte separate Kammerorchester freigibt.) Mit den langsamen, sehnsüchtigen Orchesterklängen (Abendmusik) gehen Wozzeck und Andres Arm in Arm unter neuerlichem Geldregen durch die zentrale Hintertür ab. Mit den ersten Klängen der Marschmusik treten durch eben diese Tür Marie und Margret, auch sie Arm in Arm, auf. Eine Variante dieser Form der Szenenverknüpfung läßt sich beim Übergang von der vierten zur fünften Szene beobachten. Der Doktor, der in seiner Hybris (»Ich werde unsterblich!«) immer größer zu werden scheint (die Intervalle und die Notenwerte wachsen an) und der sich sängerisch immer höher schraubt, wird von Konwitschny während dieses Vorgangs in die Tiefe der Unterbühne versenkt. Aus eben diesem Loch fährt dann wenig später der Tambourmajor empor, und zwar so langsam, daß er schon singen muß, während er noch halb in der Versenkung steckt. Es ist unverkennbar, daß Konwitschny mit diesen präzisen Anknüpfungstechniken ein Verfahren Bergs aufgreift, der die Zäsuren zwischen den drei Akten äußerst sorgfältig überbrückt: durch identische Schluß- bzw. Anfangsakkorde von Akt I und II (in Konwitschnys Inszenierung sehr gut zu hören, weil ohne Pause und ohne Vorhang gespielt wird und jegliche Bühnenaktion für einige Momente zum Erliegen kommt) bzw. durch symmetrische Tempo-, Takt- und Vorhangshandhabung beim Übergang von Akt II nach III (⌒ – Vorhang || Vorhang – ⌒).

Doppelbödigkeit und Mehrdeutigkeit sind die wichtigsten Prinzipien dieser Inszenierung. Dabei werden die Handlungsstrukturen keineswegs aufgelöst. Konwitschny ist kein Dekonstruktivist, er will Geschichten erzählen und möchte, daß das Publikum von der Tragödie um Wozzeck und Marie berührt wird. Das Radikale seines Ansatzes besteht darin, daß er einen bestimmten Angelpunkt im Stück auswählt und konsequent daran festhält. Es geht ums Geld, das heißt um jenes Motiv, das das einzige Requisit dieser Inszenierung ist: der Geldschein. Man könnte geradezu von einem »Leitrequisit« sprechen. Angeregt durch Konwitschnys Inszenierung, stößt man darauf, daß bereits in Bergs Libretto das Wort Geld oder synonyme Ausdrücke häufig belegt sind:

I/1 *Wozzeck:* Wir arme Leut! Sehn Sie, Herr Hauptmann, **Geld, Geld!** Wer kein **Geld** hat! Da setz' einmal einer Seinesgleichen auf die moralische Art in die Welt!

I/4 *Doktor:* Geb' ich ihm dafür alle Tage drei **Groschen?** Wozzeck! ... Wozzeck, Er kriegt noch mehr **Zulage!** ...

Wozzeck: Immer ordentlich, Herr Doktor; denn das **Mena-gegeld** kriegt das Weib: Darum tu' ich's ja! ...

Doktor: Wozzeck, Er kriegt noch einen **Groschen mehr Zulage.** Was muß Er aber tun?

II/1 *Wozzeck:* Da ist wieder **Geld,** Marie, *(zählt es ihr in die Hand)* die **Löhnung** und was vom Hauptmann und vom Doktor.

II/4 *1. Handwerksbursche:* Warum ist die Welt so traurig? Selbst das **Geld** geht in Verwesung über! ... Aber alles Irdische ist eitel; selbst das **Geld** geht in Verwesung über –

Durch einen extensiven Umgang mit dem Motiv wird das Vorkommen des Geldes so sehr vermehrt, daß es allgegenwärtig zu sein scheint. Wenn aber Geld alles ist, ist alles nichts – so wie Marie sich dem Tambourmajor mit den Worten hingibt: »Meinetwegen, es ist Alles eins!«

In der Zapfenstreichszene betrachten Marie und Margret, die gut gestimmt und etwas aufgedreht hereinkommen, das Objekt ihrer Begierde durch perforierte Geldscheine hindurch, was wie ein Partygeck wirkt, aber hintersinnig gemeint ist. Mit dem Kind allein geblieben, denkt Marie an den Mann, der ihr Begehren geweckt hat (»wie ein Baum«, »wie ein Löw«), zurück und streicht sich im Liegen mit einem Geldschein über die Scham. Ganz anders Wozzeck, der zu ihr kommt, ihr den Geldschein aus der Hand nimmt und über dessen »Silberstreif« wieder in die Angstgesichte, die ihn auf dem »Freien Feld« bedrängten, zurückfällt, ohne das Begehren Maries zu bemerken. Als sie sich ihm in ihrer Verzweiflung für einen kurzen Augenblick nackt zeigt, starrt er sie nur an. Vor dem erneut einsetzenden Geldregen läuft sie davon, er bleibt im Regen stehen.

In der Szene mit dem Doktor (I/4) findet sich ein weiterer, ebenfalls sehr hintergründiger Einsatz des Leitrequisits »Geld«. Ähnlich wie gegenüber dem Hauptmann, kann Wozzeck auch gegenüber dem Doktor Überlegenheit bewahren. Als er nämlich von seinen unheimlichen Naturerlebnissen erzählt (»mit der Natur ist's was ander's«), bekommt es der Doktor mit der Angst zu tun. In seiner Not drückt er dem bis auf die Unterhose ausgekleideten Wozzeck einen Geldschein in die Hand, klemmt ihm dann einen zweiten unter den Arm und nach und nach weitere Scheine zwischen alle Gliedmaßen – am Ende sogar einen zwischen die Zähne. Da Wozzeck die Löhnung braucht, »denn das Menagegeld kriegt das Weib: Darum tu' ich's ja!«, muß er die Scheine festhalten und darf sich nicht bewegen – er ist durch das Geld stillgestellt. Nach derselben Methode wird später auch Marie stillgestellt. Als der Tambourmajor sie in den Wirtshausgarten führt, hebt er sie auf einen Stuhl und präsentiert sie als neue Eroberung der Öffentlichkeit. Als Schauobjekt allen Blicken (und Händen) preisgegeben, macht sich Andres – Wozzecks falscher Freund – daran, Marie während seines anzüglichen Liedes »O Tochter, liebe Tochter …« mit Geldscheinen zu bestücken (ein Privileg, für das er dem Tambourmajor zuvor Geld gegeben hat), so daß sie am Ende genauso verkrümmt und jämmerlich dasteht, wie Wozzeck beim Doktor. Sie wird vom Narr erlöst, der sie als Todesbote abholt und in den nächtlichen Hintergrund geleitet. Wozzeck hatte sich aus seiner Geldverklemmung mit dem Klageruf »Ach Marie! Marie! Ach!« befreit, indem er den Geldschein, der ihm den Mund versperrte, ausspuckte und alle Scheine fallen ließ.

Später versucht auch der Tambourmajor, Wozzeck den Mund mit Geld zu stopfen. »Frag' Er den Wozzeck da!« ist seine Antwort auf Andres' scheinheilige Frage, wer seine neue Braut sei. Dabei zieht er einen Packen Geldscheine aus der Westentasche und bietet ihn Wozzeck an (Ablösesumme). Dieser pfeift provozierend die Melodie des Ländlers aus der vorigen Szene (» … und seine Seele stinkt nach Branntewein«), rutscht auf den Knien an den Tambourmajor heran, nimmt das Geldfutter mit den Zähnen und fickt dem »Heldentenor« wie ein Hund ans Bein. Wozzeck richtet sich langsam auf, die Scheine noch im Mund, hört den Kommentar seiner Kameraden: »Der hat sein Fett! Er blut'«, und spuckt das Geld aus zu den vielsagenden Worten: »Einer nach dem andern!« Man kann an dieser Sequenz gut beobachten, wie präzise die beiden Erzählweisen – die originale von Berg und die »konzertante« von Konwitschny – parallelisiert sind: Statt vom Schnaps ist der Tambourmajor vom Geld besoffen; die gegenseitigen Provokationen sind zwar drastisch verstärkt, nicht aber verändert; daß Wozzeck im Original gewürgt wird, bis er »dunkelblau« ist, findet sein Gegenstück in dem von Geldscheinen übervoll verstopften Mund. Der Kern der Botschaft – daß der Tambourmajor in dieser Szene eine Zuhältermentalität auslebt – wäre durch das naturalistische Schlafsaalambiente eher zugedeckt worden.

Die Gleichsetzung von Geldscheinen und verwelkten Blättern gewinnt eine immer größere Bedeutung, indem durch das wiederholte Herabregnen von Scheinen die Bühne immer dichter damit bedeckt wird. »Trockne Blumen« heißt ein Lied aus Schuberts *Die schöne Müllerin*, in dem sich die Motivreihe welk / blaß / tot zu einem traurig-schönen Seelenbild fügt. Welkes Laub und papierenes Geld treffen sich in der Vorstellung des Leblosen, Zerfallenden. Es ist daher von symbolischer Ausdruckskraft, wenn der Jägerchor in der großen Wirtshausszene, den Berg mit geradezu abstoßender Primitivität als weiß-schwarzen Clustersatz gestaltet hat, unter den Geldhaufen hervorkriecht, also eigentlich gar nicht mehr am Leben ist. Die Männer sind blind gegenüber der Tragödie von Wozzeck und Marie, sie ziehen ihre technisch gut eingeübte Gesangsnummer einfach durch – mit der Attitüde einer mechanischen Lustigkeit, gegen Geld natürlich.

Die Todessymbolik von Laub bzw. Geld wird gegen Ende der Oper vollends deutlich. Die Leiche Maries wird während des Zwischenspiels zwischen der Mord- und Schenkenszene (zweites Crescendo) unter einem Berg von Geldscheinen begraben. Hier findet Wozzeck sie wieder, als er an den Teich zurückkehrt und im

Wahnsinn versinkt. Einem Todesvogel gleich, steht er eine Zeit-
lang auf einem Bein, die Arme wie Flügel ausgebreitet. Die Geld-
blätter erscheinen ihm jetzt wie Laub, das auf einem Meer von Blut
schwimmt. Das Blut Maries an seiner Hand und das Blut des jüng-
sten Tages vermengen sich für ihn. Wozzeck: »Weh! Ich wasche
mich mit Blut – das Wasser ist Blut ... – Blut ...«. Offenb. 16,3:
»Und der andere Engel goß aus seine Schale ins Meer, und es ward
Blut wie eines Toten, und alle lebendigen Seelen starben im Meer.«
Indem in Konwitschnys Inszenierung das apokalyptische Blut im
Bilde des Geldes erscheint, wird der Gehalt der Szene auf unsere
Wirklichkeit zurückgeblendet. Mit den Worten Paul Ackermanns
aus *Mahagonny*: »Wir brauchen keinen Hurrikan / Wir brauchen
keinen Taifun / Denn was er an Schrecken tun kann / Das können
wir selber tun.« Geld ist schmutzig, am Geld klebt Blut, das nicht
mehr abzuwaschen ist. Schon in der Bibelszene (in der Marie von
elf Frauen vervielfältigt erscheint, die jede wie Marie ihren Mann
hinter sich stehen haben) gibt es diese Projektion biblischer Inhalte auf gegenwärtige Realität, indem z. B. der Text »Aber die Phari-
säer brachten ein Weib zu ihm, so im Ehebruch lebte« von Geldscheinen abgelesen wird. Bei Maries Ausruf »Heiland, du hast dich
ihrer erbarmt, erbarme dich auch meiner!« reißen alle Frauen ihre
Arme ekstatisch in die Höhe – die Hände voller Geldscheine. Und
auf dem Höhepunkt des orchestralen Nachspiels versuchen sie, das
Geld zu reinigen, indem sie es auf ihren Oberschenkeln wie auf einem Waschbrett heftig schrubben – eine Art ritueller Geldwäsche
unter Aufsicht von Patriarchen.

Das Geld spielt sogar noch in der allerletzten Szene eine Rolle,
weil es das einzig sichtbare Objekt auf der Bühne ist. Den Dialog
der Kinder hört man über Lautsprecher aus dem Off, das Orchester aus dem Graben, die Bühne ist also leer und ähnelt dem hel-
len Kasten am Anfang, nur daß der Boden mit Geldscheinen bedeckt ist. Berg über die letzte Szene: »Damit schließt die Oper.
Aber obwohl hier wiederum deutlich zu dem Schlußakkord kaden-

ziert wurde, hat es fast den Anschein, als ginge es weiter. Es geht ja auch weiter! Tatsächlich würden die Anfangstakte der Oper an diese Endtakte ohne weiteres anschließen, womit der Kreis geschlossen wäre.« (Berg-Schriften, 270) Konwitschny geht mit der Identität von erstem und letztem Bühnenbild auf dieses zyklische Denken ein, mag die rein zyklische Weltsicht aber nicht teilen. Er streut in das Weltengetriebe einen störenden Stoff hinein, verkörpert durch das Geld, mit dem ein problematischer Boden bereitet ist für Wozzecks Sohn und für alle künftigen Generationen.

So allgemeingültig wie das Geld, so wenig subjektiv ist die Tat, die Wozzeck verübt. In der Interpretation Konwitschnys ist die Tat als solche kaum noch kenntlich. Er ordnet die Tötungshandlung einem Kollektiv von Männern und Frauen zu, die Marie aus ihren Reihen eher aussondern, als daß sie sie umbringen. Schon der letzte Dialog zwischen Wozzeck und Marie hat nichts Gewalttätiges an sich, im Gegenteil, zwischen den beiden scheint zum ersten Mal ein Einverständnis und eine intime Wärme möglich. Der Rahmen dieser Handlung ist freilich so streng und asketisch wie die Musik, die in dieser Szene (III/2) als Invention über einen einzigen Ton – den Ton H, der das Symbol für Maries Tod ist – komponiert ist. An jeder Seitenwand der hell ausgeleuchteten Bühne stehen elf Männer und Frauen mit dem Gesicht zur Wand. In dem Moment, wo (laut Partitur) der rote Mond aufgeht und eine Mondaufgangsmusik erklingt, wenden sich die beiden Chorreihen dem Paar zu, das eng umschlungen in der Mitte steht, als fürchtete es sich. Mit den Worten »Ich nicht, Marie! Und kein Andrer auch nicht!« löst Wozzeck sich von Marie. Gleichzeitig überqueren die elf Sängerinnen und die elf Sänger mit ruhigen Schritten zum Klang der crescendierenden Pauke (H) einmal die Bühne. Wo die Reihen sich durchkreuzen, nehmen die Männer Wozzeck mit und lassen die Frauen Marie zurück, die jetzt tot daliegt. Keiner ist es gewesen, alle sind es gewesen.

Diese Auffassung der Tat als das Ergebnis eines kollektiven Verhaltens ist in Bergs Komposition – nicht in seinen Regieanweisungen – vorgezeichnet. Als Wozzeck in der nachfolgenden kleinen Schenkenszene öffentlich des Mordes an Marie beschuldigt wird, fragt dieser zurück: »Bin ich ein Mörder?« Die Tonfolge, in der Wozzeck diese Worte singt, ist aber die genaue Umkehrung des »Wir arme Leut'«-Motivs.

I/1, T. 136	Wir dis^1	ar- h	me e	Leut' g
		−4	−7	+3
		+4	+7	−3
III/3, T. 206	dis ich	g ein	d^1 Mör-	h der?

Der intervallischen Umkehrung kann eine symbolische Bedeutung zugesprochen werden. Die Kehrseite dessen, was Wozzeck geschieht, ist seine im Wahnsinn begangene Tat. Im Büchnerschen Original (das Berg gern verwendet hätte, aber nicht mehr verwenden konnte) steht es noch deutlicher: »Bin ich Mörder? Was gafft Ihr! Guckt Euch selbst an!« (Büchner-Werke, 254) Konwitschny hat mit seinem Regieeinfall, zwei Gruppen von Männern und Frauen einfach über Marie hinweggehen zu lassen und damit Wozzeck als Täter zu entlasten, einen Gedanken verstärkt, der bereits im Drama Büchners und in der Oper Bergs angelegt war.

Viel Spaß: Aufstieg und Fall der Stadt Mahagonny

»Damals kam unter anderen auch Paul Ackermann in die Stadt Mahagonny, und seine Geschichte ist es, die wir Ihnen erzählen wollen.« Mit dieser Überschrift der fünften Szene der Oper *Aufstieg und Fall der Stadt Mahagonny*, die auf der berühmten »Brecht-Gardine« erscheinen soll, wird das Publikum eingeladen, sich für das Leben eines Holzfällers zu interessieren. Es sieht so aus, als erwartete uns eine eher simple Erzählstruktur, so daß wir entsprechend naiv in die Geschichte einsteigen könnten. Tatsächlich ist der Werdegang Paul Ackermanns seit der Ankunft in Mahagonny und dem vergnügten Leben in der Paradiesstadt bis hin zu seiner Hinrichtung auf dem elektrischen Stuhl gut mitzuvollziehen. Seine Handlungen und Entscheidungen sind durchaus motiviert. Er ist ein netter Kerl und dazu ein ziemlich vitaler Bursche. Für Jenny hat er Empfindungen, die über das bloße Geschäftsverhältnis zu einer Prostituierten hinausgehen. Langeweile kann er nicht ertragen, und er gibt sogar Anregungen, wie das ›Kulturprogramm‹ von Mahagonny aufgemöbelt werden kann. Er ist auf eine sympathische Art leichtfertig, wenn er sein gesamtes Geld in einem Boxkampf auf seinen chancenlosen Freund setzt und, nach dessen tödlichem K. o., auch noch alle Anwesenden zum Saufen einlädt. Dem Zugriff der Justiz (wegen Zahlungsunfähigkeit) versucht er sich zu entziehen, weil er leben will und nicht sterben. Er beklagt, daß die, die ihm menschlich nah gestanden haben, sich von ihm abwenden. Er ängstigt sich vor dem Tod, zeigt aber menschliche Größe, indem er seine Braut dem letzten Freund ans Herz legt.

Es ist diese psychologische Spur, die aus dem Stück ein echtes Opernlibretto macht (und nicht etwa ein Lehrstück). Kurt Weill hat daran angeknüpft, als er aus dem »Songspiel« *Mahagonny* die Oper *Aufstieg und Fall der Stadt Mahagonny* formte – in der Absicht, »Urformen eines neuen, einfachen, volkstümlichen musikalischen Theaters« zu entwickeln (Weill 1995, 16). Schon 1927 schrieb er an seinen Verleger: »Wenn ich 3 Monate lang Tag für Tag mit Brecht zusammen an der Gestaltung dieses Librettos gearbeitet habe, so bestand mein eigener diesmal sehr starker Anteil an dieser Arbeit fast ausschliesslich darin, eine möglichst konsequente, gradlinige und leicht verständliche Handlung zu erreichen« (ebenda, 14). Und beide, Brecht und Weill, bestanden darauf, daß die Oper in einem großen Opernhaus von ausgebildeten Sängern und einem guten Orchester aufgeführt werden sollte, wie es dann ja am 9. März 1930 am Neuen Theater in Leipzig geschah.

Peter Konwitschny hat in der Hamburger Produktion von 2000 die stringente Handlung um Paul Ackermann (alias Jim Mahoney) herausgearbeitet und die psychologischen Motive der Figuren unterstrichen. Einen Wunsch Weills aufnehmend, der »die Liebeshandlung Jimmy–Jenny stärker in den Vordergrund« (ebenda, 15) gerückt wissen wollte, läßt er Jenny als gefühlsstarke, innerlich bewegte Frau agieren. Sie tritt auch in Szenen auf, in denen sie nichts zu singen, aber mimisch und gestisch mitzuwirken hat. So versucht sie immer wieder, Paul zurückzuhalten, wenn er zu wild wird oder das Geld zu leichtfertig ausgibt. Daß sie am Ende nicht für ihn bezahlen kann, schmerzt sie selbst am meisten. In deutlicher Abweichung von Brechts Inszenierungsstil läßt Konwitschny Jenny den Song »Meine Herren …« (Blues-Tempo) mit dem als Refrain genutzten Lied Pauls »Denn wie man sich bettet …« nicht vorne an der Rampe singen, also so, wie es gedacht ist: unbekümmert darum, daß Paul gleichzeitig im Hintergrund gefesselt wird; vielmehr trägt sie den Song quasi als inneren Klagemonolog vor, und zwar inmitten der Menschen auf der Bühne, die ihr zuhören. Dabei steigert Jenny den Ausdruck der Klage von Periode zu Periode, und am Ende läuft sie in heftiger Erregung davon und schlägt die Tür zu.

Denn wie man sich bettet, so liegt man,
es deckt einen keiner da zu,

und wenn einer tritt, dann bin ich es,
und wird einer getreten, dann bist du's.

Die beiden antagonistischen Sentenzen des Songs: der Anspruch
auf Menschenwürde (»Ein Mensch ist kein Tier!«) und das Recht
auf Selbstbehauptung (»und wenn einer tritt, dann bin ich es, und
wird einer getreten, dann bist du's«) erscheinen durch die Art des
Vortrags in einem ungewohnten Licht. Es ist ein Ton der Trauer,
der von Weills Musik schon zu Anfang der Oper angeschlagen
wird (»Aber dieses ganze Mahagonny ...«); er klingt in dem
schweren Marschtritt von Pauls Credo »Wir brauchen keinen
Hurrikan« an; er ist in seiner Arie »Wenn der Himmel hell wird«

ganz vorherrschend; und er kulminiert in einer Marcia funèbre, die das gesamte Schlußtableau grundiert (»Feindschaft aller gegen alle«).

Abgesehen von dem Schlußbild, das in seiner monumentalen Strenge und aufgrund der Gestaltung der Transparente und Trageschilder wie die zitathafte Umsetzung eines Szenenfotos der Uraufführung wirkt, hat sich Konwitschny (der ja durch die Schule des Berliner Ensembles gegangen ist) ganz von Brechts Inszenierungsstil gelöst. Dies bedeutet freilich nicht die Distanzierung von den Ideen eines epischen Theaters! Zu diesen Ideen gehört *nicht* die Belehrung des Publikums über den richtigen Weg zu einer gerechteren Gesellschaftsform, jedenfalls nicht in erster Linie und schon gar nicht in der Oper *Mahagonny*. Viel wichtiger ist das Aufzeigen und die theatrale Realisierung von Widersprüchen im menschlichen Verhalten, die unterhaltsame szenische Analyse gesellschaftlicher Zustände, die Einbeziehung von Komik und Humor, um den Kopf zum Denken und Durchschauen wieder frei zu machen. Zentral bleibt im epischen wie in jedem Theater die Erfindung plastischer Figuren, starker Motive des Handelns und konflikthaltiger dramatischer Situationen. Das Musiktheater, sei es nun episch oder dramatisch, muß zudem ein eigengesetzliches musikalisches Fundament haben, weil darauf das gesamte Gebilde aus Sprache, Gesang, Instrumentalklang, Aktion und Szenenbild ruht. (Dies hat Brecht womöglich anders gesehen, wie bestimmte Aussagen in seinen »Anmerkungen zur Oper *Aufstieg und Fall der Stadt Mahagonny*« nahelegen, in denen er beklagt, die Neuerungen in der modernen Oper führten dazu, daß »das Musikalische selber« sinntragend werde, »wo also etwa der Ablauf der musikalischen Formen als Ablauf einen Sinn bekommt und gewisse Proportionen, Verschiebungen usw. aus einem Mittel glücklich ein Zweck geworden sind«.)

Auch der von Brecht theoretisch begründete Verfremdungseffekt ist weniger eine Stileigentümlichkeit als ein Gestaltungsprinzip, das in immer wieder neuen Formen auftreten kann. Peter Konwitschny ist hier sehr erfinderisch. Einerseits verzichtet er auf die in Schriftform projizierten Szenenüberschriften, die in der Partitur eigentlich verlangt werden. Andererseits läßt er ein einziges Mal eine Szenenüberschrift vortragen: Nachdem über mehrere Saallautsprecher die Meldung gebracht wurde, daß ein Hurrikan Mahagonny bedroht, und nachdem alle Anwesenden das »furchtbare Ereignis« besungen haben, tritt während einer Generalpause ein kleines Mädchen im Laura-Ashley-Kleid auf die Bühne, macht einen Knicks und spricht: »In dieser Nacht des Entsetzens fand ein einfacher Holzfäller namens Paul Ackermann die Gesetze der menschlichen Glückseligkeit« – Szenenapplaus, Abgang und Einsetzen der nachfolgenden Musik. Der Verfremdungseffekt könnte größer nicht sein. Dabei ist die Lösung mit dem wohlerzogenen Kind im Kontext der szenisch-musikalischen Situation auch wiederum motiviert. Rundherum um den stilvollen Auftritt wird nämlich das gutbürgerliche Publikum, das bestimmte Erwartungen an einen Opernabend hat, mit »anständiger« Opernmusik erfreut: Der Sturm findet seine Darstellung in einem sorgfältig elaborierten Orchesterfugato, der Tuttichor artikuliert in typischer Opernmanier immer und immer wieder, daß es sich um ein »furchtbares Ereignis« und – »Oh« – ein »grausames Geschick« handelt, und der anschließende Männerchor singt seine frommen Worte »Haltet euch aufrecht, fürchtet euch nicht« in der Art der Geharnischten aus Mozarts *Zauberflöte*. In dieses Ambiente einer seriösen Opernwelt paßt das höhere Töchterchen gut hinein. Konwitschny aber hat mit dieser Szenenansage der Brechtschen Vorlage Genüge getan – einmal für allemal.

Die von Konwitschny verwendeten Verfremdungsmittel sind vielfältig, wobei die Inszenierung andererseits auch einem bewährten Bühnenrealismus folgt. So treten die vier Holzfäller mit echten Äxten auf, die Mädchen sind als Prostituierte kenntlich, der Sturm heult in den Lautsprechern naturalistisch, auf der Bühne freilich nur theatermäßig. In solchem komödiantischen Rahmen kann ein plötzlich eintretender Fotorealismus schockierend wirken. Das geschieht, wenn Jakob in der ersten Runde der Genüsse (Fressen, Lieben, Boxen, Saufen) sich überfrißt und mit den Worten »Brüder, gebt mir noch …« stirbt. Die kleine Heurigen-Kapelle, hier reduziert auf Zither und Bandonion, scheint mit ihrem »Valse lento« festzuhaken wie bei einer defekten Schallplatte und setzt dann ganz aus. Die Regieanweisung über den vier Takten Generalpause lautet: »Er fällt tot um.« Konwitschny verlängert nun diese Pause und führt einen hyperrealistischen Todeskampf des Vielfraßes vor: Der Magen scheint geplatzt zu sein, das Blut steigt durch die Speiseröhre nach oben und tritt aus dem Mund, Jakob steht auf und ringt nach Luft, er wendet sich zum Publikum, die Augen blicklos in die Ferne gerichtet, die Hand verteilt das Blut von Mund und Kinn auf die Kleidung, er strauchelt und stöhnt leise in hohen Falsettönen, liegt dann auf der Seite mit dem Rücken zum Publikum, hat noch einmal Konvulsionen im Bein und bleibt schließlich bewegungslos liegen. Im Saal sind spätestens, nachdem der Darsteller sich dem Publikum zugewendet hat, die letzten Lacher verstummt. Es ist absolut still, der filmische Effekt greift, der Spaß ist für den Augenblick verdorben. Er kehrt erst wieder, als ein Männerchor einen Nachruf anstimmt, der die Freßsucht zu einem heroischen Verhalten umdeutet (»Ein Mann ohne Furcht!«).

Die Verfremdung der Bühnenwirklichkeit durch die Illusionierung eines wirklichen Geschehens, die, wenn sie gelingt, stets den Eindruck eines Unfalls oder einer technischen Störung während der Aufführung hinterläßt – übrigens ein Sachverhalt, der im Zirkus regelmäßig für knisternde Spannung sorgt –, kommt in dieser krassen Form nur einmal in Konwitschnys Inszenierung vor. Immerhin ähnlich ist der Auftritt des Mädchens, das ja wie aus dem Parkett auf die Bühne gekommen zu sein scheint. Auf gleiche Weise verfremdend wirkt auch der Auftritt zweier Statisten in normaler Abendgarderobe am Ende der Oper, die einen kurzen Sprechdialog führen, der eigentlich in Schriftform hätte projiziert werden sollen: »Viele mögen die nun folgende Hinrichtung des Paul Akkermann ungern sehen. Aber auch Sie, mein Herr, würden unserer Ansicht nach nicht für ihn zahlen wollen. So groß ist die Achtung vor Geld in unserer Zeit.« Von anderer Art ist die Störung der Bühnenwirklichkeit durch den Einbruch von Alltagswirklichkeit in jener Szene, in der der Hurrikan gemeldet wird. Konwitschny läßt hier eine digitale Uhr von oben in das Bühnenfenster hineinhängen, die die Zeit in Stunden, Minuten und Sekunden anzeigt und bis zum letzten Takt der Oper sichtbar weiterläuft. Die Wirkung dieser Uhr dürfte bei jedem Betrachter verschieden sein. Viele vergleichen die angezeigte Zeit mit der eigenen Uhr, stellen fest, daß es sich um die echte Zeit handelt und die Aufführung schon eine Stunde lang läuft, und fragen sich, »wie lang es noch dauern wird?« (Wozzeck III/2). Da die Frage nach der Zeit aber in dem Augenblick gestellt wird, in dem die Stadt Mahagonny von einem Unheil bedroht wird, also das mögliche Ende aller Zeit ins Blickfeld rückt, können sich sehr wohl Assoziationen an die Apokalypse einstellen, in der das Muster aller Weltuntergänge niedergeschrieben ist: »Weh, weh, die große Stadt Babylon, die starke Stadt! In einer Stunde ist dein Gericht gekommen.« (Offenb. 18,10) Dieses Bild ist heute bis in die Umgangssprache hinein verbreitet, in der die Redewendung, es sei »fünf vor zwölf«, häufig gebraucht wird. Die Uhr transzendiert das innere Bühnengeschehen und ruft im Zuschauer den Gedanken an seine eigene Lebenszeit in Abhängigkeit von der Frist, die der Menschheit insgesamt zum Überleben gesetzt ist, wach.

Subtile und drastische Verfremdungsmittel werden, aufs Ganze gesehen, nur selten eingesetzt. Im Grunde funktioniert die *Mahagonny*-Oper in der Inszenierung von Konwitschny als ein Stück vitalen, aufregenden und über weite Strecken amüsanten Musiktheaters. Dies liegt nicht zuletzt daran, daß der vielfältigen, teils süffigen, teils sperrigen Musik Kurt Weills viel Raum gegeben wird. Das abendfüllende Stück, das in Hamburg mit einer Pause vor dem zweiten Akt gespielt wird, ist einer die gesamte Zeitspanne umfassenden Generaldramaturgie unterworfen, aus der einzelne markante Höhe- bzw. Wendepunkte herausragen. Dadurch, daß Konwitschny die ersten acht Bilder, das sind etwa 42 Minuten, vor dem Vorhang spielen läßt – ausgenommen ist nur die Anfangsszene, die sozusagen die Prähistorie von Mahagonny in einer grauen, öden Steppenlandschaft wiedergibt –, erzeugt er eine hohe Erwartungshaltung in bezug auf das erste wirkliche Bühnenbild. Dabei ist das Muster aller Anfangsnummern einheitlich: Die Gruppen kommen oder gehen, und zwar stets im Wechselspiel zwischen hinterer Auditoriumswand und vorderer Bühnenrampe. Tatsächlich ist das Anfangsgeschehen ja durch das Ankommen der verschiedenen Personen strukturiert, die ganz klassisch nacheinander »exponiert« werden:

– die drei Stadtgründer, die wegen »Kuppelei und trügerischen Bankrotts« von der Polizei gesucht werden – ihre Musik ist neusachlich kühl (barockisierender, komplementärrhythmischer Imitationssatz) bzw. verlogen sentimental (»Arioso« Begbicks mit Saxophon-Sexten im langsamen 3/4-Takt);

– Jenny und die sechs Mädchen auf der Suche nach Arbeit (»Oh show us the way to the next whisky bar«), die sie in Mahagonny zu finden hoffen – ihre Musik reflektiert einerseits aufgrund der Begrenztheit der melodischen und rhythmischen Vokabeln (Vorstrophe) das ärmliche Milieu, aus dem sie stammen, repräsentiert andererseits mit der schönen Melodie und den aus Rumba und Foxtrott hergeleiteten rhythmic patterns (Refrain des Alabama-Songs: »Oh! Moon of Alabama«) eine Art Betriebskapital der Bar-Girls;

– die Männer aus den großen Städten (»in ihnen ist nichts«), die in Mahagonny ihren Frustrationsdruck abbauen möchten – ihr Gesang ist schlaff und müde und rhythmisch verarmt, dazu im hier leicht verstaubt wirkenden altertümlichen 6/4-Takt;

– die vier Holzfäller aus Alaska (Paul und seine Freunde), die in

Mahagonny ihr sauer verdientes Geld auf den Kopf hauen wollen; ihre Musik ist von naiver Frische und vitaler Körperlichkeit, die sich an Polkarhythmen, Zirkusmusik und optimistischem Männerchorgesang zu orientieren scheint (siehe auch die offene Anspielung mit der Quartettzeile »Schöner grüner Mond von Alabama« auf den Chor der Brautjungfern aus dem *Freischütz*: »Schöner, grüner, schöner grüner Jungfernkranz!«).

Wenn diese vier Gruppen nacheinander aus dem Foyer aufgetreten und in Tuchfühlung mit dem Publikum auf die Bühne gegangen und schließlich hinter dem Vorhang verschwunden sind, bleibt das eigentliche Bühnenbild immer noch verdeckt, so daß die Spannung weiter wächst. Der Verkauf der Mädchen an die Holzfäller (der mit dem Refrain »Ich − kenn' − die − Jimmys, Jimmys, Jimmys aus Alaska schon« erstmals den großen Music-Hall-Sound einführt) wird ebenso vor dem Vorhang verhandelt wie das rührend intime Zwiegespräch zwischen Paul und Jenny (das die Melancholie einer altspanischen Romanze mit einfacher Gitarrenbegleitung verbreitet) und die beiden Nummern, die die Geschäfts- bzw. Stimmungskrise von Leokadja Begbick und Paul Ackermann zum Inhalt haben, die beide drauf und dran sind, Mahagonny wieder zu verlassen − und zwar durch das Auditorium ins Foyer.

An dieser prekären Stelle, wo manch Zuschauer schon Lust verspürte, sich denen, die die Stadt wieder verlassen wollen, anzuschließen, öffnet sich nun endlich der Vorhang zum ersten Bild. Wie gut, daß wir geblieben sind! Der zu den aufsteigenden Arpeggien des auf einem Bühnenklavier dargebotenen Salonstücks »Das Gebet einer Jungfrau« sich hebende Wagner-Vorhang gibt den Blick auf eine Swinger-Club-Szene frei, die von einem mehrstufigen, riesigen Plüschsofa beherrscht wird, auf dem sich Männer in weißen Bademänteln und kaum bekleidete Servierdamen auf das anmutigste vergnügen. Dreiviertelstunden Teatro pòvero werden aufgewogen durch dieses belebte Werbefoto, das aus einem Männermagazin entlehnt sein könnte. In die rauschenden Es-Dur-

Kaskaden des Klaviers hinein wird – vom Dirigenten des Abends – der naheliegende Satz gesprochen: »Das ist die ewige Kunst.«

Der erste szenische Höhepunkt der Oper und der ästhetische Tiefpunkt des gesamten Stücks fallen in eins. Weill und Brecht identifizieren die Traumstadt Mahagonny, die in Wirklichkeit eine »Netzestadt« ist (I/1), mit einer Musik, die als reines Klischee einzustufen ist. Sie steht für die Entfremdung des Menschen von seinen Gefühlen und vom Sinn seiner Arbeit. Klischee und industrielle Massenproduktion hängen zusammen. Industrielle Produktion beruht auf Klischees. Das Klischee definiert sich als Basis einer Serienherstellung. Indem von einem einmal hergestellten Klischee Millionen Abzüge gemacht werden, werden die Kosten für das Klischee in dem Gewinn aus dem Verkauf der Millionen Abzüge aufgefangen. Ein Produkt, das es nur einmal gibt, ist praktisch unbezahlbar. Zu diesen Produkten gehört das Kunstwerk, das auf Individualität besteht. Deshalb schließen sich Klischee und Kunst, Kommerz und Kunst gegenseitig aus. Die übertragenen Bedeutungen »Abklatsch« oder »vorgeprägte Wendung« zeigen noch die Herkunft des Klischeebegriffs aus der Warenfertigung. Im Falle des Klavierstücks von Tekla Badarzewska-Baranowska (1851) ist der Klischeecharakter nicht primär von der hohen Auflage des Notendrucks (der auch bemerkenswert gewesen sein soll) herzuleiten, sondern von dem Mißverhältnis aus Kunstsubstanz und Emphase des Gefühls. Eine einfache harmonische Kadenz wird klavieristisch aufgebläht und mit großem Ausdruck belegt (»Gebet«, »Jungfrau«). Insofern irrt Jakob Schmidt, wenn er meint, die »große Kunst« wehe ihn hier an. Sein Gefühl ist nicht verwerflich, es ist aber auch nicht wahr. Klischees belügen uns nicht über die Wirklichkeit, sie verfehlen sie.

Kurt Weill hat das Klavierstück wie ein »objet trouvé« in die Oper eingebaut, um damit den Nullpunkt eines ästhetischen Genusses, von dem sein Publikum wegzuführen ihm ein Anliegen ist, zu bezeichnen. Peter Konwitschny unterstreicht diesen Nullpunkt überdeutlich, um ein Zeichen für den Begriff »Mahagonny« zu haben, dessen Inhalt so nichtig wie ein ausschließlich auf Spaß gegründetes Leben unerfüllt ist. Der Gewinn aus dieser szenischen Akzentuierung liegt darin, daß die Nuancen zwischen den Figuren hervortreten. Beispielsweise wird sogleich erkennbar, daß Paul eine andere Vorstellung von Glück hat als die übrigen Gäste dieser Mahagonny–Sauna. Im Gegensatz zu den anderen Holzfällern legt er weder seine Arbeitskleidung ab noch seine Axt aus der Hand. Beides braucht er als Rückversicherung für ein Leben *nach* »Mahagonny«, in dem sich Genuß und Arbeit im Gleichgewicht befinden. Doch selbst das Vergnügen, wie es sich in diesem seichten Clubleben bietet, sagt ihm nicht zu; er braucht Aufregenderes. Weill hat das Ausscheren Pauls aus der Mahagonny-Gesellschaft in einer Verbindung von Arioso, chorischer Vokalise und Klaviervariation komponiert. Dreimal beschreibt Paul den Weg von Alaska nach Mahagonny, und jedesmal endet er mit dem Ausdruck der Enttäuschung darüber, daß »*hier*her zu kommen« der Lohn aller Mühen sein soll: »etwas Schlechteres gab es nicht und etwas Dümmeres fiel uns nicht ein.« Auf dem dreimaligen »hier« setzt freilich jedesmal der Summchor der Zufriedenen ein, und der Pianist produziert sich mit einer noch »aufregenderen« Variation des *Gebets einer Jungfrau*. Pauls weiteres Verhalten – so unvernünftig, anarchisch, ja destruktiv es auch ist – erweist sich als erhaben gegenüber dem Lebenskonzept von Mahagonny, das sich in dem Motto »Viel Spaß« (Name des »Hotels zum Reichen Manne« in der Hamburger Inszenierung) erschöpft.

Die großflächige Dramaturgie kulminiert eine Stunde später (die Pause, die vom Sturmgeheul in den Lautsprechern ausgefüllt ist, mitgerechnet) in einem weiteren Höhepunkt, der durch Handlung und Musik gleichermaßen motiviert ist. Nachdem sich mit dem näher kommenden Hurrikan die Szene verdunkelt hat, dann Mahagonny verschont bleibt (weil »Mister Taifun« in der Pause im Foyer mitbekommen hat, daß die Zerstörung der Stadt durch ihn unnötig ist, da die Bewohner das »selber tun«) und schließlich die Szene wieder hell wird, ist das Orchester jetzt hinten auf der Bühne zu sehen. Musiker und Dirigent sind mit silbergrauen Blazern bekleidet und haben insgesamt das Outfit einer Bigband. Zither und Bandonion, die mitsamt dem Vielfraß und seinen Freunden aus dem Orchestergraben hochgefahren werden, schieben sich noch kurzzeitig vor das Orchester, desgleichen der unbegleitet endende Gedächtnischor auf den Tod von Jakob Schmidt. Nach dessen letztem Ton setzt die Bigband mit ihrer rasanten Musik ein und verbreitet eine »Event«-Stimmung. Drei erotische Objekte in Form von rosa angestrichenen Bau-Toiletten rollen herein, die von den Männern sogleich als »Fick-Klos« genutzt werden.

Wiederum gelingt Konwitschny eine überraschende Wendung. Wurde dem Publikum in der ersten Dreiviertelstunde die Bühne vorenthalten, um mit dem Saunabild dann dem Bedürfnis nach praller Sinnlichkeit zu genügen, so scheint jetzt endlich das Orchester aus dem Graben befreit und das audio-visuelle Spektakel den Zenit erreicht zu haben. Das Orchester bleibt als dramatis persona von jetzt an auf der Bühne und schlägt einen Spannungsbogen über die ganze noch verbleibende Szenenfolge. Die Musiker treten teils als Animiermusiker (Bordell) oder auch komplett als umherziehende Blaskapelle (Boxveranstaltung) in Aktion, wobei auch der Dirigent schauspielerische Aufgaben übernimmt. Mit Pauls Gefangennahme und seiner großen Arie (» … und was jetzt kommt: stopf's in deine Pfeife, alter Junge«) entledigen sie sich der Jacketts, bleiben aber weiter auf der Bühne. Als Teil des Gerichtsspektakels, bei dem ein Publikum auf der Bühne zuschaut und auch Stellung bezieht, sorgt das Orchester für den halb zirzensischen Charakter dieser Show in der Show durch einen schnellen Grundrhythmus (Tarantella-Typus).

Ein letzter Höhepunkt der speziellen Orchesterdramaturgie ist dem Schluß vorbehalten (der in Hamburg durch Verzicht auf den Benares-Song und das Kraniche-Duett zügig erreicht wird). Nach dem Abschiedsduett von Paul und Jenny, das als retardierendes

Moment fungiert und in seiner klanglichen Kargheit – die einzeln singenden Stimmen werden nur von einem Alt-Saxophon gestützt (wobei der Anfang übrigens die Erkennungsmelodie der *Dreigro-schen-Oper* zitiert:»Und der Haifisch ...« entspricht »Liebe Jenny ...«) – essentielle Verlorenheit vermittelt, folgt der von Paul angestimmte Choral (»Laßt euch nicht betrügen, daß Leben wenig ist«), dann das *Spiel von Gott in Mahagonny* (»An den Haaren kannst du uns nicht in die Hölle ziehen, weil wir immer in der Hölle waren«) und schließlich das abschließende Demonstrationsbild. Das Orchester, das an der hinteren Bühnenwand auf einem steilen Treppenpodest sitzt, wird mit der Fixierung Pauls an den Hinrichtungsstuhl (der langsam in der Versenkung verschwindet) in Bewegung gesetzt. Zuerst unmerklich, dann nach und nach ins Bewußtsein tretend, fährt das gesamte Orchester über den Richtplatz hinweg auf das Publikum zu. Das Tempo ist so eingestellt, daß für die 15 Meter etwa 15 Minuten nötig sind. Hiermit wird der Endpunkt des Spannungsbogens erreicht, der mit der »Liebesakt«-Szene seinen Anfang nahm und buchstäblich im letzten Takt der Oper sein Zielfundament erreicht.

Dieses Zielfundament liegt aber vorn an der Rampe. Der bereits erwähnte Bildcharakter des Schlusses, der wie das Zitat eines historischen Fotos erscheint, wird durch diese Fahrt des Orchesters gestützt. (Umgekehrt scheint die Fahrt des Orchesters durch eine Regieanweisung in der Partitur angeregt, die für die letzten acht Takte vorschreibt, daß alle Demonstrationszüge sich nach vorn wenden sollen, »als ob der ganze Zug, über die ganze Breite der Bühne verteilt, ins Publikum hineinmarschieren wolle.«) Die dritte Dimension, die eine Fläche zum Raum macht, wird durch das langsame Vorrücken des Hintergrunds virtuell aufgehoben. Kulissen, Requisiten, Musiker, Sänger und Transparente sowie Tragetafeln treten in eine einzige Fläche hinein. Dieses virtuelle Großfoto, das auf das Uraufführungsjahr 1930 zurückverweist, hängt Konwitschny in einem letzten Coup de Théâtre mit einem wirklichen

Großtransparent, das während der Schlußtakte schlagartig von oben herabrollt, für einen kurzen Augenblick zu. Auf der leicht durchsichtigen weißen Leinwand ist in großer moderner Schrift ein Zitat aus Brechts »Anmerkungen zu der Oper *Aufstieg und Fall der Stadt Mahagonny*« (1930) zu lesen:

»Man fragt sich, warum dieser Marsch auf der Stelle? Warum keine Diskussion? Antwort: Es ist von einer Diskussion nichts zu erwarten. Eine Diskussion der heutigen Gesellschaftsform, ja sogar eine solche nur ihrer unwichtigsten Bestandteile würde sofort und unhemmbar zu einer absoluten Bedrohung dieser Gesellschaftsform überhaupt führen.«

Mit diesem Schriftbild kommt Konwitschny am Ende doch noch der Brechtschen Methode nach, durch auf der Bühne gezeigte Worte und Sätze den »Lese-Verstand« des Theaterbesuchers anzusprechen, um sicherzustellen, daß das Publikum die Attraktionen von Szene und Musik nicht einfach als optische oder akustische Bilder abspeichert, sondern es über sie nachdenkt. Damit bekommt der Schluß den Beigeschmack einer expliziten Belehrung, die von Brecht und Weill gerade vermieden wurde. Während der Handlung wird der Untergang Mahagonnys gezeigt und deutlich gemacht, daß er unvermeidlich, sozusagen eigengesetzlich ist. Unter den Inschriften und Spruchtafeln des Finales befindet sich aber kein Aufruf zur Enteignung der Banken oder für eine sozialistische Gesellschaft. Vielmehr singen die Mahagonnyaner in gleichrhythmischer Skandierung und größter Lautstärke: »Können uns und euch und niemand helfen!« Auch der von Konwitschny zitierte Brecht-Text enthält kein Bekenntnis zu einer »richtigen« Alternative und paßt sich insoweit inhaltlich dem Stück an. Trotzdem scheint ein Appell von dem Schlußtransparent auszugehen. Was einen Anstoß zum Nachdenken geben soll, läuft Gefahr, das über drei Stunden in Gang gesetzte Nachdenken wieder zu blockieren, weil uns aufgetragen wird, »unsere Hausaufgaben« zu erledigen. Einer Anekdote zufolge soll Bert Brecht bei der Uraufführung der Oper *Aufstieg und Fall der Stadt Mahagonny* sich selbst mit einer Spruchtafel in das Schlußbild hineingestellt haben, auf der zu lesen stand: »Für Kurt Weill«. Wäre daraus nicht auch eine schöne Lösung für diesen ohnehin zitathaften Schluß zu entwickeln? Zwei Statisten in der Maske Konwitschnys und Metzmachers mit je einem Schild: »Für Brecht« – »Für Weill«.

Fazit

Die fünf Operninszenierungen, die Peter Konwitschny bisher für Hamburg erarbeitet hat, ermöglichen Rückschlüsse auf seine Haltung zu Fragen der Kunst, des Musiktheaters und der Gesellschaft. Unbezweifelbar ist, daß Konwitschny seinen Beruf mit hohem Verantwortungsgefühl ausübt: Verantwortung für den Wahrheitsgehalt der Werke, denen er eine aktuelle Daseinsform ermöglicht; Verantwortung für die Kolleginnen und Kollegen, mit denen er arbeitet, deren Können er abverlangt und deren Bereitschaft, sich mit ihrer ganzen Person in ein Vorhaben einzubringen, er beansprucht; Verantwortung auch für das Publikum, das nicht mit leichter Kost abgespeist werden will, sondern Zumutungen im Sinne von Mut machenden Anstößen erwartet, also wirklich bewegt, ja verunsichert sein will, um – belebt und ertüchtigt – aus gewohnten Geleisen herauszutreten und Lust auf ein neues, sinnvolleres Leben zu bekommen.

Am wichtigsten ist es Konwitschny, in einer Oper jenen ideellen Kern ausfindig zu machen, der die Menschen von heute etwas angeht. Gäbe es diesen ideellen Kern nicht, würde er das Stück nicht aufführen. Auf der Suche nach dieser Kernidee spielt die Rezeptionsgeschichte des Werks zunächst keine Rolle. Unbefangen und offenen Sinnes hört und denkt sich der Regisseur in eine Oper hinein. Dabei kann es zu Regungen in seiner Seele kommen, die unerwartet und neu sind. Befragt, warum er die Oper *Daphne* von Richard Strauss und Joseph Gregor aufführen wolle – geschrieben 1937, neu inszeniert in Essen 1999 –, antwortete Konwitschny: »Was ist das Interesse Daphnes, in einen Baum verwandelt zu werden?« Mit dem so gewonnenen Angelpunkt, der, für sich genommen, jede Frau berühren muß, die sich als Gejagte oder Benutzte erfährt, erschließt sich das Werk auf eine neue, ungewohnte Weise. Es fällt ein bisher unbekanntes Licht auf den Komponisten und Librettisten und die Entstehungszeit der Oper, der Mythos, der dieser »bukolischen Tragödie« zugrunde liegt, wird neu befragt, die Musik zeigt plötzlich Schattentöne, die bei einer »bukolischen« Höreinstellung gar nicht wahrgenommen würden. Eine nicht minder große Wirkung auf die Regiekonzeption und die Wahrnehmung durch das Publikum hatten die Schlüsselideen »Armut« im *Wozzeck* und »Müll« im *Blaubart*. Beim *Lohengrin* griff Konwitschny das bekannte »Frageverbot« auf, entwickelte diese Zentralidee aber in radikaler Zuspitzung, so daß das Werk wie eine Novität erlebt wird. Im *Freischütz* ist der »Teufel« allgegenwärtig, in *Mahagonny* der »Spaß«; beide Motive werden auf unsere Gegenwart bezogen, in der ein Samiel oft als Wohltäter erscheint und Müßiggang in Form von Arbeitslosigkeit erlitten wird.

Die eigentliche künstlerische Arbeit vollzieht sich im Wechselspiel von Textanalyse und theatraler Phantasie. Text wird von Konwitschny verstanden als musikalisch-dramatischer Text, der den Notentext der Partitur und die gesungene Rede in Verbindung mit der Figurenaktion gleichermaßen einbezieht. Alles Geschehen wird als abhängig von den Personen dargestellt, weshalb den Arbeiten Konwitschnys stets ein zutiefst menschlicher Zug eignet. Zugleich bestimmt Konwitschny die Grundfarbe der Szenen und Situationen vom Charakter der Musik her. Man merkt seinen Inszenierungen die Vertrautheit mit der Partitur an. Anders als beim Sprechtheater rückt die Operninszenierung wegen der vorgegebenen Zeitstruktur unausweichlich in die Nähe einer choreographischen Gestaltung. Dies mag als Einschränkung der Freiheit des Regisseurs erscheinen, ist aber tatsächlich als Chance zu begreifen, musiktheatrale Wirkungen hervorzurufen, die nirgendwo sonst erzielt werden können. Voraussetzung ist die präzise Koordinierung der Ereignisse im Orchestergraben mit denen auf der Bühne sowie eine der Musik angepaßte Gebärden- und Klangsprache der Sängerdarsteller. Ein exzeptionelles Beispiel ist in dieser Hinsicht die Straßenszene aus *Wozzeck*, in der Berg die Figurengruppe Doktor, Hauptmann und Wozzeck durch eine Fuge mit drei Themen analogisiert. Von dem Zeitpunkt an, da die drei Themen miteinander kombiniert werden, läßt Konwitschny auch die drei Darsteller sich ineinander verschränken, so daß das Bild eines Menschenknotens entsteht. Auf dem Höhepunkt, bei seinen Worten »Gott im Himmel!«, macht Wozzeck sich los und stößt mit äußerster Gewalt seine Peiniger zur Seite. Mit dieser Geste durchschlägt er gleichzeitig den symbolischen Knoten, der im Orchester als zerberstende Klangfaktur zu hören ist. Alle Arbeiten Konwitschnys sind im Sinne eines théâtre engagé politisch motiviert. Dabei geht er von einem weit gefaßten Politikbegriff aus, der aus der Vorstellung von Kunst als öffentlicher Angelegenheit abgeleitet ist, sich mit Tages- oder gar Parteipolitik dagegen nicht berührt. Wer große Ressourcen an öffentlichem Geld und menschlicher Arbeitskraft beansprucht, muß etwas abliefern, daß für die Gesellschaft insgesamt von Belang ist. Kunst wendet sich letztlich immer an die Gesellschaft, indem sie nach deren Verhältnissen fragt und danach, wie der einzelne Mensch in ihr leben kann. Künstler sind parteiisch, sie treten für das Leben ein, sie möchten, daß Liebe unter den Menschen möglich bleibt, sie schreiben und komponieren gegen Gewalt und Unterdrückung, sie nehmen die Spur des Leids auf, sie wollen Freundlichkeit und denken konstruktiv. Der Reichtum an Formen, die Schönheit der Zeichen, ihre Liebe zur Wahrhaftigkeit sprechen dies deutlich aus. Auch Konwitschnys Inszenierungen ist diese Freundlichkeit anzumerken. Die schärfste Provokation, die brutalste Gewaltdarstellung geschieht stets mit Blick auf Menschen, denen zu leben und zu lieben versagt ist. Der Spott gegen Max, die Unterwerfung Elsas, die Vergewaltigung Judiths, die Verstümmelung Wozzecks, der Verrat an Paul Ackermann – in allen Fällen ist die Gewalt, die das Leid hervorruft, an sozial bestimmte Normen gebunden. Im *Freischütz* ist es der biedermeierliche Eigentumswunsch, der Kaspar und seinem Meister Samiel die Angriffsfläche für ihr böses Tun bietet. Im *Lohengrin* verbindet sich die Mittelaltersehnsucht mit dem Bedürfnis nach Übermächten, die wieder Ordnung in die durch Revolutionen zerrütteten Verhältnisse in Europa bringen. *Blaubart* ist nicht einfach ein wirrer Frauenmörder, sondern das ausführende Organ einer patriarchalischen Sozialstruktur, das sich seiner selbst und seiner Hervorbringungen nicht mehr sicher ist. *Wozzeck* thematisiert die Angst jener, die Macht über andere haben, sich selbst aber nicht vor der Leere eines nichtigen Lebens retten können. *Mahagonny* schließlich zeigt den Weg eines entfesselten Kapitalismus in die Anarchie, in der am Ende das Geld an die Stelle des Lebens tritt und das Leben-Wollen versiegt.

Bei alledem ist der Unterhaltungswert von Konwitschnys Inszenierungen nicht zu vergessen. Langeweile ist der Tod jeden Theaters. Freude am virtuosen Spiel oder an komischen Situationen ist nicht als Mangel an Tiefe zu diffamieren. Wenn der Zuschauerraum im ersten Akt *Lohengrin* in lautem Lachen aufbraust, tut das dem Stück keinen Abbruch. Die unerwartet geweckten Vitalkräfte der Zuschauer sorgen dafür, daß am Ende die problematische Wahrheit der Oper deutlich wahrgenommen und auf die eigene Zeit bezogen wird.

Zitierte Literatur

Alban Berg. Briefe an seine Frau [Hg. Helene Berg], München / Wien 1965.

Alban Berg. Glaube, Hoffnung und Liebe. Schriften zur Musik, hrsg. v. Frank Schneider, Leipzig 1981.

Bertolt Brecht. *Aufstieg und Fall der Stadt Mahagonny*. Oper, Frankfurt am Main 1976.

Georg Büchner. *Werke und Briefe*. Münchner Ausgabe, hrsg. v. Karl Pörnbacher u. a., München 1988.

Franz Liszt. Lohengrin et Tannhäuser de Richard Wagner – Lohengrin und Tannhäuser von Richard Wagner (= *Franz Liszt, Sämtliche Schriften Bd. 4*), hrsg. v. Rainer Kleinertz, kommentiert unter Mitarbeit v. Gerhard J. Winkler, Wiesbaden 1989.

Karl Marx. *Das Kapital*. Kritik der politischen Ökonomie. Erster Band (= Marx-Engels-Werke Bd. 23), Berlin (DDR) 1956 ff.

Richard Wagner. *Gesammelte Schriften und Dichtungen*, 4. Auflage, Leipzig 1907.

Weill ... On Mahagonny, in: *Kurt Weill Newsletter 13, 1995*, H. 2, S. 10-19.

Peter Konwitschny
in Gesprächen und Texten
1991–2001

Gedanken beim Hören und Lesen der Musik

Die Heftigkeit der Widersprüche schon in der Ouvertüre. Die Explosion des Beginns (diese Musik kommt im Finale II wieder, wo härteste und perfide Auseinandersetzungen stattfinden). Dann ein »Thema«: nahezu irrwitzig sich jagende Töne, darüber eine Art Fuge (sogar Engführungen als Verschärfung!). Kinetische Energie wird hörbar, Drängen und Getriebensein. Dann die nächste Explosion. Dann eine aufblühende Linie, ein Moment Seligkeit, auf Nimmermehr abgerissen von erbarmungslosen Paukenschlägen. Und so fort: Aus dem Orchestergraben breitet sich ein enormes Kräftepotential aus. Dies als Vorbereitung auf das folgende szenische Geschehen. Wer zwischen derartige Kräfte und Gegenkräfte gerät, bleibt nicht heil. Es geht um die Existenz!

Das Volk will nicht tümlich sein – so Brecht in seiner *Turandot*, ein Bauer sagt den Satz. Das Volk, die Hauptkraft der Geschichte. Das Kräftige, Derbe, Ungezügelte, sich Durchsetzende, der Humor. Wo gehobelt wird, da fallen Späne.

Die Arbeit ist der Hinter- und Lebensgrund dieser Geschichte, die dir und mir passieren könnte, nicht die Folklore. So wenig Smetanas Musik folkloristisch ist: Der Komponist überführt das böhmische Material in die europäische Musikform und -struktur – das macht das Werk klassisch.

Die Befreiung, das Sichverwirklichen im Singen und Bewegen in der Polka: Im hymnischen Chor werden Dimensionen einer Neunten Sinfonie erkennbar; auch Librettist Sabina hatte solches im Auge: »Ginge es, wie's uns gefällt, tanzte mit die ganze Welt!«

Nicht so im Bierchor. Die Frau als Gegenpol des Mannes ist ausgespart. Potenz wird bedrohlich. Der Furiant als Negativ-Alternative zur Polka. Männer unter sich. Furie, Furiant, der wilde Tanz mit dem typischen Wechsel des Metrums von drei auf zwei: die Welt aus den Angeln. Entfesselung. Überdeutlich in die Noten diktiert.

Hans: auch ein Mann. Der hatte eine unglückliche Kindheit. Seine Mutter stirbt viel zu früh. Der Vater ist nicht stark genug, ihn vor der Stiefmutter zu schützen. Sie treibt den Erstgeborenen, ein halbes Kind noch, aus dem Vaterhaus. Lernte er jemals, was Vertrauen ist? Lernte er zu vertrauen, sich anzuvertrauen? Marie muß eine ganze Arie an ihn richten – eine einzige Frage, aber keine Antwort. Sie erreicht die Ausgangstonart B-Dur nicht mehr, endet in g-Moll.

Marie bringt's nicht mehr zusammen. Schon hier setzt ihr die Beziehung zu ihrem Geliebten heftig zu. Er ist verschlossen.

Da beginnt der Stein zu reden: Die Kindheit war schwer, ja unerträglich. Das Duett, das er beginnt, nimmt die Parallele g-Moll auf. Die Geliebte soll ihm das verlorene Glück ersetzen. Arme Marie: Wird sie fertig mit dieser Last?

Die Perspektive: Idylle, Abgrenzung nach außen, wieder in B-Dur angekommen, der Kreis zum Beginn von Maries Arie schließt sich. Idylle, aufs äußerste und permanent gefährdet, wie wir wissen.

Und dramaturgisch präzise kalkuliert der Auftritt der Gegenkraft dieser Idylle: Kezal.

Schärfster musikalischer Gegensatz zur widerspruchsfreien B-Dur-Fläche: brutale synkopische unisono-Sprünge des gesamten Orchesters bis hin zum Tritonus – erschreckende Töne. Nichts von Witzigkeit/Harmlosigkeit, von Roter-Taschentuch- und Stolper-Buffonerie. Alle acht Takte fast ein neuer Gestus in der Musik. Kezal beherrscht die taktischen Varianten eines Manipulators: Wenn er versagt, ist seine Existenz bedroht.

Die nackte Geld-Ware-Beziehung bestimmt Kezals Sein und Bewußtsein. Alles hörbar, vorausgesetzt, die Tempi werden so breit genommen, wie Smetana sie vorschreibt. Kaum eine Interpretation, die sich daran hält. Unmöglich, die zahlreichen diffizilen Anweisungen – Akzente, Crescendi, Diminuendi, Sforzati en masse! – in den viel zu schnellen Zeitmaßen auszuführen. Die Folge: ein Kanon von Fehlinterpretationen, musikalisch und szenisch.

Auch Wenzel ein Gefährdeter. Von »Liebe« zerquetscht. Die Mutter verhätschelt und bevormundet ihn bis ins Mannesalter, freilich ohne es zu merken. Der Vater, um vieles älter als seine zweite Frau, zieht sich zurück, gibt auf. Auch hier Entfremdung. Der Stotterer – ein pathologischer Fall.

Oder gestörte Kommunikation? Ohne Frage letzteres. Smetana läßt daran keinen Zweifel.

Spätestens in der zweiten Arie in f-Moll wird die tragische Dimension dieser komischen Figur offenbar. Chaplin als Stichwort, Phantasie und Poesie – nicht Dümmlichkeit, über die so leicht gebierlacht werden kann. Auch hier klingt Menschsein. Ein reicher Mensch innen, dieser Wenzel. Fähig, zu träumen, sich wegzuträumen aus der schlimmen in die Gegenwelt: Zirkus – freilich auch im Traum eines Besseren belehrt und auf Realität gestoßen: alle wollen mich lieben und mich töten. Fähig auch, ganz auf den anderen einzugehen.

Da tritt ihm Marie in den Weg. Sie ist »hinter ihrem eigenen Rükken« fasziniert von ihm. Jedenfalls erlebt sie mit Hans nicht solche Offenheit, solches Aufeinandereingehen. So ist auch das Duett Marie/Wenzel im zweiten Akt ein ganz erstaunliches: in der Struktur dasjenige Musikstück in dieser Oper, das die größte musikalische Entwicklung, die meisten Stationen hat. Eine durchkomponierte Szene, weniger eine Nummer. Grenzüberschreitung allerorten: spätestens hörbar bei der vielfachen Mediantrückung, der rhythmischen Verdichtung und äußersten Zuspitzung kurz vor dem Schlußteil. Dieser vereint beide Stimmen unisono im rauschartig gesteigerten Zitat des Duettanfangs, das Orchester in heftig erregter Bewegung darunter. Ausdruck der anfänglichen Manipulation Maries? Und dumm-naiven Draufreinfallens eines Infantilen? Keineswegs! Hier geht es um Gleichheit in Grenzüberschreitung. Bisher nicht Gekanntes wird erlebt. Ahnung des Eigentlichen. Solches gibt es zwischen Marie und Hans nicht.

Eine andere Variante der Gemeinsamkeit, zwischen Kezal und Hans im drauffolgenden Duett des zweiten Aktes, dem Hit der Oper. Männer im Gespräch über Frauen. Obwohl im Ziel Gegner, sind sie sich doch in der Methode gleich: den anderen austricksen, kalt und lächelnd. Der eine aufgrund seines Erwerbs – er vermittelt Brautleute gegen Bezahlung. Wie könnte er diesen Job durchhalten ohne Kälte, Distanz? Der andere aufgrund der fehlenden Wärme zu Hause, in der Fremde hart geworden, um zu überleben. Nun zurückgekehrt, um in der Hierarchie des dörflichen Gemeinwesens den ihm gebührenden Platz einzunehmen. Mit allen Wassern gewaschen. Zwei ebenbürtige Gegner.

Musikalisch werfen sie sich die Bälle zu, zitieren und antworten sich unentwegt in der Art eines Clownsgesprächs. Der gleiche Gestus bei beiden.

Alle Mann-Frau-Beziehungen im Stück sind Varianten eines Grundmodells, des jahrtausendealten patriarchalischen und der ihm immanenten Gesellschaftsstruktur. Ob zwischen den Eheleuten – den ärmeren Kruschinas oder den reichen Michas –, ob zwischen den Eltern und Kindern: die bessere Beziehung hat Marie zu ihren Eltern. Hans hat gar keine, ganz zu schweigen von Wenzel! Aber auch die Beziehung Marie/Hans ist deutlich von patriarchalischen Strukturen geprägt. Nicht so die kurze Begegnung zwischen Marie und Wenzel. Deshalb hätte dieses Paar auch keine Chance in dieser Welt, wohlgemerkt in *dieser*! Darum auch die endliche Vereinigung von Marie und Hans am Schluß des Stückes. Allein: welche Perspektive! Wie weit ist es noch bis zum Glücklichsein?

Konzeptionelle Notiz zu »La Bohème«

Was ist zu tun, um eine Rezeption der *Bohème* heute tiefgründiger, vielbezüglicher, doppelbödiger, letztlich auch philosophischer zu machen? – Es geht also nicht lediglich darum, eine Rezeption zu verhindern, die sich im sentimentalen Verständnis erschöpft. Es geht auch um mehr als Psychologie, psychologische Genauigkeit kann nur eine der Vorbedingungen sein. Es geht um die Behauptung der großen Dimension im Stück, die durch die Inszenierungstradition unkenntlich geworden ist. Es geht um die Verzahntheit von Eros und Tod im Sinne von Georges Bataille. Also um erregende gesellschaftliche Einsichten.

Hauptaugenmerk der Inszenierung muß sein, (a) die Süße und (b) die Albernheit zu vermeiden, die den Vorgängen anzuhaften *scheinen*. Worin nun besteht die Albernheit eigentlich? Sicher, zum Großteil in darstellerischer Unschärfe, unbedarfter Interpretation: Das eigene wohlgenährte Dasein wird reproduziert, keine Spur von den Nöten, der permanenten Existenzgefährdung, der Bitternis, der Härte und ironisch bösen Schärfe und auch der bodenlosen emotionalen Höhenflüge der Bohemiens.

Aber es gibt noch ein anderes entscheidenderes Moment, das die

118

Albernheit und damit die Verlogenheit hervorruft, die so vielen *Bohème*-Aufführungen anhaftet: daß die Figuren nicht wissen, wovon sie reden.

Sie sind Geworfene, in eine erbärmliche, sozial diffamierende und letztlich unverkraftbare Existenz Geworfene, ständig am Rande des Untergangs, des Todes, des Sinnverlustes, der Verzweiflung. Ihre Talente, ihre Sensitivität machen sie unfähig zur Anpassung an die etablierte Kunst und Gesellschaft. Dieses Außenseitertum ist die Basis dessen, daß die Figuren trotz aller Bewußtheit sich schwertun mit der Organisierung und Befriedigung ihrer Bedürfnisse, Erwartungen, Hoffnungen, ihrer starken Empfindungen, ist die Basis der enormen Zugespitztheit aller Situationen in *Bohème*, der unerhörten Intensität der Beziehungen, es ist letztlich auch die Ursache für die Erschütterung, die seelische Erschöpfung, für die Katharsiswirkung beim Zuschauer. Dieser Widerspruch von geworfener *und* bewußt angenommener Existenz macht den Reichtum, den Charme, die Unzulänglichkeit und die Menschlichkeit der Figuren aus.

Entscheidend für die Konzeption ist, wie nah die gesamte Geschichte überhaupt am Tod ist, wie stark der Tod, das Sterben in allen Vorgängen verborgen ist. Daher die Heftigkeit und Aufwendung, Intensität, ja Innigkeit der Verdrängung. Man kann sagen, daß das im eigentlichen Wortsinn Erschütternde des Stückes in der Verknüpfung von Eros und Tod besteht. Auch die große Chorszene des zweiten Bildes zieht ihr Leben aus der beschwörenden Verdrängung des Todes, wie auch das Verhältnis von Marcello zu Musetta keineswegs sich in einer scheinbaren Oberflächlichkeit und Belanglosigkeit erschöpft, sondern im wahrsten Sinne einen Kampf um Leben und Tod darstellt, was eine Probe des original übersetzten Textes rasch belegt. Und die Musik steht diesem nicht nach, es muß ihr nur Raum gegeben werden zu vorurteilsfreier Rezeption.

Musikalisch ist auf der Härte, auf den Brüchen, auf der Unvermitteltheit von Tempowechseln, auf extremen Tempi, auf unerwarteten, ja befremdlich harten und scharfen Spielanweisungen, auf dem jähen Umschlagen von hektischem Aktionismus und ironischer Bitternis in sehnsuchtswunde Liebesbedürftigkeit zu bestehen. Diesen beiden kommunikativen Ebenen im Werk entsprechen die zwei unterschiedlichen sängerischen Ebenen: der meist flüchtige Sprechgesang und das extrem ausdrucksstarke Singen. Toscanini beweist mit seiner Einspielung aus dem Jahr 1946, daß diese Musik – und mit ihr die Geschichte – nicht dazu verdammt ist, als Gefühlsbrei ihr Dasein zu fristen.

Endspiel und neuer Gedanke

Aus Gesprächen zwischen Peter Konwitschny, Helmut Brade
und Albrecht Puhlmann über Bartók und Schönberg

Karl Kraus hat in der *Fackel* am 10. Juli 1914 einen Nachruf auf
den ermordeten Thronfolger Franz Ferdinand veröffentlicht. Darin heißt es: »Franz Ferdinand scheint in der Epoche des allgemeinen Menschenjammers, der in der österreichischen Versuchsstation des Weltuntergangs die Fratze des gemütlichen Siechtums
annimmt, das Maß eines Mannes besessen zu haben.« Beim Begriff von der Versuchsstation des Weltuntergangs können Überlegungen zu Bartóks *Herzog Blaubarts Burg* und Schönbergs *Erwartung* ansetzen. Die Stücke sind realistische Abbildung einer
kritischen Situation, auch einer kritischen gesellschaftlichen Situation. Diese kritische gesellschaftliche Situation sollte sich in der
szenischen Konzeption niederschlagen. So werden die Komponisten zu unseren Zeitgenossen.

Budapest und Wien bilden den gesellschaftlichen »Nährboden«.
Wenn man in Budapest ist, sieht man, wie groß die Nähe beider
Kulturen ist. Bei der Arbeit aber haben wir uns zunächst eher von
dem vorhandenen musikalischen Material leiten lassen als von der
Erforschung historischer oder gesellschaftspolitischer Zusammen-

hänge. Aus dem vorhandenen musikalischen Da-Sein haben wir bestimmte Ideen abgeleitet. Eine Rückführung auf die Entstehungszeit ist erst im nachhinein erhellend, wenn man erkennt, daß – unabhängig von einer theoretischen Erkenntnis – 1991 ebenso von einem Experiment Weltuntergang geredet werden kann wie 1911. Die Müllwelt auf der Bühne meint unsere Welt und gleichzeitig die Endzeit einer bürgerlichen Welt insgesamt.

1911 bzw. 1909 war eine kulturell deprimierende Zeit. Die Stilkunst, das, was man Jugendstil nennt, glättet durch Harmonisierung. Adolf Loos hat einen Aufsatz geschrieben mit dem Titel *Ornament und Verbrechen.* Er protestiert damit gegen die affirmative Kulturlüge. Auf dieser Linie liegt Schönberg in seinem Protest gegen eine etablierte Kultur eines Klimt etwa.

Natürlich kommt man bei einer Beschäftigung mit Bartók/Balász nicht um den Symbolismus herum. Wir haben es uns angehört und haben uns gefragt, was ist denn nun der Symbolismus? Begreifen konnte man die Musik erst, als wir uns konkret fragten, was in den Kammern eigentlich ist, was ist da drin? Folter, Krieg, Reichtum, Schmuck, Blumen, Landbesitz, Tränen, lebendig begrabene Frauen. Alles und alle gehören dem Mann. Blutig ist alles, Zerstörung, es ist im Grunde der Gestus des Mannes auf diesem Planeten, in seiner Beziehung zum Planeten: Der Gestus ist zerstörerisch: Dinge aus ihrem Zusammenhang lösen, benutzen, um irgendwelchen Gewinn daraus zu machen, Fortschritt.

Um diesen Fortschritt zu erreichen, muß man zerstören. Die Zerstörung wird verdrängt. Das ist nicht allein Sache des 20. Jahrhunderts. Es handelt sich um eine patriarchalische Weltordnung, die einige tausend Jahre schon existiert. Das 20. Jahrhundert aber ist das Jahrhundert, in dem man über diese Dinge nicht mehr hinweglügen kann. Die Erkenntnisse der Philosophie, die Unhaltbarkeit des Determinismus, die Entdeckungen in der Atomforschung, die Relativitätstheorie – als Pendant könnte man die Zwölftontheorie Schönbergs nennen, also die Aufsprengung des tonalen (tonikalen) Systems. Ähnliche Phänomene gibt es in der Malerei. Der Begriff Symbolismus ist also viel zu eng. Natürlich war es für die Leute, die damals lebten, eine Möglichkeit, ihr »Unbehagen an der Kultur« auszudrücken und sich zu wehren. Wir aber, mit unserem Abstand zur Entstehungszeit der Opern, sehen deutlicher, daß die Probleme viel tiefer gehen, daß nämlich das tradierte, geschlossene System nicht mehr fortführbar ist. Und da haben wir angesetzt mit der Frage: Was ist in den Kammern? Was macht der Mann mit seiner Produktivität? Für welche Welt ist die Geschichte von Blaubart und Judith gültig?

Unser Ohr hat sich geöffnet dieser Musik, die nicht mehr als symbolistisches Phänomen begriffen wurde, sondern als eine Möglichkeit, eine so krasse und schreiende Situation zwischen Mann und Frau in der Kultur auszudrücken und nicht mehr zu verdecken durch irgendwelche bekannten Formen und Möglichkeiten. Das ist die Bartóksche Musik gewesen.

Adolf Loos hat von der affirmativen Kulturlüge gesprochen. Diesen Bewußtseinsstand hatte Bartók nicht. Er verbleibt in den patriarchalischen Denkstrukturen. Er sprengt sie nicht. Würde man undeutlich inszenieren, würde eine Schwierigkeit von *Herzog Blaubarts Burg* in dieser Verklärung des Mannes Blaubart liegen. Bartók bleibt zeitverhaftet, betrachtet man allein die szenischen Anweisungen. Insofern muß man die Entstehungszeit verlassen, die Aufführungstradition aufheben und zu den eigentlichen Intentionen vordringen.

Für mich war Bartók der Einstieg in die sogenannte moderne Musik, d. h. einer Musik, die ich mehr in Zusammenhang brachte mit

Picasso und Matisse und dem Aufbruch in der bildenden Kunst in Europa als mit Klimt, dem Symbolismus und Wien. Als ich *Herzog Blaubarts Burg* in Ungarn gesehen habe, in einem seiner Entstehungszeit entsprechenden Umfeld auf der Bühne, fand ich die Musik unsäglich langweilig. Und der Wunsch war, diese Musik, die ich innerlich als sehr modern und heutig empfand, in eine Bildwelt zu setzen, in der sie »anders« klingt, in der sie ihre Größe entfalten kann, in der das, was in ihr drinsteckt und was für die Entwicklung der Musik im 20. Jahrhundert so wichtig wurde, gelöst wird von diesem etwas sumpfigen Jahrhundertwendebildmilieu.

Das Frauenbild im Libretto zur Bartók-Oper entspricht dem, welches Klimt mit seiner Judith von 1900 malte. Dagegen wendet sich die Musik und wir mit ihr.

Bartók macht nicht das, was Klimt macht.

Es gibt zwei zentrale Thesen der Zeit: Ende der affirmativen Kulturlüge und Ende der heilenden Kraft von Kunst. Dieser Wunsch nach der heilenden Kraft der Kunst ist bei Bartók noch tief verwurzelt, deshalb ist auch die Reihenfolge des Abends so richtig: Zuerst also *Blaubart* zu spielen und dann Schönbergs *Erwartung*. So wird die Selbstlüge des Mannes aufgehoben, entlarvt.

Ungarn ist ein ganz übertrieben patriarchalisches Land. Die Frage nach Bartóks eigener Haltung, ob er also selber überhaupt hat sehen können, wie wir das heute sehen, möchte ich bezweifeln. Bei Bartók gibt es die Verherrlichung dieses wunderbaren einsamen Mannes Blaubart, der so großartig ist in seiner Unfähigkeit und Unantastbarkeit. (Vgl. in Molnárs *Liliom* die Verherrlichung der Ohrfeige, nach der sich die Frau sehnt, der große Genuß, vom geliebten Mann eine Ohrfeige zu bekommen.) Würde man *Blaubart* nicht aus diesem symbolistischen Umfeld lösen, würde er unerträglich werden, so wie *Erwartung* mit einem Schlagwort wie »expressionistisch« verharmlost würde.

Mit Hilfe der Musik entkommen die Komponisten ihrer Zeit.

Ein Mann vom Bewußtsein Bartóks, der nicht über das patriarchalische Denken hinauskam, schreibt eine Musik, die sich eignet, das Ganze in Frage zu stellen. Wir brauchen das Stück gar nicht zu verändern, um es kenntlich zu machen, wir müssen es nur in einen neuen Kontext bringen. Wir versuchen, die Wahrheit zwischen dem Mann und der Frau Judith deutlich zu zeigen. Das Ende, das als tragisch hochstilisiert wird zu einer ewigen Wahrheit, das kippen wir um und zeigen, daß es nur für eine bestimmte Zeit gültig ist und vor allen Dingen nicht weiter gültig bleiben kann. Wir zeigen, was mit den Frauen wirklich passiert, und zeigen den komischen Zug, der dem Ganzen anhaftet: Wenn der Mann, nachdem er die Frau für immer eingesperrt hat, nun meint, resümieren zu dürfen, daß er wieder so allein wäre und sich so sehr bemitleidet. Dieses Mitleid des Mannes mit sich selbst bezeichnet im 20. Jahrhundert das Ende einer geschichtlichen Phase. Es entstehen Gedanken und Stücke, die die Möglichkeit eines Anderen benennen, nicht indem sie es beschreiben, sondern indem sie den bestehenden Zustand in Frage stellen.

Wie Bartók das musikalische Material benutzt, benutzt er es nicht zur Erhaltung des tonalen Systems. Die Musik ist nicht so konsequent neu wie die Schönbergs, macht aber auch Schluß mit einer konventionellen Harmonik. Es klingt nicht mehr »richtig«. Sie ist avanciert, und sie ist es deshalb, weil sie eine andere Tradition in die damals herrschende europäische Kunstmusik einführt, die es bis dahin nicht so deutlich gab. (Ausnahme: Janáček)

Man kann sagen, daß Bartóks Musik eher den Gestus eines Schreis hat: so geht es jetzt nicht mehr weiter. Während Schönberg einen Schritt darüberhinausgeht: Zum Schmerz kommt das Kalkül dazu.

Der eine wählt die Form der Oper; der andere wählt eine neue Form, die bisher noch nicht da war, das Monodram. Diese andere Form bedingt vielleicht ja auch eine andere Musik.

Auch die Folge der beiden Stücke an einem Abend schafft einen Kontext, der jetzt nicht die Oper kritisieren oder fortführen soll, indem man sagt, Schönberg ist der modernere Komponist als Bartók, sondern: Zwei Komponisten einer Generation handeln etwas ab mit unterschiedlichen Mitteln aus verschiedenen Perspektiven, die sich zu einem Theaterabend fügen.

Zwei Fälle menschlicher Möglichkeit werden gezeigt: ein Dialog, wie er auch immer ausgehen mag, und ein Monolog, der eine Folge aus dem Verstummen des Dialogs ist. Die *Erwartung* kann nur nach *Blaubart* kommen an einem Theaterabend. Es gibt eine inhaltliche Folge von *Blaubart* und *Erwartung*, musikalisch ist es keine Fortsetzung. Die beiden Opern beziehen sich wie Vorgeschichte und Resümee aufeinander. *Blaubart* ist die Vorgeschichte zu *Erwartung*. Die Beziehung einer Frau zu einem Mann muß man für *Erwartung* voraussetzen. Die Frau reflektiert ständig darüber und wird wahrscheinlich, so ist es gemeint von Marie Pappenheim, dieses Problem nicht los. Sie ist ganz und gar Anhang des Mannes. Wenn der nicht da ist, ist sie auch nicht mehr da, sie wird verrückt. Es handelt sich um einen Perspektivenwechsel. Daß nach *Blaubart* etwas aus der Sicht der Frau beschrieben wird, darin besteht das Glückhafte der Kombination dieser beiden Stücke. Viel faßbarer wird dadurch der Wechsel. Er ist überhaupt nur faßbar zu machen, wenn man zuerst eine Sicht hatte auf ein Paar. Jetzt ist der Mann weg ...

Glückhaft ist nicht nur die Kombination beider Stücke, sondern auch die Tatsache, daß Kristine Ciesinski beide Stücke hintereinander singt. Diese exorbitante Aufgabe, der sie sich stellt, ermöglicht uns überhaupt, den Perspektivenwechsel faßbar darzustellen.

Die Frau spürt im Laufe des Stückes immer mehr, daß Erkenntnis zu einem Ende führt. Sie klärt ihr Verhältnis zu sich und zum Mann. Aufklären als ein Prozeß, in dem sie immer wieder in die Vergangenheit fällt, sich in ein Gefühl fallen läßt, das sie zu verschlingen droht. Dagegen, und damit gegen den Mann, grenzt sie sich ab. Sie treibt ihn aus, sie zerfetzt ihn, sie zerreißt ihn – nur so kann sie ihn loswerden. »Nun küß' ich mich an dir zu Tode ...« markiert für uns inhaltlich die entscheidende Stelle: Die »alte« Frau stirbt (vielleicht Judith), und etwas Neues kann beginnen. So wie vorher die berühmte Generalpause nach ihrem »furchtbaren Schrei« jenen Moment der Zerreißung beschreibt (Takt 158). Der Apparat Schönbergs überwältigt die Frau. Gegen die Hybris des Orchesters singt die Frau an, befreit sich am Ende davon.

Ein Fehler im System. Die Frau verläßt das System des Mannes. Und das System des Theaters.

Das männliche Prinzip ist nicht mehr geschichtsträchtig, in diesem Sinne ist es abwesend, und das erlaubt der Frau, zum ersten Mal vielleicht eine Distanz zu bekommen. Und das ist auch der Sinn, den das Stück innerhalb der achtzig Jahre seit der Uraufführung durch eine historische Entwicklung bekommen hat. Den konnte es damals noch nicht haben.

Sind beide Stücke Endspiele? Enden beide Stücke im Nichts? Oder gibt es auch die Chance zum Aufbruch? Bricht die Frau in *Erwartung* mit ihrem »Ich suchte ...« und der Regieanweisung »irgend etwas entgegen«, mit diesem Verflüchtigen der Musik, zu etwas Neuem auf? Handelt es sich um ein Offenhalten der Situation? Entflieht die Frau dem Zwangsverhältnis zwischen Mann und Frau, dem sie im ersten Stück noch zum Opfer fiel?

Tatsächlich bricht die Frau in unserer Interpretation auf. Sie verläßt das Theater. Die letzten fünf Minuten sind musikalisch anders, entspannt; die Musik bekommt eine Art Epilogcharakter. Das Stück endet nicht geschlossen wie *Blaubart*.

Den Begriff Endspiel finde ich in jedem Fall richtig. Es sind zwei Möglichkeiten. Ein Ende ist eine Hoffnung: Ohne ein Ende kann nichts Neues beginnen. Insofern würde ich den Begriff auf beide Stücke beziehen. Vielleicht könnte man sagen: Bartók ist das Ende einer alten Epoche, während Schönberg mehr zu unserer zu rechnen ist. Schönberg ist ein Neubeginn, der aber in unserer Konzeption ohne das Theater stattfindet. Theater hört da auf, wo der Dialog aufhört, und die *Erwartung* ist im Grunde ein Theater der Auflösung, ein Monodram. Ein Endspiel des Theaters selbst. Wo mit niemandem mehr zu kommunizieren ist, also ein Dialog bzw. ein Duett nicht möglich ist, kein Gegeneinander da ist, bleibt für das Theater nicht viel. Es kann vom Monolog allein nicht leben, zumindest das alte Theater nicht ...

Blaubart ist das Endspiel. In *Erwartung* geht es nicht darum zu zeigen, wie sich eine Frau nervlich zerrüttet und auflöst, sondern zu zeigen, wie sie sich bewußt wird ihrer besonderen Situation als Produkt patriarchalischer Verhältnisse und wie sie im Begreifen dieser Situation die Chance gewinnt, einen neuen Lebensansatz zu finden. Das ist kein Endspiel, das ist ein neuer Gedanke.

Verfall und Niedergang des Bürgertums: gewiß.
Aber welch eine Abendröte. (Hanns Eisler)

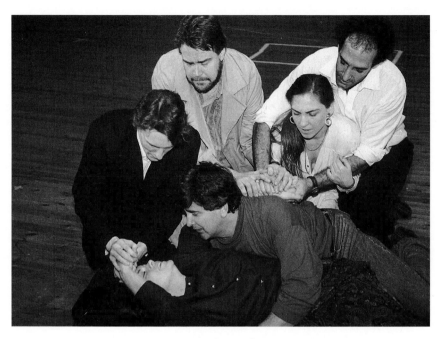

Giacomo Puccini, »La Bohème« (Probe 4. Bild/Finale)
Oper Leipzig, 1991

Foto: Andreas Birkigt

Sergej Prokofieff, »Der feurige Engel« (5. Akt)
Bremer Theater, 1994

Foto: Jörg Landsberg

Giuseppe Verdi, »Un ballo in maschera« (2. Akt)
Sächsische Staatsoper Dresden, 1994

Foto: Erwin Döring

Richard Wagner, »Parsifal« (1. Akt)
Bayerische Staatsoper München, 1995

Foto: Wilfried Hösl

Giuseppe Verdi, »Nabucco« (Finale 4. Akt)
Sächsische Staatsoper Dresden, 1996

Foto: Erwin Döring

Richard Wagner, »Tannhäuser« (Bacchanale)
Sächsische Staatsoper Dresden, 1997

Foto: Monika Rittershaus

Richard Wagner, »Tannhäuser« (Finale 3. Aufzug)
Sächsische Staatsoper Dresden, 1997

Foto: Monika Rittershaus

Richard Wagner, »Lohengrin« (oben: 1. Aufzug; unten: 2. Aufzug)
Hamburgische Staatsoper, 1998
Fotos: Jörg Landsberg

Richard Wagner, »Tristan und Isolde« (3. Akt)
Bayerische Staatsoper München, 1998

Foto: Wilfried Hösl

Alban Berg, »Wozzeck« (1. Akt)
Hamburgische Staatsoper, 1998

Foto: Jörg Landsberg

Richard Strauss, »Daphne« (Dionysos-Fest)
Aalto Theater Essen, 1999

Foto: Thilo Beu

Carl Maria von Weber, »Der Freischütz« (3. Aufzug)
Hamburgische Staatsoper, 1999

Foto: Jörg Landsberg

Emmerich Kálmán, »Die Csárdásfürstin«
Sächsische Staatsoper Dresden, 1999
Foto: Erwin Döring

Béla Bartók, »Herzog Blaubarts Burg«
Hamburgische Staatsoper, 2000

Foto: Jörg Landsberg

Giuseppe Verdi, »Falstaff«
Bühnen Graz, 26. Februar 2001
Fotos: Monika Rittershaus

Kurt Weill, »Aufstieg und Fall der Stadt Mahagonny« (2. Akt)
Hamburgische Staatsoper, 2001

Foto: Friedemann Simon

Der Preis ist, daß sie das Theater hinter sich läßt. Das ist eine szenische Sache. Deshalb wird die Oper von uns aufgeführt: nicht um zu zeigen, daß eine Frau wahnsinnig wird, sondern um zu zeigen, daß sie umdenkt.

Ist es wirklich Schönbergs Absicht gewesen, dieses skeptischen und pessimistischen Menschen, ein positives Ende zu zeigen? Ist *Erwartung* nicht eine Vorwegnahme der späteren Sprachlosigkeit von *Moses und Aron,* ein Vorraum dieses »Oh Wort, du Wort, das mir fehlt«, womit eine Oper endet, die Fragment bleibt. Vielleicht ist deswegen *Erwartung* auch keine Oper. Schönberg war es gar nicht mehr möglich, Opern zu schreiben, ein harmonisches Ganzes zu schaffen. Das macht seinen avancierten Standpunkt aus. Ist nicht schon *Erwartung* eine von Sprachlosigkeit geprägte Resignation? »Ich suchte ...« Das Wort »suchen« steht in der Vergangenheitsform ...

Es geht nicht darum, ob es positiv oder negativ ist, sondern wie man es auffaßt. Heute ist es möglich, diese Musik zu interpretieren, ohne sich in eine traurige Trostlosigkeit zu flüchten, sondern darin etwas zu sehen, was weiterführt. Sonst wäre Kunst nicht mehr nötig und wichtig. Das Selbstmitleid und die Darstellung von Zerrüttung und Verfall – dagegen würde ich mich wehren. Wenn aber ein Kunstwerk eine Substanz hat, die interessant ist und die zeigt, daß man es anders sehen kann, als der Komponist selbst es gesehen hat, muß man das Stück »anders« machen. Die Genialität von Stücken bemißt sich daran, daß in ihnen eine ganze Epoche politisch-kulturell viel genauer gefaßt und beschrieben wird als in einer Briefstelle oder in einem Kommentar des Künstlers über sein Stück.

Keine Trostlosigkeit, keine Trauer: Dann ist *Erwartung* aber kein Endspiel. Dann ist *Blaubart* das Endspiel und *Erwartung* der bis zu einem bestimmten Punkt gezeigte Versuch, seiner selbst und seiner Gefangenschaft inne zu werden und aufzubrechen. Gegen die Resignation des Blaubart, der seine Frau in den Orkus schickt und als Müll liegen läßt, geht unsere Interpretation von Schönbergs *Erwartung* an.

Die Folge der Stücke wäre immer noch zu eng gesehen, würde man sie so kraß rubrizieren: Bartók Endspiel und Schönberg Ausblick. In einem so zugespitzten Endspiel wie die Oper *Blaubart* es ist, ist ja schon die Notwendigkeit geradezu des nächsten Schrittes mitenthalten. Die Sackgasse, in die der Mann sich verrannt hat, wird so kraß als ausweglos gezeigt, daß man sagen kann: Das ist die letzte Phase, bevor die neue Qualität kommt.

Man zeigt auf der Bühne den Einsturz einer Welt, die nicht explodiert, sondern implodiert, d.h. sich selbst lahm legt. Der Mann wird am Schluß als Blaubart an der Schreibmaschine gezeigt, er produziert Kunst, Literatur. Das Opfer ist die Frau. Wie im *Orpheus*. Orpheus opfert Eurydike, damit er Kunst produzieren, schön singen kann. So ist es auch in der *Blaubart*-Welt. Nur erreicht diese Kunst niemanden mehr. In diesem Endzeitraum, in dem alles tot ist.

Blaubart füllt mittels Kunstproduktion eine neue Tür. Es ist wieder ein neuer Verdrängungsprozeß. Man sieht diese Verdrängung in der Praxis. Er ist nicht erschüttert über das, was er der Frau angetan hat, sondern er lebt damit, indem er es transformiert.

Transformiert in Kunst. Ist Kunst dann gleich Müll? Und wäre das auch auf Schönberg anzuwenden? Blaubart-Schönberg. Gibt es eine andere Kunst als die bürgerliche, die darin besteht, Sublimierung zu sein? Man muß an Walter Benjamins VII. Geschichtsphilosophische These denken, in der es am Schluß heißt: »Es ist niemals ein Dokument der Kultur, ohne zugleich ein solches der Barbarei zu sein. Und wie es selbst nicht frei ist von Barbarei, so ist es auch der Prozeß der Überlieferung nicht ...«

Auch Schönberg ist ein Blaubart. Mit seiner Kunst überwältigt er die Frau, die selber nur als Natur gesehen wird, jedenfalls in den Intentionen des Stückes. Interessant ist ja, daß die Opern in den Jahren entstehen, als Freud mit seiner *Traumdeutung* eine Möglichkeit gefunden hat, das Innere des Menschen, sein Unbewußtes, zu zivilisieren. *Erwartung,* dieses »Naturgemälde großartigen Stils«, meint ja ein Naturgemälde des Menschen. Die äußere Natur ist schon beherrscht, das heißt zerstört. Jetzt erscheint Natur auch im Innern des Menschen als Bedrohung: als Triebnatur, die den scheinbar vernünftigen Herren jederzeit zum Sklaven seiner Triebe zu machen droht. Sie wird zivilisiert. In *Erwartung* ist die Frau wie in einem psychotherapeutischen Prozeß aktiv und ausgeliefert zugleich, erreicht aber zunehmend Souveränität gegenüber ihrer Vergangenheit, und damit gegenüber ihrer Rolle, die sie im abendländischen Denken zu spielen hatte: die Türen des Mannes zu öffnen. Nun geht sie an gegen die Macht des Mannes, der ihre Seele verstümmelt hat, der ihre und die ihn umgebende Natur fremd gemacht hat. (Vgl. Ingeborg Bachmanns Romanfragment *Franza,* aus dem wir für unser Programmheft Ausschnitte abdrucken sollten.)

Die einzige Rettung und Chance kann inhaltlich darin bestehen, daß auch bei Schönberg ein offener Schluß angenommen wird, der etwas für uns öffnet. Die Erwartung ist Produkt einer bestimmten Kunstauffassung, die Schönberg sehr rigide hatte. Beide Komponisten sind Produkt einer Endzeit. Wir könnten es aber nicht aushalten, es dabei bewenden zu lassen. Unsere Beigabe kann nur sein, daß wir sagen, diese Form des Theaters müßte verlassen werden. Nur darin besteht die Chance der Frau, daß sie dieses Theater verläßt. (Alban Bergs Lulu zum Beispiel schafft das nicht. Spielt man die komplettierte dreiaktige Fassung, bleibt die Frau ohne Chance. Sie stirbt den von Berg vorgeschriebenen Tod, der einer Re-Mythisierung der Frau gleichkommt. Auch Berg bleibt einer bestimmten Auffassung der Kunst und damit der Frau verhaftet.) Das heißt aber nicht, daß wir Bartók und Schönberg in Schutz nehmen oder kritisieren müssen. Denn unsere eigene Position ist ja eine von Suchenden. Wir haben es ja auch nicht fertig gebracht, uns anders zur Welt und zur Frau zu verhalten. Es gibt Ansätze als Suche. Das ist viel wert.

Beide Stücke führen vor, daß Liebe nötig ist.

Im *Endspiel* von Samuel Beckett gibt es folgenden Dialog:

HAMM: Und der Horizont? Nichts am Horizont?
CLOV (das Fernglas absetzend, sich Hamm zuwendend, voller Ungeduld): Was soll denn schon am Horizont sein?
(Pause.)
HAMM: Die Wogen, wie sind die Wogen?
CLOV: Die Wogen? (Er setzt das Fernglas an.) Aus Blei.
HAMM: Und die Sonne!
CLOV (schauend): Keine.
HAMM: Sie müßte eigentlich gerade untergehen. Schau gut nach.
CLOV (nachdem er nachgeschaut hat): Denkste.
HAMM: Es ist also schon Nacht?
CLOV (schauend): Nein.
HAMM: Was denn?
CLOV (schauend): Es ist grau. (Er setzt das Fernglas ab und wendet sich Hamm zu. Lauter.) Grau! (Pause. Noch lauter.) *GRAU!*

Ist das auch unser Horizont, der diese Bühne umgibt, diese Müllbühne? Ist der aus Blei und undurchdringbar, unüberschreitbar?

Natürlich. Die Radikalität von Beckett besteht darin, daß er akzeptiert, daß nichts hinter dem Horizont ist, hinter ihn nicht zu schauen ist, daß es kein Leben gibt. Das Großartige an Beckett ist, daß er so ernst ist, daß der Inhalt ins Absurde kippt. Er schreibt aber nicht absurdes Theater; er hält den Dialog aufrecht. In *Endspiel* ist es allerdings kein Dialog zwischen den Geschlechtern. Die Ähnlichkeit zu unseren zwei Stücken besteht darin, daß ein Impuls zum Handeln thematisiert ist, der jenseits der jeweiligen Fabeln liegt. Es geht auch in der Horizont-Passage aus *Endspiel* nicht allein um die Situation, daß dort zwei Menschen sind, die dahin gucken, wo nichts mehr ist. Der Schwachsinn einer Interpretation würde darin liegen, es dabei zu belassen. Man würde sich auch in *Blaubart* und *Erwartung* rasch erschöpfen, würde man nur die Fabel nacherzählen, nur das theatralisch zum Leben erwecken, was in der ersten Dimension an Situationen und Raum beschrieben wird. Und deshalb ist Beckett so groß, weil in diesen Worten, die er den Endmenschen zu sprechen gibt, etwas ganz anderes steckt. Ich finde Beckett ebenso erfrischend wie niederschmetternd. Denn man kann, was er beschreibt, nicht nur so schrecklich, so ausweglos, so ernst sehen, das verschließt sich. Im Sinne der Kommunikationstheorie muß der Leser oder Zuschauer und Zuhörer den Sprung in die nächste abstrakte Ebene des Problems machen, um aus dem Teufelskreis auszubrechen. Das berührt wieder das Problem des Horizonts. Der Horizont, der das Theater umschließt, ist Ausdruck meiner Ebene, meines Abstraktionsvermögens (Erkenntnis), und ich kann nicht die nächsthöhere Ebene sehen. Dazwischen steht der Horizont. Und nur mit einem absurden Sprung, durch ein Paradoxon, kann ich darüber hinaus, was ich durch meine konkreten Erfahrungen aber nicht für möglich halte.

Ich glaube, daß da eine große Verwandtschaft zwischen Beckett und unserer Haltung und Lesart Bartóks/Schönbergs liegt. Mit Beckett nach dem Krieg in den fünfziger Jahren – und darin liegt die Genialität Becketts, daß er das so früh erkennt und fassen kann – ist eine neue Dimension in das Theater eingetreten, hinter die wir auch in der Interpretation anderer Stücke aus früherer Zeit nicht zurückfallen können. Man muß unsere Erfahrung, die wir seitdem gemacht haben, mit einbeziehen.

Es wäre dumm von uns, wenn wir den Horizont von *Blaubart* auf der Bühne verändern würden, indem wir eine neue Zukunft zeigen würden. Das würde in der ersten Dimension der Fabel stattfinden und könnte somit gar nicht für eine neue Qualität stehen. Deshalb lassen wir das Theater am Ende ganz sein. Wir tasten den Bühnenhorizont nicht an. Unser neuer Horizont ist nicht ein neuer innerhalb des Theaters, sondern es ist die Liquidierung des Theaters. Etwas für einen Theatraliker Undenkbares. Wir geben der gesamten Veranstaltung einen neuen Horizont, indem wir in eine konzertante Situation hineinkommen. Und damit wird von einem Horizont zu sprechen sein, der gar nicht mehr den meint, der die Bühne im engeren Sinne umschließt. Er ist ein Ausblick.

Diese Form der Horizontüberschreitung zeigt, daß unsere Intention nicht ist, den Pessimismus, die Negativität der Stücke einfach wiederzugeben, sondern eine Negation dieser Negation zu liefern. Das meine ich damit, wenn ich sage: Ich möchte einen Impuls geben und zeigen, daß etwas möglich ist, auch wo kein Sinn zu sein scheint. Daß wir auch im Ästhetischen durch eine Unlogik, durch ein Herausspringen aus einem Regelsystem, diese neue Qualität erfahrbar machen: Wir beginnen mit der Oper und hören mit dem Konzert auf. Das sind Strukturen von Philosophie und von Kunst, die im 20. Jahrhundert entstehen.

Wir beginnen, wollte man dem Abend einen Verlauf geben, mit Oper als Lüge, überführen sie der Lüge ... und lassen sie dann ganz.

Die Frau gehört zu der vom Mann erledigten Natur. In *Erwartung* besinnt sie sich ihrer eigenen Natur und flieht aus dem Theater. Ist das nur Flucht, eine Flucht vor dem Theater und der Unüberwindbarkeit des Horizonts oder ist es die Suche nach einem neuen Horizont? Ist Horizontüberschreitung unserer Zeit überhaupt noch gemäß? Es gibt dieses Bild aus der Renaissance, wo ein Mann seinen Kopf durch den Horizont steckt und ins Universum guckt auf neue Welten. Es gibt auch das Bild der Scheibe, an deren Rand jemand hinunterguckt ins Nichts, und der Mensch macht sich auf, es zu entdecken. Diese neuen Welten sind für uns heute nicht mehr als Erkenntnisziel interessant, auch als Bewegung des Denkens theoretisch nicht mehr wichtig. Es ist allein notwendig zu erkennen, was in unserer eigenen Welt überhaupt noch möglich ist. Die Suche nach einem anderen Horizont kann nur ideell unseren alten Horizont meinen.

Kann die Kunst Lösungen liefern? Die Kunst kann doch viel eher nahelegen, sie zu suchen – nach der Theaterveranstaltung. Kunst hat doch immer nahegelegt, daß man auf die Suche gehen sollte. Lösungen selbst waren immer uninteressant, werden rasch zur Ideologie.

Mit dem Begriff »menschlicher Impuls« meine ich, daß man das Eigene selbst machen muß, daß man angeregt wird, sanft gezwungen wird zu suchen. Das, glaube ich, ist die eigentliche Funktion von Kunst.

Wir machen das, was wir können. Versuchen, die Musik verstehbar zu machen. Und sie wird verstehbarer, indem man am Schluß den Raum des Theaters sprengt. Das bedeutet noch lange nicht, daß wir kein Theater mehr machen wollen. Dieses Werk von Schönberg wird so interpretiert, daß es sich als Horizontüberschreitung darstellt.

Ob ein Stück 1600 entstanden ist, ob es Händels *Rinaldo* ist, ob es *Fidelio* ist oder *Erwartung* – immer sollte man den Punkt deutlich machen, an dem Suche beginnt als Überschreitung.

Nicht die Ideologie eines Stückes einfach denunzieren, sondern es aus dem affirmativen geschichtlichen Prozeß heben und seine Qualität, seinen ästhetischen Überhang, inhaltlich nutzen.

Insofern ist die Ausgangsfrage, inwieweit man die Stücke in ihrer Entstehungszeit situiert, nicht so einfach zu beantworten: Man muß zunächst das Werk von seinen Ablagerungen, die es umschließen, befreien, es dadurch zur Kenntlichkeit bringen, indem man, wie in unserem Fall, den Symbolismus konkret macht. Die Schönheit des Symbolismus ist leer wie die Schönheit heute, wo alles schön gemacht wird, das dann geschönt wirkt. Da können wir nur sagen: Das ist Lüge, hinter der Fassade liegt der Dreck.

Der Weltuntergang 1909 wird bei uns zu einem Weltanfang (allgemeines Lachen!). Ich würde doch sagen, laß doch mal 1909 und 1991 das gleiche Ding sein. Wir können nur sagen, wir sind ein paar Schritte weiter um das Ding herumgegangen und sehen es von einem anderen Blickwinkel: Frei nach einem weiteren Zeitgenossen unserer Komponisten, frei nach Robert Musil, der im *Mann ohne Eigenschaften* über den Versuch sagt (und was wäre sonst unsere Aufführung anderes als ein Versuch), daß man ein Ding von vielen Seiten nehme, ohne es ganz zu erfassen, »denn ein ganz erfaßtes Ding verliert mit einem Male seinen Umfang und schmilzt zu einem Begriff ein« – und darum kann es beim Theater ja nun wirklich nicht gehen …

Und plötzlich werden Bartók und Schönberg unsere Zeitgenossen.

Ist wirklich nirgends ein Dokument der Kultur, ohne zugleich ein solches der Barbarei zu sein? Auch wir füllen mittels Kunstproduktion neue Türen. Auch wir tun an, transformieren und richten uns ein damit. Das zu zeigen, ist schon was, aber wo ist die Öffnung?

Theater wird zum Politikum. »Parsifal« als Dokument aus dem Jahre 1882

Für mich ist eine Inszenierung mit einem Liebesverhältnis vergleichbar: Wenn ich einen Menschen liebe, gibt es einen starken Austausch. Dabei verändern sich beide Seiten. Das ist ähnlich, wenn ich ein Stück lese: Ich berühre es, dringe langsam in seine Strukturen, in sein Wesen ein, lerne es verstehen, begreifen; ich verändere mich dabei, es verändert sich, indem ich es lese und nicht ein Mensch vor fünfzig Jahren, der ganz andere Dinge wahrnimmt an ihm. Am Ende der Inszenierung entsteht mein Bild von Parsifal, und es entsteht ein Bild von mir selbst.

Im *Parsifal* ist alles ableitbar aus den ersten fünf Takten des Vorspiels. Was hat das für Konsequenzen? Klingsor und Amfortas haben das gleiche musikalische Material. Der zweite Akt, die Klingsor-Welt, enthält kein Material, das bis dato nicht im Stück war. Das Absturzmotiv der Kundry, das wir hauptsächlich bei ihr wahrnehmen, das haben alle anderen Figuren auch. Alle stehen vor dem Abgrund. Allein schon durch das musikalische Material und dessen Verarbeitung zeigt uns Wagner, daß sich alle handelnden Personen nicht voneinander abgrenzen lassen. Es gibt nicht hier die

Guten und da die Bösen, nicht hier die Kranken, dort die Gesunden, das Rechte und Unrechte, das Gefährdete und das Gesicherte. Es ist alles als Ganzes zu sehen und möglicherweise von daher zu interpretieren. Das kulminiert in Wagners Schlußformel: »Erlösung dem Erlöser!«

Diese Worte sprechen sehr direkt zu mir: Wagner formuliert einen Wunsch, die Utopie, daß wir erlöst werden mögen in dem Sinn, daß Frauen und Männer wieder zusammenkommen, daß alle Gegensätze in ihrer Einheit verbunden sein mögen. Die Botschaft für mich lautet: Berührung soll stattfinden. Aber sie findet eben nicht statt. Parsifal widersteht dem Weiblichen entsprechend der Ordensregel. Aber Wagner kann das nicht als Ideal gesehen haben, seine Musik spricht von etwas anderem: von der Verzweiflung darüber. Am Schluß erscheint das Hauptthema, mit dem die Oper begann, fällt aber nun nicht mehr in die Quinte abwärts wie zu Beginn, sondern geht in einen neuen Grundton nach oben, seines zweiten Teils beraubt. Das Orchester spielt Oktavläufe abwärts durch alle Bereiche. Damit kommt der Widerspruch abhanden: Das Thema ist bereinigt worden, und mit dieser Reinigung ist auch das Leben verschwunden.

Das scheint relativ simpel, konventionell. Aber es ist großartig. Es bedeutet Befreiung, Enthebung von einer Last und gleichzeitig Verlust einer Utopie, einer Hoffnung. Wir bekommen unsere begrenzten Möglichkeiten vorgeführt durch Wagner. Das existentielle Problem bleibt unlösbar. Da spielt ein gutes Stück Autobiographie Wagners hinein. Wagner war siebzig, sein Lebenskampf war nicht ausgekämpft, er war immer noch nicht jenseits von Gut und Böse, was die Frauen betrifft. Noch in seiner letzten Lebensstunde in Venedig bestand der Kampf um die Bedürfnisse. Das scheint manchem absurd und anstößig, und deshalb wird es weggedrückt. Nehmen wir es zur Kenntnis! Deshalb lautet für mich seine letzte

Botschaft, artikuliert im *Parsifal*: Schaut mich an, mich armen Sünder, mich verzweifelten Menschen, der diesen andern Pol liebt und ihn braucht und nicht weiß, wie er damit leben soll in einer lust- und körperfeindlichen Sozietät. Schaut mich an; erlöst mich!

Ich glaube, daß durch diesen Menschen Wagner dieses 19. Jahrhundert auf unbeschreiblich intensive Weise hindurchgegangen ist, ihn beherrscht hat. Deshalb sein Engagement gegen Vivisektion, Militarismus, Industrialisierung, Umweltzerstörung, deshalb sein Revoluzzertum, sein Antisemitismus auch. Und wenn wir sagen, daß dieses Werk *Parsifal* ganz auf Wagner bezogen ist, meinen wir damit keineswegs, daß es allein diese eine Person Richard Wagner und sonst niemanden mehr betrifft. Das ist eben das Großartige, das ist die Jahrhundertfigur Wagner! Mein Weg der Annäherung ist erstmal, die Person Wagner in seiner Musik zu erspüren. Und der zweite Schritt ist, dann zu sehen: Er spricht für viele Menschen, für uns alle mehr oder weniger. Das ist ein Dokument aus diesem Jahr 1882: Was da in Deutschland, in Europa geschehen ist, wie sich das zugespitzt hat.

Am Schluß stirbt Kundry, sinkt entseelt, vielleicht erlöst zu Boden. »Erlöst«? Ist das in Ordnung? Für mich ist das unannehmbar, wenn sie als ein die Männerwelt gefährdendes Element, als »Verführerin« liquidiert wird. Wie Carmen, Renata, Marie … Hier tut sich ein antiquierter Aspekt aus der Interpretationsgeschichte auf: daß das weibliche Element vor allem in unsere politische Geschichte nicht zu integrieren sei. Wagner rückt in seiner Musik an dieser Stelle gewaltsam von Des-Dur nach a-Moll und gleich wieder zurück nach Des-Dur. Ein unüberhörbarer Hinweis darauf, daß unter der Oberfläche, die in Ordnung scheint, ein grauenhafter Abgrund klafft. Es gibt keinen gesungenen Text zu Kundrys Sterben! Aber Wagner hat das mit erschreckender Deutlichkeit, wenn auch in gewisser Weise wieder verschlüsselt, komponiert.

Ich kann mir nicht vorstellen, wie es danach weitergehen soll in der Welt des Gralsordens. Kundry als Opfer wird vergessen, das System funktioniert. Aber um welchen Preis? Ihr Tod, und das heißt: der Verlust alles Weiblichen auf dieser Welt, stellt den Sinn allen männlichen Tuns auf das ärgste in Frage. Das Auto ist repariert, aber wir wissen nicht mehr, wohin wir fahren sollen.

Wir kennen das übrigens von uns: Die Dinge funktionieren, aber das Dasein ist langweilig. Der Sinn ist verlorengegangen. Man konstatiert die vergehende Zeit, die Vergänglichkeit. Ich betrachte die allein übrigbleibenden Männer im *Parsifal* mit einem zärtlichen Gefühl von Trauer. Ich will zeigen, wie bedürftig sie des Trostes sind, auch wenn ihnen das nicht bewußt sein sollte. Sie nehmen keine Notiz von der toten Frau, sind aber dennoch keine Unmenschen. Sie brauchen ihre Kräfte ausschließlich zum eigenen Überleben. Da hat nichts anderes Raum. Wagner sagt am Schluß seiner Musik: Sie haben genug gelitten – Vorhang zu! Aber wir vor dem Vorhang müssen uns weiter auseinandersetzen mit dem Geschehen. Theater wird zum Politikum, ist ein Angebot für uns.

Körper, Tod und Utopie
Erfahrungen mit Verdi und Wagner
Gespräch

»ALLEIN MIT DIESEN LEIBERN / Staaten Utopien ...«
Heiner Müller

Konwitschny: ... Es gibt in *Nabucco* bestimmte harmonische Fort-
gänge, bestimmte Grundrhythmen, die erschüttern mich. Immer
wieder. Da ist Freude, manchmal auch Witz – das sind immer Gesten, die sozusagen vom Ohr ins Herz gehen. So ein Gefühl habe
ich auch bei John Fiore, der das jetzt in Dresden dirigiert. Wie der
sich bewegt am Pult, wie der ganze Körper dabei in Schwingung
gerät, wie Tempi und Zäsuren da ganz zwingend entstehen. Und
die Dresdner, die haben mitgemacht, die musizieren da gerne. Obwohl sie meinen, das sei mindere Musik.

Kämpfer: Der Zugang zu Verdi, das ist für Sie also kein in-
tellektueller. An welchen anderen Komponenten ist er festge-
macht?

Konwitschny: Verdi, den hat man im Körper und in der Seele,
den begreift man nicht allein nur mit dem Intellekt. Der war keiner aus dieser Opernwelt, der kam woanders her. Das lese ich
schon aus den Gesten in der Musik. Das ist weit getrieben, in sehr

verschiedene Richtungen. Einfach so, ohne Rücksicht auf die Verbindungselemente, auf das, was die Konvention abverlangt. Diese rabiate Figur der Abigaille im *Nabucco* zum Beispiel. Die schlägt um sich das ganze Stück, und mittendrin plötzlich hat sie diese Arie mit dieser beinahe kindlichen Instrumentation. Flöten, das kennen wir auch von der Gilda im *Rigoletto*. Da muß ich nicht lange lesen: Da ist ein verletzbarer Mensch, der wird enttäuscht und geschlagen, der darf nicht zu sich selbst kommen. Oder im letzten Bild von *Rigoletto*, wenn die Gilda erstochen wird, da schreibt Verdi in die Partitur, die Bühne würde nun völlig dunkel – was ja technisch nicht möglich ist. Aber, das ist auch nicht technisch, sondern menschlich gemeint. Daß das unseren Augen entzogen wird, weil es das Schlimmste ist, was vorstellbar ist. Und an dieser Stelle, da rast das Orchester wie selten in der Opernliteratur.

Kämpfer: Musikalisch geht es aber auch ins andere Extrem – nicht nur in so einem ungestümen Frühwerk wie *Nabucco*. Es gibt bei Verdi unvermittelte Brüche, es stürzt ins Banale, unvermittelt beginnt Unterhaltungsmusik. Was kann sie bedeuten?

Konwitschny: Wenn die Musik vom Seriösen, Ernsten überschnappt in den Walzer, dann ist das kein Zufall. Dann sind wir bei der Operette. Denn Operette ist ja nichts Lustiges. Sie entsteht, wenn der Ernst unerträglich wird. Wenn absehbar wird, hier ist nichts mehr zu retten. Historisch gesehen also mit den Maschinen, mit der Industrie. Wenn man solche Elemente auch in der Oper herausarbeitet, gilt man fälschlicherweise sofort als Enfant terrible, als Idiot. Oder andersherum – die meisten Leute verweigern da, das zur Kenntnis zu nehmen.

Aber das steht bereits in der Ouvertüre. Das ist fast Cancan. Auch dieses »Duidu« in der *Fledermaus*, das ist doch ganz nahe an diesem ersten Finale *Nabucco*. Oder im *Maskenball*, der beginnt doch wie eine Gängsterklamotte. Im *Rigoletto* ganz ähnlich die Mannschaft des Herzogs. Das sind so finstere, schräge Gesellen, die etwas ganz Unernstes haben. Wie in Brechts *Arturo Ui*, wo

Shakespeare in die Travestie geführt wird: die Hehren Charaktere sind verkommen zu Gangstern.

Ausleihe, das ist dabei die Grundidee. Wenn man keine wirkliche Identität mehr hat, leiht man sich eine aus. Und das ist im *Rigoletto* der Fall. Und im *Nabucco*. Und das finde ich so herrlich an dem Verdi, daß der auch so etwas Einfaches machen kann. Bis zum Zotigen hin, wo man also auch lacht, wo es ganz körperlich wird, wo man sich nicht entziehen kann. Ich kann nicht sagen, das ist schlechte Musik. Wir haben dafür das Wort »primitiv«, und das ist stets negativ besetzt.

Kämpfer: Es hat auch etwas Lustvolles. Verbotene Lüste. Ist das ein Stichwort, das uns weiterführt?

Konwitschny: Verbotene Lüste, natürlich. Weil wir das aus unserer Kultur verdrängen. Nicht nur den Tod, sondern auch vieles andere, was mit dem Körper zu tun hat. Und die entsprechenden Bedürfnisse muß man dann im Geheimen oder als Voyeur befriedigen. Das ist doppelte Moral, Peep-Show. Und jeder, der noch Seele hat, oder mit anderen Worten noch Körper, und Gegenwart noch empfinden kann, der gerät in einen ganz infamen Kontext mit Leuten, die das alles nicht mehr haben, die nur noch lüstern sind auf die Katastrophen anderer.

Was Verdi in seinen Opern zeigt, das hängt also ganz direkt mit dem Menschsein zusammen, und die Menschen bei ihm sind im kleinsten Kreis sehr verstrickt und verirrt. Im *Rigoletto* ist es ganz klar die Vater-Tochter-Konstellation. Im *Nabucco* auch. Da gibt es beispielsweise anstelle des Duetts, der theatralischen Form für das Liebespaar, ein Terzett. Nabuccos Töchter, die um die Liebe des Vaters kämpfen, kämpfen auch um den gleichen Mann. Nur im Terzett sind sie vereint, Sie singen miteinander, traurig und schön. Und das ist ihre Wahrheit: Sie sind verbunden, und sie sollten das akzeptieren, dann könnten sie auch miteinander leben. Allerdings zu dritt. Das machen sie aber nicht, weil die Konvention sagt, das darf man nicht.

Dahinter stehen natürlich Muster. Der Vater gibt ja nur weiter, was ihm selbst widerfahren ist. Er bemerkt es allerdings erst in einer ganz existentiellen Situation. Wenn er nämlich all seine Macht, die seine Ersatzbefriedigung ist, mit einem Male verliert. Und das geschieht in *Nabucco* wie in *Rigoletto* in ganz persönlichen Katastrophen. Also, wir kommen in die Nähe des Todes, wo aber die unverstellte Wahrnehmung wieder möglich wird.

Kämpfer: Daß sich in Todesnähe ungeahnte oder verlorene Freiräume eröffnen, das ist doch eigentlich auch der Stoff, mit dem Verdis Zeitgenosse Richard Wagner ringt ...

Konwitschny: Die sind beide an demselben Punkt. Weil die zivilisatorischen Unterschiede zwischen Deutschland und Italien hier unwesentlich sind. Also, daß der Mensch in einen solchen Grad von Entfremdung geraten ist, daß es sich nicht mehr verheimlichen läßt. Ich behaupte – obwohl ich bisher nur den *Parsifal* gemacht habe und *Tristan* gerade vorbereite –, daß es bei Wagner genauso um dieses utopische Moment geht, nämlich um die Nähe und um die Gegenwart.

Tristan und Isolde zum Beispiel. Es geht immer darum, daß sie aussteigen. Nicht, daß sie sich umbringen. Im zweiten Akt, das ist kein Selbstmord. Wir töten uns, damit ist etwas anderes gemeint. So ungefähr, wir sind für euch gestorben, aber wir machen jetzt erst einmal, was *wir* wollen. Und wenn sie herausgehen aus den bestehenden Verbindlichkeiten, aus dem ganzen System, da interveniert natürlich die Gesellschaft. Und da verliert einer die Nerven, und es ist sehr bezeichnenderweise der Mann, Tristan, der als Held verstrickter ist in die Spielregeln. Der verrät genau das, was er gerade mit der Frau beginnen will.

Kämpfer: In den Dramaturgien, in der Konfliktlösung, bei der Bewältigung des Stoffs gibt es entscheidende Unterschiede zwischen Wagner und Verdi – worin sind sie, in diesem Zusammenhang, begründet?

Konwitschny: Für einen, der wie Wagner nördlich der Alpen lebt, im gemäßigten Klima, und wo die Theorie dann plötzlich so wichtig ist, ist es zwangsläufig anders. Das Leben ist anders, das Verhältnis von Körper und Geist, und da sieht so ein Stoff eben auch ästhetisch vollkommen anders aus. Aber wer glaubt, es sei etwas ganz anderes beschrieben, der täuscht sich. Daß wir heilig werden wollen, daß wir keinen Körper mehr brauchen und daß wir gerettet sind, wenn wir uns sexuell enthalten – das ist nicht Wagners wirkliche Botschaft. Wagner ist natürlich vielmehr neurotisch als Verdi. Weil er in der Stadt geboren wird, weil er in Deutschland lebt und stets auf der Flucht gewesen ist. Verdi lebt auf dem Land und in Italien. Zehn Jahre ist er da Bürgermeister und hat, anstatt zu komponieren, sich um Felder, Pflanzungen und die Probleme der Leute gekümmert. Und natürlich hat er selbst auch andere Bedürfnisse und eine andere innere Struktur. Deshalb wird bei ihm alles so einfach, so furchtbar simpel ausgesprochen. Diese Utopien am Ende, im Tod, diese letzten fünf Minuten. Bei Wagner muß das wahnsinnig verschlüsselt werden. In riesigen Szenen und mit ungeheurer orchestraler Energie. Könnten Wagners Figuren singen wie die von Verdi, dann würden ihre Aktionen, ihre Spielräume, ja, auch ihre Konflikte ganz andere sein.

Kämpfer: Zivilisatorisch gesehen, reicht solch eine Differenz vermutlich sehr weit zurück. Bis in eine Zeit, da römische Interventen auf germanische Kulturen stoßen – im deutschen Wald, mit dem sie, um zu überleben, auf sehr verschiedene Weise umgehen.

Konwitschny: Ein interessanter Punkt. Griechenland, die sogenannte Wiege unserer Kultur, soll ja einmal völlig bewachsen gewesen sein. Ich glaube, daß es diese erste Form unserer Kultur dort nicht gegeben hätte, wenn sie den Wald nicht angetastet hätten. Denn aus den Bäumen sind ja die Schiffe geworden für den Krieg. Sie haben geheizt, gebaut und sich bekämpft. Und auch der Limes, der Grenzwall bei den Römern, die ja so etwas wie die Fortsetzung der Griechen sind, war gleichfalls aus Holz.

Übrigens, hochinteressant in diesem Zusammenhang die frühen

Quellen des *Tristan*: Diese verschiedenen Geschichten in Frankreich, Nordeuropa und übrigens Indien – sie entstehen in einer Zeit, als das Verhältnis von Mensch und Wald sich verändert. Als der Wald zurückgedrängt wird. Als sozusagen aus dem wilden Wald der Nutzwald wird, da entstehen diese Geschichten von *Tristan und Isolde*, dem Synonym für die, die sich also wirklich absolut lieben wollen. Für diese gibt es damals einen speziellen Raum – das ist der Wald. Da leben alle, die nicht integrierbar sind: die Verrückten, die Liebenden, die Kranken, Verbrecher und Huren. Die sind sozusagen nicht zu verkraften, werden von den Städten allerdings eben nur ferngehalten und noch nicht liquidiert.

Dann wird der Wald mehr und mehr gerodet, und plötzlich entfällt der ganze geschützte Bereich. Motivgeschichtlich verändern sich die Figuren. Tristan wird der Narr, Isolde die Frau des Königs. Beide bleiben sozial zunächst etwa gleichgeordnet und können ihre Liebe entsprechend heimlich weiterführen. Der Wald aber, die Natur ist nicht mehr wie zuvor. Und Gottfried von Straßburg, Wagners Hauptquelle – das ist dann schon spät – nach 1200, der erfindet die Liebes-Grotte. Einen künstlichen, einen utopischen Raum. Und nachdem auch der ideologisch unhaltbar geworden ist, dann kommt der Tod ins Spiel. Der eigentliche Raum für wirklich Liebende ist plötzlich der Tod. Eine bezeichnende Entwicklung.

Im Regie-Seminar zu *La Bohème* in diesem Jahr in Berlin kamen wir an einen Punkt, da war der Ort der Liebe dann der Kitsch. Möglicherweise geht das noch weiter bis heute in die virtuelle Welt. Der Datenhandschuh führt in neue Räume, in denen man sich wieder liebt. Das ist nicht nur tragisch und pervertiert. Das Motiv hält diesen Verwandlungen stand. Die Liebe ist nicht auszumerzen.

Kämpfer: Zurück noch einmal zum Todesmotiv. Das ist im 19. Jahrhundert, für die musikalische Romantik zum Beispiel, sehr wichtig. Ist das auch für Verdi von Bedeutung?

Konwitschny: Die Romantik ist eine Sache des Geistes, des Verlustes von Körper, von Gegenwart. Das ist die Verzweiflung über die Verhältnisse, und daher ist die Romantik politisch. Aber ich glaube, das war nicht die Not der Italiener. Deshalb sind bei Verdi die Todesszenen auch anders angelegt. Beispielsweise im *Maskenball*. Dort schickt Ulrika, die ja keine Kräuterfrau, sondern eher eine Psychotherapeutin ist, Amelia, die Geliebte Riccardos, nachts an die Richtstätte unter dem Galgen. An den Ort des Todes außerhalb der Stadt soll sie gehen, um den Weg zu sich zu finden, um zu erfahren, wer sie ist – um heil zu werden. Und genau dort begegnet Amelia Riccardo, und das ist der Moment, wo sie sich lieben.

Oder, das Finale im *Rigoletto*, das wir Anfang 1988 in Halle so radikal umgedeutet haben. Erst als Gilda stirbt, ist der Vater ihr wirklich ganz nah. Erst da gelingt, was sonst unmöglich war, nämlich miteinander zu kommunizieren. Der Tod ist der Moment, wo die ganzen Spielregeln plötzlich unwichtig sind. Hier kann endlich das stattfinden, was wir verboten haben, nämlich die Liebe. Das Sich-nah-Sein und das Begreifen, daß es auf nichts weiter ankommt, als daß man sich austauscht, berührt und im anderen bemerkt, wer man selbst ist.

Ganz extrem wird es in *Aida*. Das letzte Bild, das ist meine Lieblingsszene. Das beginnt mit dem Duett, wo Amneris und Radames wissen, es wird nichts mehr sein. Da bricht die Angst hervor und das ungeschminkte Bedürfnis. Amneris gesteht ihm alles zu, wenn er sie nur liebt. Er ist ganz gefaßt, es gibt für ihn keinen Zweifel. Denn es ist ganz klar, daß er hingerichtet werden wird. Amneris verflucht die Priester, ganz archaisch wie Medea, und sie zerhackt in meiner Inszenierung den Raum, in dem alles gespielt hat. Und dann kommt die Utopie. Sie sterben nicht, sie gehen gemeinsam einfach woanders hin. Aus der Opernwelt hinaus.

Kämpfer: Können Sie, Peter Konwitschny, auf der Bühne eigentlich jemanden ohne weiteres, also ohne einen bestimmten szenischen Kommentar oder Eingriff sterben lassen?

Konwitschny: Es gibt natürlich Figuren, die laut Partitur sterben müssen. Abigaille im *Nabucco*, Gilda im *Rigoletto*, Mimi in *La*

Bohème. Aber irgendwie habe ich auch immer versucht, anhand eben einer Partitur auch gegenläufige Behauptungen aufzustellen. Im letzten Bild von *La Bohème* beispielsweise, 1991 in Leipzig, da kommt eine Todkranke in den Raum, und alle sind sehr erschrocken. Am liebsten würden sie totschweigen, daß da ein Mensch stirbt. Puccini nun verringert an dieser Stelle das Orchester, wird ganz kammermusikalisch und schafft mehr Intensität. In der Probe haben wir damals gefunden, daß der Tod doch auch mehr Nähe freisetzen müßte, ja sogar Zärtlichkeit. Und wir haben gezeigt, was zwar in unserem Alltag nicht mehr vorkommt, aber dennoch in uns ist. Das Normalste nämlich, daß wir dem, der stirbt, beistehen und ihn berühren. Und so waren plötzlich zehn Hände bei der Mimi und haben sie und haben auch sich untereinander gestreichelt. Und das haben die Leute im Theater natürlich verstanden, das hat sie überwältigt. Ganz anders 1994 *Der Feurige Engel* in Bremen, Prokofieff. Da befiehlt der Inquisitor am Schluß, diese Renata zu verbrennen. Plötzlich fallen die Wände, und es beginnt eine ganz große Ekstase, und dann gehen die Frauen durch die Trümmer einfach weg. Der Tod findet einfach nicht statt.

Männerfiguren übrigens sterben gelegentlich anders als Frauen. Im *Maskenball* stirbt der Riccardo, allerdings durch einen Cello-Stachel. Oder der Bajazet in Händels *Tamerlan*, der starb bei uns in Halle 1990 irgendwie überzogen, überzeichnet, ganz grotesk. Das ist also wirklich ein bißchen anders, da ist schon so etwas wie eine Verweigerung im Spiel – bei mir.

Kämpfer: Verweigerung, wogegen?

Konwitschny: Verweigerung gegen die Behauptung, daß wirklich schon alles zu Ende sei. Dafür eher die gegenteilige Behauptung. Der Wunsch, indem man das jetzt so übersteigert, verfremdet zeigt, daß die Menschen begreifen, bevor es wirklich zu Ende ist. Auf dem Theater führen wir ja das Ende nicht als Abbildung vor, sondern als Modell. Das soll ja bewirken, daß mehr Leben stattfindet bei denen, die das sehen. Daß die immer größere Schwierigkeiten haben zu akzeptieren, was da auf der Bühne geschieht.

Kämpfer: Körper, Tod, Kosmos und Natur sind wichtige Begriffe, wenn man sich die Welt zu erklären versucht. Sie tauchen auch in Ihren Notizen und Vorüberlegungen zu Ihren Inszenierungen auf. Welche Rolle spielen in diesem Zusammenhang eigentlich religiöse Aspekte? Also, Fragen nach einem Glauben, einem Gott, nach dem Sinn einer Projektion auf etwas anderes, Drittes – um bestimmte Zusammenhänge überhaupt zu artikulieren?

Konwitschny: Im *Nabucco* gibt es, wenn die Titelfigur sich zum Gott erklärt, eine ganz erschütternde Szene. Wenn diese vier Neonröhren im Quadrat um ihn herum aus dem Boden herauffahren. In der Partitur steht, es ist ein Blitz. Bei uns in Dresden ist es das Licht. Lichtwellen, Teilchen. Auch sie bilden ein Gefängnis, einen Schutzraum.

Indem dieser Mensch behauptet, er sei Gott, schafft er zwischen sich und den anderen erst einmal eine Distanz. Nabucco ist der sozusagen, der im Vergleich zu den anderen sich plötzlich ganz anderen Fragen stellt. Warum gibt es mich überhaupt, und warum gibt es unseren Planeten, wie lang geht das alles schon. Er stößt auf Fragen, die nicht beantwortbar sind. Weil ein System sich nicht aus sich selbst heraus erklären kann. Das weiß man aus der Systemtheorie. Nur auf der Metaebene kann ich ein System erklären. Und Metaebene – das ist nichts weiter als Gott. Für meine Begriffe ist Gott ein fiktiver Gesprächspartner für alle Fragen, die wir nicht beantworten können. Das klingt jetzt vielleicht ironisch, aber ich meine das ernst. Und das ist auch sehr einfach. Insofern ist die Vorstellung vom atheistischen Menschen absurd.

Und das finde ich das Großartige jetzt wieder im *Nabucco*, das ist dort thematisiert. Es wird dort das menschliche Streben, wie Brecht es nennt, in einer Weise gezeigt, daß deutlich wird, es geht drunter und drüber, wir sind nicht unser eigener Herr. Es ist nicht alles planbar. Es gibt keine Sieger. Und, es dauert eben nicht mehr nur noch kurze Zeit, bis wir die absolute Wahrheit haben. Das zeigt dieses Stück. Auch in der Struktur. Diese Irrläufigkeit und dieses Aneinandergesetzte, das ist die Dramaturgie. Und es wird sozusagen strukturell faßbar, wie wir in die Irre gehen. Und da kommen diese Menschen in die Krise und schreien kollektiv »Immenso Jehova!« Das ist vom Text her mißverständlich, denn es geht nicht um den einen oder den anderen oder gar um den richtigen Gott. Wesentlich ist der musikalische Gestus, der Schrei sozusagen aus der Tiefe. Es geht hier um die Frage, was machen sie ohne Gott. Das ist Requiem. Etwa so, als wenn sie 1945 am 13. Februar alle dabeigewesen wären in Dresden, und dann wären diese Flammen gekommen und die Detonationen und diese Hitze. Und dann wären sie gerannt, und vor und hinter ihnen wären Häuser eingestürzt, und erst nach Stunden wären sie zu sich gekommen und hätten plötzlich begriffen, was los ist: nämlich, daß sie noch leben. Und dann stehen sie plötzlich da wie Nabucco. Wie alle im *Nabucco*. Ohne Macht nämlich. Und das ist ganz hoffnungsvoll. Da könnte es eigentlich erst richtig losgehen.

PETER KONWITSCHNY / WERNER HINTZE

Die unerfüllbare Sehnsucht

Notizen zur Konzeption von *Lohengrin*

Im Zentrum des *Lohengrin* steht das, was man nicht sieht, nur hört: das Ganz Andere, die Utopie. Innerhalb der Handlung des Stückes erscheint sie nur als Traum, die Passage, in der sie sich tatsächlich in voller Pracht manifestiert, liegt vor dem Beginn der szenischen Handlung: Im Orchestervorspiel. Ein außergewöhnliches Stück Musik, eine Wesenheit bezeichnend und beschreibend, die gleichermaßen bewegt und aktiv wie in sich ruhend und unveränderlich ist. Die Instrumentation in Verbindung mit der vollendet auf sie abgestimmten gleitenden Harmonik bewirkt, daß es dem Zuhörer nahezu unmöglich ist, die Instrumente, die im jeweiligen Moment aktiv sind, mit Sicherheit zu identifizieren, selbst der Zeitpunkt, zu dem sie einsetzen, ist schwer auszumachen. Meist wird der Einsatz einer neuen Instrumentengruppe dadurch vorbereitet, daß einige Mitglieder der Gruppe bereits vorher, allerdings nicht thematisch, am Geschehen beteiligt werden, so daß die neue Farbe gleichzeitig überraschend und bereits bekannt ist.

Trotz aller hochartifiziellen Verschleierung jedoch vermittelt das Vorspiel nicht den Eindruck von Unklarheit. Vielmehr hat man den Eindruck, einem durchsichtig komponierten musikalischen

152

Vorgang beizuwohnen, der das Wesentliche der Handlung, die wir sehen werden, beschreibt: Das Heilige, oder, um es mit weniger religiös besetzten Begriffen auszudrücken, das Ganz Andere, die Utopie, kommt für einen Moment auf uns zu. Für einen Moment wird unsere Sehnsucht gestillt. Das Stück wird dann zeigen, daß ein Moment eben nur ein Moment ist. Die Zeit schafft die Enttäuschung. Denn dieses Ganz Andere ist eben nur darum das Ganz Andere, weil es nicht die Realität ist.

Die Handlung zeigt den Versuch, die Utopie mit der Realität in Einklang zu bringen. Ein Versuch, der scheitern muß.

Es ist höchst bemerkenswert, daß Wagner bereits 1846/47, also noch bevor er sich selbst aktiv an der Revolution beteiligt, und vor der enttäuschenden Erfahrung des Scheiterns, das Problem der Utopie in der realen Welt behandelt. Die Motivation seines Nachdenkens ist die bis ans Lebensende nie in Frage gestellte Überzeugung von der grundsätzlichen Erlösungsbedürftigkeit der Welt. Erlösung heißt für Wagner Revolution, Revolution heißt Erlösung: Der vollständige Umsturz, das radikale Außerkraftsetzen der geltenden Ordnungen, Gesetze und Regeln, nach denen die Welt funktioniert. Wagners Revolutionskonzept war immer religiös geprägt und blieb es bis zum Ende seines Lebens. Welche verschiedenen Ausprägungen er für dieses Konzept auch immer suchte, welchen Möglichkeiten und Scheinmöglichkeiten einer praktischen Realisierung er sich auch immer zuwandte, die Basis war immer die Überzeugung von der Notwendigkeit der Revolution, die die Welt »erlösen« sollte.

Tannhäuser war aus diesem Blickwinkel einer, der mit anarchistischer Geste die Verhältnisse ändern wollte und dabei alles zerstörte, auch seinen eigenen Lebensraum. Lohengrin trägt die Zeichen der Verzagtheit nach Tannhäusers Katastrophen. Er *träumt* die Hochzeit des Realen mit dem Utopischen. Das ist der Traum des Kindes von der heilen, geheilten Welt.

Lohengrin wird in der Welt der deutschen Ritter erwartet. Elsa, die nicht wirklich in diese Welt gehört, hat bereits von ihm geträumt, sie *weiß*, was alle anderen kaum zu denken wagen: Daß es das Andere gibt und daß es in das Bestehende hineinwirken kann: daß man die Unschuldige nicht preisgeben wird. Sie irrt sich nicht, das Wunder geschieht, Lohengrin trifft ein, von der glanzvollen Aura der Gralsmusik umgeben, szenisch herausgehoben durch das Schwanwunder.

Nun aber geschieht etwas Unerwartetes: Elsa und die Ritter versuchen, dem Wunder Realität zu verleihen, den Gralsboten in einen Heerführer und Landesfürsten zu verwandeln.

Wagner komponiert mit höchster Präzision, daß dieser Versuch von Anfang an zum Fehlschlag verurteilt ist. Nachdem Lohengrin sich vom Schwan verabschiedet und sich dem König und seinen Getreuen, schließlich auch Elsa zugewendet hat, verliert sich mehr und mehr die Musik des Grals, ja, sie verschwindet aus der Partitur, sie kommt im weiteren Verlauf nur noch als Erinnerung, als Leitmotiv wieder: Das Ganz Andere hat seine Aura verloren.

Der entscheidende Punkt in dieser Entwicklung ist erreicht, wenn Lohengrin das Frageverbot ausspricht. Hiermit ist die Katastrophe vorprogrammiert. Man muß annehmen, daß es in den Regeln des Gralsordens vorgesehen ist, der Ritter habe, nachdem er die gute Tat, für die er ausgesandt worden ist, getan hat, unmittelbar in das Gebiet des Grals zurückzukehren. Deshalb das Gebot, die eigene Herkunft nicht zu verraten: Bleibt der Ritter, wird die Frage nach seiner Herkunft früher oder später notgedrungen gestellt werden. Somit ist er gezwungen, nach Erfüllung seines Auftrags umgehend zurückzukehren. Lohengrin aber bleibt.

Der Regelverstoß reißt das Grundproblem der Utopie von der anderen Seite her auf: Die Ritter, die in jenem sagenumwobenen fernen Land der Reinen Utopie leben, sind Menschen. Und Menschen können in der Lebensferne nicht existieren, da diese letztendlich lebensfeindlich ist. Lohengrin spürt die Sehnsucht nach dem anderen, dem wirklichen Leben. Hier spiegelt sich Wagners

Auffassung der Rolle des Künstlers in der Gesellschaft wider, der ewige Zwiespalt zwischen dem Bewußtsein der eigenen Besonderheit, Andersartigkeit und damit Ausgegrenztheit, und dem Wunsch dazuzugehören, geliebt zu werden, Wärme zu empfangen. Freilich tut sich hier ein Problem auf: Das Andere, das Fremde, das Besondere ist eben nicht mehr das Besondere, wenn es alltäglich wird. Der Künstler, der sein Künstlertum aufgibt, ist kein Künstler mehr. Die Utopie, die in den Alltag integriert wird, ist keine Utopie mehr.

Das Utopische fordert den Glauben an seine Wahrheit, nicht das Forschen danach. Im Frageverbot drückt sich somit weniger eine reaktionär-patriarchalische Haltung der Männerwelt aus, an der das Ganze scheitert, als vielmehr die Unvereinbarkeit von Realität und Utopie.

Denn das Wesen der Utopie ist, daß sie fern ist, die Bewegung zu einem Ziel herausfordert, dabei selbst aber unerreichbar bleibt.

Nun aber treffen sich zwei Menschen, die eine Sehnsucht verbindet. Elsa hat Sehnsucht nach dem »Höheren«, dem Heiligen, das aus ihrer Welt verschwunden ist, Lohengrin wiederum hat Sehnsucht nach dem »Irdischen«, der Wärme des Lebens unter Menschen. Die Ähnlichkeit des thematischen Materials, mit dem die beiden Figuren ausgestattet sind, macht deutlich, daß sie zusammengehören, sie können aber doch nicht zueinander finden, da die Erfüllung der Sehnsucht unabdingbar auch das Ende des Traums ist.

Der Traum aber, der schöne Traum, daß diese Vereinigung des Himmlischen und des Irdischen möglich sein könnte, ist das Thema des Stücks. Und die Tatsache, daß dieser Traum nicht Wirklichkeit werden kann. Die Hochzeitszeremonie am Ende des II. Aktes ist der »traumhafte« Höhepunkt des Werkes. Der sakrale Charakter dieser Musik macht dem Hörer unmittelbar deutlich, daß hier Außergewöhnliches vorgeht: Die heilige Hochzeit von Himmel und Erde, die Erfüllung aller Wünsche. Zweimal wird die

Zeremonie gestört, durch Ortrud und Friedrich, und zweimal kommt die Musik wieder zu sich, findet, wenn auch mühevoll, den sakralen Ton wieder, am Schluß gar gesteigert und übergipfelt durch den voluminösen Klang der Orgel. Eingekeilt zwischen den Beginn von Ortruds Intrige und die zerstörerische Katastrophe, scheint für einen Moment das Wunschbild in seiner ganzen Schönheit auf. Die Gralsmusik kommt hier nicht vor, ist aber doch im Klang der Musik ständig anwesend, verbunden mit der Musik Elsas und der deutschen Ritter, verschmolzen zu einer neuen Einheit, die das Ziel des Ganzen wohl sein könnte. Und doch bleibt da eine Kluft: Kurz vor Schluß des Aktes im vollen Klang des Orchesters, mit Unterstützung der Orgel, reißt die Musik plötzlich auf, das Orchester intoniert in erschreckender Nacktheit noch einmal das Motiv des Frageverbots. Ortrud richtet sich auf und blickt siegesgewiß auf Elsa. Es ist bezeichnend, daß Wagner an dieser Stelle nicht ein Motiv aus Ortruds Themenkreis im Orchester erscheinen läßt, sondern ein Motiv, das Lohengrin selbst eingeführt hat. Denn es würde keineswegs alles gut gehen, wenn Ortrud sich nicht einmischen würde. Vielmehr liegt der Fehler im System selbst, im Versuch, den Traum Wirklichkeit werden zu lassen, der notwendig das Frageverbot mit sich bringt.

Ortrud, die mächtigste Gegenspielerin Lohengrins, ist ihm durchaus auch verwandt. Die Beziehung ihrer Haupttonart fis-Moll zu Lohengrins A-Dur macht das unmittelbar deutlich. Sie entstammt dem alten Königsgeschlecht, das Brabant bis zur Christianisierung seine Herrscher gegeben hat, sie ist die rechtmäßige Nachfolgerin auf dem Thron, zur Seite geschoben von der neuen Macht, der sie sich nicht kampflos unterwerfen will. Sie ist nicht zum christlichen Glauben übergetreten, ihre Götter sind weiterhin Wodan und Freia. Es ist entscheidend, immer im Auge zu behalten, daß ihre Aktivitäten eine gewisse historische Berechtigung haben. Sie bedient sich des Friedrich von Telramund, weil sie als Frau keine Möglichkeit hat, in dieser Männerwelt selbst aktiv zu werden.

Friedrich ist ganz und gar Teil der Welt des Rittertums, ihre Regeln und Rechtsnormen sind für ihn unumstößlich. Er sucht nach einer sicheren Position im Gefüge der Rittergesellschaft. Wüßte er, daß Ortrud Heidin ist, würde er sich nicht mit ihr einlassen. Gerade durch seinen festen Glauben an die Ordnung, in der er lebt, eignet er sich als Werkzeug für Ortrud. Sie legt ihm nahe, in der Rittergesellschaft Unruhe zu stiften, indem er angibt, die Rechtsordnung sei gestört worden, das Gottesgericht sei betrogen. Das ist die sicherste Möglichkeit, die Position Lohengrins zu erschüttern, und letztendlich auch die sicherste Möglichkeit, in Elsa, die doch aus dieser Welt stammt und – wenn auch nicht voll und ganz – in sie integriert ist, das Mißtrauen zu wecken, das schließlich zur Katastrophe führt.

Zentral für das Verständnis der Ortrud-Figur ist die oft übersehene Tatsache, daß sich in der Partitur des *Lohengrin* nicht zwei, sondern drei Welten gegenüberstehen: Die Gralsmusik, die mit Lohengrin eingeführt wird, die fis-Moll-Sphäre der Ortrud mit ihren weit in die Zukunft weisenden harmonischen Kühnheiten und die überaus simple musikalische Welt der deutschen Ritter. Während zwischen der Welt Ortruds und der Lohengrins der Zusammenhang schon durch die Beziehung der Tonarten gestiftet ist, ein Zusammenhang, der das Unvereinbare der beiden Prinzipien freilich nur noch stärker ausstellt, besteht der stärkste Gegensatz in der Partitur ohne Zweifel zwischen den zarten, zerbrechlichen Klängen des Grals und dem Blechgeschmetter der Königsebene. Hier aber soll die Vereinigung stattfinden, Lohengrins überaus feingliedrige und zerbrechliche Musik soll in das simple C-Dur des Königs Heinrich und seiner Mannen integriert werden. Ein Unding. Gerade aus dieser Unmöglichkeit schlägt Ortrud ihr Kapital. Stünde Ortrud Lohengrin allein gegenüber, einem Lohengrin, der sich nicht mit den Leuten von Brabant und auch nicht mit Elsa einläßt, wäre sie machtlos. In dem Moment aber, wo das Heilige aus seiner luftigen Höhe herabsteigt, kann sie handeln.

In gewisser Weise erweist sich *Lohengrin* als Wagners pessimistischstes Werk, das paradoxerweise kurz vor den Begeisterungsstürmen der Märzrevolution entsteht. Anders als z. B. im *Parsifal* ist hier die Utopie unmittelbar gegenwärtig, was den Verlust der Hoffnung nur um so schmerzlicher empfinden läßt. Andererseits aber enthält das Stück auch ein großes Hoffnungspotential. Denn das Andere ist unbestreitbar vorhanden, auf seine Weise real, wenn auch nicht in die Realität dieser Welt, wie sie ist, integrierbar.

Es ist Hoffnung, das Ende ist nun doch wohl gekommen

Peter Konwitschnys Wagner-Inszenierungen
Gespräch mit Peter Konwitschny, Werner Hintze,
Frank Kämpfer, Gerd Rienäcker

Wir beginnen im *Lohengrin*, erster Akt, erste Szene. Richard Wagners Anweisung lautet wie folgt: »Eine Aue am Ufer der Schelde bei Antwerpen. König Heinrich unter der Gerichts-Eiche; zu seiner Seite Grafen und Edle vom sächsischen Heerbann. Gegenüber brabantische Grafen und Edle, an ihrer Spitze Friedrich von Telramund, zu dessen Seite Ortrud. Der Heerrufer ist aus dem Heerbann des Königs in die Mitte geschritten, auf sein Zeichen blasen vier Trompeter des Königs den Aufruf.« Bei Peter Konwitschny und Ausstatter Helmut Brade sehen wir hier etwas ganz anderes: Die Szene spielt im Gymnasium, kurz vor Ausbruch des Ersten Weltkriegs. Alle tragen Schuluniform, der Heerrufer ist der Klassenälteste und König Heinrich unterrichtet Geschichte. In vielen Rezensionen wurde das als Verharmlosung gesehen und entsprechend kontrovers diskutiert. Ich gehe im Gegenteil allerdings davon aus, für Sie, Peter Konwitschny, war die Transformation der militärischen Zeremonie ins Ambiente der wilhelminischen Schule nicht als Scherz, sondern vielmehr als Zuspitzung, als Radikalisierung gedacht?

Konwitschny: Die beschriebene erste *Lohengrin*-Szene beginnt mit handfestem Chauvinismus. Als wir das so richtig zur Kenntnis genommen haben, war die erste Reaktion, das Stück machen wir nicht. Oder, man muß die entsprechenden Figuren kritisieren. Das sieht man aber oft auf der Bühne, da sind dann lauter faschistoide Leute in SS-Uniform, das ist eine Verschmälerung und damit nicht mehr interessant. Deshalb haben wir uns gefragt, was mit denen, die da von Treue und Vaterland singen, eigentlich los ist, und wie man sie »retten« könnte? Es sind ja Infantile, Unberatene, die nicht wissen, was sie sagen, was sie im Chor nachschreien. Unser theatralisches Zeichen dafür war sehr einfach: Wir sehen sie als Kinder, sie tragen kurze Hosen, und das Ganze spielt im Schulunterricht. Und in der Klasse hängt eine Naturkundetafel mit einem einzelnen Baum. Der steht am Ufer der Schelde, und in dieser etwas augenzwinkernden Art haben wir durchaus an Wagners Formulierung gedacht.

Kämpfer: Eine sehr starke Verfremdung, die etwas verdeutlichen soll. Unter den Figuren gibt es ja nicht nur Unbeholfene, es sind auch sehr Sensible und deshalb sehr Anfällige dabei.

Konwitschny: Uns war es wichtig zu zeigen, daß diese unberatenen Leute, die sich am Anfang so chauvinistisch gebärden, im nächsten Moment betroffen sein können und als Menschen reagieren. Zum Beispiel, wenn ein fremder Mann kommt und eine Frau, die wegen ihrer Träume als lächerlich gilt, fragt, ob sie ihn lieben würde, wenn er ihr in ihrer problematischen Lage jetzt hilft. Es gibt einen Chor, der davon erzählt, daß sie durchaus begreifen, was da passiert. Und als Elsa bejaht, sagt dann Lohengrin: »Ich liebe dich!« und »Nie sollst du mich befragen«. Das ist nicht nur Macho-Gehabe, sondern auch Ausdruck eines Vertrauens. Denn zwischen zwei Menschen steht ja die Frage, ob es Vertrauen gibt? Bedingungsloses Vertrauen, was für uns heute schier unvorstellbar geworden ist. Das ist auch unsere Geschichte, die wir zeigen wollten: Weil es Sehnsüchte gibt, kommen auch die Gefahren.

Kämpfer: Ich möchte den Begriff des »Politisierens« ins Spiel bringen. Denn das ist ein Ansatz, der Wagner nicht mythologisiert und damit traditionelle Lesarten nicht ohne weiteres fortschreibt.

Rienäcker: Man muß Wagner nicht politisieren, sondern er ist politisch. *Lohengrin* ist eines der kompliziertesten, widerspruchsvollsten Stücke, und das hängt natürlich damit zusammen, daß Wagner zerrissen ist von ganz verschiedenen Strömungen, die er gleichzeitig aufarbeitet. Wo überhaupt noch nicht die Klarheit des *Ring* und des *Parsifal* da sein kann. In den Charakteren des *Lohengrin* gibt es diesen ganz merkwürdigen Grundwiderspruch: daß auf der einen Seite, etwa in den Massenaufzügen, ungeheuer bramarbasiert wird, und auf der anderen Seite gibt es kostbarste Kammermusik, Musik des Erschauerns, des Innehaltens, des Betroffenseins. Wenn die Massenszenen immer wieder zersplittern, dann kann das aber keine Nebensache sein. Es kann also nicht sein, daß es nur die Geschichte großer nationaler Bewegungen gibt. Es muß hier irgend etwas mit den Individuen passieren, etwas, das ganz subtil, halb ausgesprochen, auch im Geheimnis gelassen werden kann, was aber ganz existentiell ist. Nicht Peter Konwitschny hat also erfunden, daß es ganz junge Menschen sind. Schon bei Wagner dreht sich das Stück um eine Jugend, die ganz gefährdet ist, die hineingerissen wird in verheerende Kriege und in merkwürdige Wunder, die passieren. Sie sind abgegrenzt und ohne Kenntnis der großen Welt und deshalb um so anfälliger für die Verheerungen, die diese bringt. Den jungen Leuten geht es außerordentlich schlecht, und deshalb brauchen sie Wunder, die Erlösung und die Liebe. Die Version, die Peter Konwitschny zeigt, ist für mich die überzeugendste Lesart. Denn diese Abiturientenklasse ist eine, in der es Haß und Liebe ohne Maß, ein grenzenloses Gären und eine grenzenlose Anfälligkeit gegenüber Gutem wie Bösem und ungeheure Manipulationen gibt. Da ist sehr viel vom Gesamtwerk vorhanden. Vor allem geht die Inszenierung mit sehr fein ausziselierten musikalischen Gebärden einher, und das sehe ich bei Wagner-Inszenierungen selten, daß von den musikalischen und politischen Gehalten her gleichermaßen gearbeitet wird.

Kämpfer: Ein Sprung in den 3. Akt: Lohengrin lüftet sein Geheimnis, und Ungeheures geschieht. Die realpolitische Ebene ist inzwischen verlassen und etwas Sakralisierendes kommt ins Spiel: Lohengrin erscheint als »Erlöser«, und die Frage steht, was er als solcher zu leisten vermag?

Konwitschny: Das ist ein politisches Stichwort. »Erlösung« spielt ja bei Wagner eine große Rolle. Natürlich nicht, weil Wagner immer von Erlösung geträumt hat. Sondern die Entwicklung der Gesellschaft, der modernen Zivilisation war inzwischen an gewisse Endpunkte gekommen. Deshalb also diese Idee überhaupt, um eine ›Erlösung‹ zu flehen. Das setzt voraus, daß man begriffen hat, daß es keine Lösung mehr gibt. Das ist schon genial, wenn das jemand erfaßt und auch noch künstlerisch umsetzen kann. Und zwar so, daß wir begreifen, daß wir heute eigentlich in einer ähnlichen Situation sind. Wir sehen das nur etwas klarer – und lachen, wenn Lohengrin von etwas erzählt, was heilig ist, heil und ganz. Aber da ist eine tiefe, tiefe Sehnsucht da, und das wollte ich zeigen.

Kämpfer: Wenn man von Brecht kommt, Händels Opern als politisch erkannt hat und sich mit Texten von Heiner Müller beschäftigt, dann ist »Erlösung« eine eher überraschende Kategorie. Welche Rolle hat der Erlösungs-Begriff eigentlich in der konzeptionellen Vorbereitung gespielt?

Hintze: Wie es im allgemeinen um die Erlösung und um die Idee der Erlösung steht, dazu weiß ich keine Antwort. Aber im *Lohengrin* ist die Konstellation relativ einfach. Peter Konwitschny hat deutlich ausgeführt, daß wir uns im Stück in einer Lage befinden, in der es keine Lösungen gibt. Nicht innerhalb des bestehenden Systems, nicht innerhalb des Denkens, der politischen und sonstigen Strukturen. Es gibt, um es auf eine politische Formel zu bringen, keine Möglichkeit der Reform. Wenn man »Erlösung« in dem Falle durch »Revolution« ersetzt, versteht man schon besser. Ich glaube, Wagner hat in diesem Erlösungs-Begriff, der für seine Stücke so fundamental wichtig ist, seine Vorstellung davon, was die Revolution bringen soll, konkretisiert. Er hat sich ja aktiv an der Revolution beteiligt und an ihren Idealen bis zum Schluß festgehalten. Seine Idee von der Revolution und der Befreiung, die die Menschheit erleben und sich erkämpfen soll, ist von Anfang an und grundsätzlich religiös geprägt. Nicht im Sinne einer christlichen Religiosität, sondern im Sinne eines Prozesses, der die Menschen in eine Art Paradies führen soll, in dem sich dann alle Probleme von selbst lösen. Das ergibt eine dramaturgische Konstellation, die relativ einfach und deshalb für den Zuschauer relativ leicht zu verstehen und nachzuvollziehen ist. Aufgabe einer Inszenierung ist es, darauf aufmerksam zu machen, was damit gemeint sein könnte und was uns daran heute noch interessiert.

Rienäcker: Bei der Beantwortung muß man etwas über die zentralen Inszenierungen von Peter Konwitschny sagen. Wir haben Anfang der 80er Jahre gemeinsam angefangen, über Georg Friedrich Händel nachzudenken, und da war im Zentrum Händels tiefe, kindliche Religiosität, die ein Schlüssel für die Oratorien, aber auch für die Opern ist. Bei Verdi fanden wir gebethafte Szenen, also mußten wir uns überlegen, in welcher Notsituation nur noch das Gebet hilft. Wir kamen zu Beethovens *Fidelio* und zu jenem Abendmahl, das der zum Tode verurteilte Florestan austeilt. Mit solchen Situationen haben wir uns seit langem beschäftigt: Wann etwas verändert werden muß, aber nicht verändert werden kann, wann also geglaubt werden muß und wann nur das Gebet – der Dialog zu einem, der außerhalb steht – etwas nützt, ohne daß man vorhersehen kann, was danach geschieht. Die Frage, wie gesellschaftlich existentiell die gegenwärtige Lage ist, ist immer ungeheuer politisch. Und wenn die Komponisten und deren Werke mit einem Male sehr fromm sind und ihre Lösungs- oder Erlösungs-Angebote in die Bereiche des Sentimentalen und des Kitschigen gehen, wäre der Begriff »Kitsch« einmal ernsthaft zu untersuchen.

Kitsch ist nämlich ein Antwortversuch für Unbeantwortbares. Es wäre genauer zu fragen, welche Sehnsüchte denn da im Spiel sind, welche Antworten werden gegeben? Reichen die Antworten aus? Und was geschieht, wenn selbst die ungenügenden Antworten fehlen. Unsere Fragen sind hier keine hämischen, keine besserwissenden. Sie decken die Widersprüche mit sehr großer Einfühlung, sehr großer Genauigkeit auf. Insofern war es kein Gewaltakt, der uns zur Erlösungsthematik hinführte – es war vielmehr Teil dialektischen Denkens.

Kämpfer: Stichwort Kitsch, Stichwort *Parsifal*. München 1995, erster Akt: Enthüllt hier Amfortas den Gral, dann entsteigt dem Schrein eine Madonna wie aus einer Filmleinwand, wie aus einer Postkarten-Idylle heraus. Im weißen Kleid selbstverständlich, mit wallendem Haar, von pausbäckigen Putten umrahmt. Unnahbar wie ein Souvenir, ein Produkt vom Andenkenstand. Ich wage zu behaupten, damit war alles andere als Kitsch gemeint.

Konwitschny: Die Gralsritter sitzen bei uns unter der Erde, im Wurzelgeflecht eines Baums. Sie glauben, sie müssen etwas Wichtiges tun, können das allerdings nur, wenn sie sich der Frauen enthalten. Sie sitzen also und warten, und dann sehen sie sich ab und an etwas an. Man kennt das von heute, daß Männer sich bestimmte Dinge betrachten. Was das bei den Gralsrittern war? Wird gefragt, was der Gral ist, will einem das niemand genau sagen. Das brachte uns auf eine Idee. Es sind Bilder von Frauen, die sie sich ansehen, und der Kelch ist auch ein Symbol für den weiblichen Schoß. Die Frau, das ist Kundry im Gewand der Maria, mit einer lebendigen Taube. Das leuchtet ein. Die Kinder sind wie Engel mit Nahrung und Wein zu den Männern heruntergestiegen. Die Männer aber sind nur der Frau nachgefolgt, wie von einem Magneten gelenkt. Allerdings ein Stockwerk tiefer. Sie hatten sich ja das Gebot auferlegt, Frauen nicht mehr zu berühren, und in unserem Fall haben sie sie ja nicht einmal gesehen, sondern nur noch gespürt. Den Zuschauern hat das unheimlich gefallen. Die haben diesen selbstverschriebenen Irrsinn gespürt. Den Irrsinn mit diesen Lügen und Ersatz-Kelchen, den wir alle mehr oder weniger kennen. Kitsch war damit in keinster Weise gemeint.

Rienäcker: Ich halte Gesellschaften, die den Kitsch bekämpfen, ohne die Fragen aufzugreifen, auf die er zu antworten sucht, und ohne die Not zu begreifen, die ihn hervorruft, für zynisch. Es ist zynisch zu sagen, es geht schlecht, aber ihr dürft gefälligst auch keine Ersatzhandlung haben, ihr sollt lieber gar nichts haben. Wenn man den Kitsch bekämpfen will, muß man eine Gesellschaft ändern und sie lebenswert machen, und das ist noch nirgends passiert. Also muß man einstweilen fragen, ob nicht auch halbe Antworten etwas enthalten.

Wagner selbst steht auf der Seite des Grals, und gerade deswegen kann er den Untergang mit aller Tragik zeigen. Seine Gralswelt ist eine Gesellschaft, die zunächst gegen eine andere antritt. Sie braucht den Hermetismus, aber er wird zur Krankheit, das sagt die Musik sehr deutlich. Wir hören diesen Psalm, der vom Orchester aufgegriffen wird, und plötzlich schlägt alles um. Wir hören irrsinnige Mißklänge. Diese Mißklänge gehen mit folgender Regieanweisung einher: »ein scharfer Lichtstrahl dringt durch die Finsternis«. Dieses scharfe Licht müßte eigentlich elende, schmerzverzerrte Gesichter zeigen, denn es ist ein namenloser Schmerz, der sich musikalisch artikuliert. Bei gewöhnlichen Inszenierungen sehen wir aber, wie es den Leuten heilig zumute ist, sie nehmen den Becher und gucken verzückt. In Konwitschnys Szenen ist etwas von dieser Qual, dieser Sehnsucht enthalten, etwas von diesem plötzlichen Umkippen in den Schmerz. *Parsifal* ist die Grablegung jeder kleinen Gruppe, die die Welt zu verändern wünscht.

Kämpfer: Was nun haben Sie, Peter Konwitschny, beabsichtigt? Wozu war das Stück, war die Inszenierung ein Anlaß? Um ein Scheitern zu zeigen, diese Verstrickungen, die Gerd Rienäcker gerade beschrieb? Oder gibt es auch Alternativangebote im Stück? Gibt es eine Lösung? Was kann ein Material wie *Parsifal* leisten?

Konwitschny: Im Grunde das, was alle guten Stücke leisten: Die Welt soll besser werden. Dafür ist Kunst da. In Griechenland war das Theater ein Politikum, die freien Bürger hatten hinzugehen, und was wesentlich war, wurde kollektiv diskutiert. Es waren oft die gleichen Stoffe, die Geschichten waren bekannt. Die alten Mythen wurden immer wieder umgeschrieben. Wie man sie interpretierte, was sie den jeweils Lebenden sagten, das war immer neu. Schon damals haben die ihre Skandale gehabt, sind nahe am Verbot entlanggeschlittert. Das war aber auch lebensnotwendig für die Gesellschaft. Und auch für uns ist das lebensnotwendig, Utopien irgendwo zu diskutieren.

Kämpfer: Die Möglichkeit allein wäre schon Utopie. Es ist die Frage, ob die Theater von heute diese Möglichkeit bieten.

Konwitschny: Hier wäre immerhin der passende Raum. Der letzte, glaube ich, wo sich wirklich Zeitgenossen auch direkt gegenübersitzen. Das Unmittelbare ist ja das Faszinierende am Theater. Man kann da noch nicht alles vorproduzieren und herausschneiden, was nicht gefällt und zu gefährlich ist.

Kämpfer: Sie selbst haben aber auch deutlich gespürt, wie heftig der Widerstand in so einer Institution sein kann, welch heftiger Widerstand von namhaften und teuren Solisten kommt.

Konwitschny: Jetzt beim *Tristan* gab es ein Problem mit Waltraud Meier, die das Konzept nicht verstand oder nicht akzeptiert hat. Das hat die Inszenierungsarbeit blockiert. Trotzdem ist das Konzept richtig, und warum sollte sich das Bestehende nicht auch gegen Vorschläge, es zu verändern, wehren. Das ist normal.

Hintze: Es ist meine Erfahrung, daß man zu einer gemeinsamen Arbeit finden kann und daß dann auch etwas Wunderbares gelingt. Dann entsteht mit diesen teuer bezahlten Stars eine subversive Truppe, die Spaß daran hat, etwas zu machen, was eigentlich in so einer Institution wie der Staatsoper München nichts zu suchen hat.

Rienäcker: Ein wesentlicher Einspruch kommt von den Wagner-

Gemeinden. Die sind in ihren Strukturen selbst eine Art Gral, weil die sich auch zum Überleben gegen andere zusammengeschlossen haben. Sie sind angetreten in einer sehr häßlichen, prosaischen Gesellschaftsordnung, und es gibt sehr viel Solidarität untereinander, um eine abgehobene Schönheit zu etablieren. Es ist ganz schwer, dort etwas von den politischen Implikationen der Kunst über den abstrakten Humanismus hinaus zu vermitteln. Denn bereits das, so glauben sie dort, zerstöre die Humanität. Insofern muß man objektivieren: Es gibt ganz verschiedene Lebenskonzepte, die zum Status quo nicht bereit sind, aber sie kollidieren sehr hart.

Kämpfer: Sie alle drei behaupten, mittels Kunst könne die Gesellschaft verbessert werden. Im Zeitalter der medialen Unterhaltung scheint mir das wirklichkeitsfern.

Hintze: Wenn man die Möglichkeit hat und sich dazu berufen fühlt, öffentlich zu sagen, was man über den Zustand dieser Welt meint und denkt, dann glaubt man natürlich, daß es auch Zuhörer gibt, und man hofft auf einen Effekt. Ich kann die Leute auffordern, selbst darüber nachzudenken, ob und wie sich etwas ändern läßt. Natürlich ändert eine Aufführung gar nichts. Aber im Theaterbetrieb ist es bereits von Bedeutung, wenn sich Leute zusammenfinden, die eigentlich alle dafür bezahlt werden, daß sie mit niemandem zusammenfinden und sich auf nichts wirklich einlassen, weil sie dann vielleicht ihr nächstes Flugzeug verpassen. Und das halte ich in der Gesellschaft, in der wir leben, für eine wichtige Botschaft. Das ist ebenso wichtig wie die spezielle Konzeption dieses Stücks. Das macht vielleicht wieder anderen Appetit, so etwas auch zu erleben, und vielleicht hat das irgendwann eine Wirkung, indem es sich multipliziert.

Konwitschny: Alles das stimmt, ist aber eigentlich Theorie. Davor liegt etwas ganz Simples, wahrscheinlich eine Erfahrung als Kind. Nämlich, daß die Verhältnisse immer beschissen waren, Menschen sich das Leben immer nur schwer gemacht haben. Von Anfang an hat man gelitten, und deshalb gibt es den Wunsch, daß es irgendwann schöner sein soll. Wagner muß es genauso gegangen sein, das ist in den Stücken enthalten. Und da das allen so geht, ist es politisch. Darauf basiert ja auch unsere Gesellschaftsstruktur. Denn was bedeutet heute Demokratie? Gibt es denn Hoffnung, daß es prinzipiell anders wird? Das ist ein Wunsch. Ein ganz kindlicher Rest, wahrscheinlich bleibt der bis zum Schluß. Und das muß ich zeigen. Das loszuwerden, ist auch in mir wie eine therapeutische Aktion. Das wäre also auch eine Funktion von Theater. Man stellt etwas nach in einer Art Spiel, und zwar mit anderen, denen es genauso ergeht. Und wenn man die dazu kriegt, die furchtbare Wahrheit zuzulassen, entsteht etwas, was sich auch auf die Zuschauer direkt überträgt, wo die sich schwer verschließen können. Ich denke dabei an keine Hoffnung, das entwickelt sich und ist auch komplex irrational.

Rienäcker: Wir Wissenschaftler sind in der Situation, daß wir mit Worten hintereinander ausbreiten müssen, was ihr Künstler synchron machen könnt. Hätten wir eine polyphone Sprache, würde schnell klar, daß die Sachen, die ihr beide sagt, zwei Schichten Einunddesselben sind. Denn wie soll ich Menschen verändern wollen, wenn ich nicht selbst irgendwo verletzt bin. Wenn ich nicht weiß, es sind andere verletzt. Wenn ich nicht denke, daß man aus der Verletztheit hinauskommen will. Das sind doch Dinge, die zusammengehören. Und das Ideologische ist, wenn man den Begriff positiv nimmt, nicht nur eine Ansammlung von leeren Phrasen und Losungen.

Kämpfer: Ein Blick auf Konwitschnys Dresdner *Tannhäuser:* Im Vorspiel zum ersten Akt, genauer im sogenannten »Bacchanale« entwickelt sich eine ungestüme, zum Teil auch komische Massenszene entfesselter Frauen, die die Titelfigur in einer Art Angsttraum erlebt. Anachronistisch gedacht, könnte das die Kehrseite für das Eingesperrt- oder besser Einfunktioniertsein der Frau im *Parsifal* sein.

Konwitschny: Gemeint ist die Szene im Venusberg, in der es auf dem Theater in der Regel sehr peinlich zugeht, wo Sexualität immer sehr einseitig, armselig ist. Hartmut Meyer, der Bühnenbildner, hat hier in Dresden eine große Schale auf die Bühne gebaut, wo man herunterrutschen kann, wo es zunächst um Spaß geht, nicht zwangsläufig um Sex. Die Bacchantinnen haben Tannhäuser-Puppen in verschiedenen Größen dabei, und Tannhäuser selbst steht an der Rampe, umklammert sein Schwert und erlebt, was hinter ihm abläuft, als Alptraum. Er sieht, wie diese Weiber ausflippen, wie sie wie im griechischen Mythos die Männerfigur zerfetzen. Für uns war es wichtig, daß das in der Phantasie des Tannhäuser stattfindet. Man fragt sich ja immer, warum der seine Venus verläßt. Mehr Frau als sie kann er schließlich nicht haben. Aber er besteht darauf, daß er jetzt wieder eine Nachtigall hören muß. Dann ist er wieder auf der Wartburg bei Eva und macht sich auch dort alles kaputt.

Kämpfer: Geschlechterentwürfe und -konstellationen sind in der Regiearbeit von Peter Konwitschny von großer Bedeutung und gut an den Wagner-Stoffen zu besprechen. Im *Tannhäuser* gibt es dieses Figurenpaar Venus–Elisabeth, oberflächlich abstrahiert als Hure und Heilige. Das ist das frühbürgerliche Frauenbild, die Aufspaltung der Frau – nachzulesen in vielerlei Literatur und Philosophie. Im *Parsifal* übernimmt das *eine* Frau: Die Kundry im zweiten Akt und die Kundry im ersten Akt zeigen zwei verschiedene Seiten. Erste Frage, entspricht das wirklich auch Wagners Modell? Zweite Frage, wie geht Konwitschny damit um?

Konwitschny: Das finde ich das Großartige an Wagner, daß er nicht einfach behauptet, die Frauen sind so. Er zeigt vielmehr das Leiden der Männer, die die Frauen aufspalten. Das ist ja der Hauptgegenstand, glaube ich. Woran dann der ganze Planet zugrunde geht. Denn so wie die Frauen behandelt werden, so wird auch die Mutter Erde ausgebeutet, partiell ausgenutzt, bis keiner mehr leben kann. Das ist das Thema von Wagner.

Kämpfer: Peter Konwitschny gibt sich nicht zufrieden damit, daß Frauen oder Männer nur als Leidende erscheinen, als nur Unterdrückte. Er setzt etwas dagegen, was andere Verlaufsmöglichkeiten beinhält, Alternativen, vielleicht Utopien aufzeigt – übrigens nicht nur bei Wagner.

Konwitschny: Das plastischste Beispiel ist für mich der *Feurige Engel* von Sergej Prokofieff, den ich 1994 in Bremen inszeniert habe. Das Stück behandelt die Leidensgeschichte einer jungen Frau, die sich in einen Mann verliebt hat, der für sie aber unberührbar ist wie ein Engel. Sie geht in ein Kloster, und dort bekommt sie diese teuflischen Zuckungen. Das überträgt sich auf die anderen Frauen. Kompositorisch gibt es jetzt eine unglaubliche Steigerung. Diese Frauen reißen sich wie bei einer Orgie die Kleider vom Leib. Der Inquisitor erscheint, Renata wird schließlich verbrannt. So geschieht es jedenfalls laut Libretto, aber uns hat das so nicht überzeugt. Denn in der Musik geschieht etwas ganz anderes. Der Rhythmus wird allmählich immer massiver und schließlich ganz kollektiv. Beim Verbrennungsbefehl bricht die Musik auseinander, wird schrill und verrückt. Wir haben das szenisch so dargestellt, daß der Inquisitor als »Spanner« erscheint. Wenn er Renata auf ihrem Metallbett verhört, ihr religiöse, also ideologische Fragen stellt, untersucht er sie unter der Decke mit seinen Gummihandschuhen. Die Angeschnallte wehrt sich dagegen, es kommen immer andere Frauen dazu. Die fassen sich bei den Händen, nehmen den Rhythmus auf und beginnen immer wilder zu stampfen. Auf dem Höhepunkt wird Renata dem Inquisitor entrissen, und die Wände fallen auseinander. Kollektive Kraft hat den Raum aufgesprengt und die nackte Bühne sichtbar gemacht. Der Inquisitor beschläft nun nur die Matratze und schreit »Man verbrenne diese Frau«. – Natürlich steht die Frage, ob man in seiner Interpretation so weit abweichen kann. Hier war es musikalisch eindeutig begründet und hat gut funktioniert.

Ein anderes Beispiel sind *Tristan und Isolde*. Deren Geschichte wird immer als traurig erzählt, zwei Liebende haben in dieser Welt keine Chance. Es ist immer das gleiche und dauert sehr lang. Während der Vorbereitungsgespräche hat Werner Hintze dann eines Tages gesagt, das klänge im Grunde nicht traurig, das ist eine wunderbare, befreiende Musik. Die blüht am Ende unglaublich auf, und da trauert keine Frau um ihren Freund oder stirbt selbst im Wahn. Wider alle Gewohnheit haben wir den beiden zu einem Ausstieg verholfen. Haben gezeigt, daß es möglich sein kann, Spielregeln zu kündigen, die keine Liebe zulassen. Da singt die Frau für den Mann, und es sprudelt aus ihr heraus, es ist ein glücklicher Moment. Nachahmenswert, mitreißend und ganz positiv! Denn das ist die Botschaft dieser Musik.

Kämpfer: Die Metapher, daß einzelne Figuren oder Paare die Welt des Theaters verlassen, findet sich auch in früheren Inszenierungen: Ich erinnere an Händels *Floridante* 1984 in Bad Lauchstädt, wo die Toten Hand in Hand das Theater verlassen, an ein ähnliches Bild 1994 bei *Aida* in Graz und an den Schluß des *Türken in Italien* 1992 in Basel. Die weibliche Hauptfigur ist hier zwar nicht in die Natur, aber immerhin von der Bühne gegangen – sie hat das Theater verlassen und damit die festgelegte, von Normen geprägte Opernwelt, die stellvertretend für die Gesellschaft einsteht. Was bedeutet die Wiederkehr dieser Metapher jetzt Jahre später bei Wagner?

Rienäcker: Ich will dazu kulturgeschichtlich etwas sagen. Weil ich glaube, daß wir das Thema »Leben und Tod« zu sehr aus der Optik unseres Jahrhunderts sehen. Ich erinnere an die Sterbeszenen bei Verdi, wo die Liebenden sich gegenseitig bitten, etwas zu warten, weil sie doch gemeinsam vor Gott treten wollen. Sterben ist dabei nicht tragisch, sondern eine Erlösung aus bedrückenden Verhältnissen. Ich erinnere auch, daß in Bachs Kantaten keine Alternative zwischen Leben und Sterben besteht. Im Protestantismus des frühen 18. Jahrhunderts gilt Leben als Durchgangsstadium in ein Anderes, nach Möglichkeit Besseres. Die einzige Frage ist, sterbe ich als Verurteilter und Verfluchter, oder sterbe ich ganz erlöst, weil Christus den Tod des Verdammten von mir weggenommen hat. Das ganze Problem des Sterbens ist in der Kunst sehr viel differenzierter behandelt. Und mitsamt all den ungelösten Dingen oft auch sehr viel gelöster, als wir das heute in einer Gesellschaft sind, in der man vom Sterben nach Möglichkeit gar nicht spricht. Die Kulturgeschichte des Todes, und man kann das vom Mittelalter her verfolgen, kommt diesen szenischen Lösungen wahrscheinlich viel mehr entgegen, als es uns auf die Schnelle erscheint.

Kämpfer: Bei Konwitschny scheint mir der Schluß des *Tannhäuser* das passende Beispiel dafür: Elisabeth ist tot, Tannhäuser wird sterben, und nun geschieht etwas Ungeheures. Und das hat mit etwas zu tun, was Ruth Berghaus bezüglich Peter Konwitschny vor fünf oder sechs Jahren hier in der Akademie der Künste mit dem Wort »Berührung« bezeichnet hat. Venus, zur Obdachlosen und Alkoholikerin heruntergekommen, also mit einem Leben am Rande des Daseins vertraut, tritt noch einmal auf. Zunächst wirkt sie erschreckend banal, es wird über sie gelacht. Sie nimmt Elisabeth und Heinrich Tannhäuser in ihren Arm – am Ende der Szene sind die toten Opernfiguren miteinander versöhnt, geborgen, aufgehoben.

Zuhörer: Sie deuteten an, daß Wagner Ihrer Meinung nach auch komisch sein kann. Aber ist er nicht doch der Vertreter des Schwerwiegenden?!

Rienäcker: Widersprechen sich denn Schwergewichtigkeit und Komödie? Im Gegenteil, sie gehören zusammen, die Komödie hat Bitterkeiten und Ernsthaftigkeiten, die die Tragödie nicht hat. Weil sie nämlich dort einsetzt, wo das Weinen nicht mehr ausreicht. Wo man das Gelächter braucht, um mit einer miserablen Wirklichkeit fertig zu werden.

Hintze: Es gibt kein Stück von Wagner, in dem nicht der Humor eine große Rolle spielt. Es finden sich heitere Szenen, die zur Substanz dieser Stücke gehören. Und das hängt damit zusammen, daß Wagner vom Theater kommt, also ein Theatermann ist, in dem eine gute Portion Striese steckt. In der Partitur steht das drin, man muß sie nur ernsthaft lesen. Und zwar mit Respekt, aber ohne Angst und Voreingenommenheit. Man findet erstaunliche Dinge. Sicherlich wertet man die dann subjektiv, weil das ja immer durch einen durchgeht.

Zuhörer: Wenn man sich mit der Oper weniger intensiv befaßt, muß man darauf vertrauen, daß das, was Sie darbieten, dem Original nahekommt. Aber Sie vermitteln dem Zuschauer ein völlig anderes Bild. Ich will nach der Werktreue fragen. Mich interessiert, was Sie, Herr Konwitschny dazu bewegt, Stücke auf einmal ganz anders zu sehen.

Konwitschny: Mein Verhältnis zur Oper vergleiche ich mit einem Liebesverhältnis, wo man sich sehr existentiell einläßt und sich durch große Nähe zu verändern beginnt, auf beiden Seiten. Der entscheidende Punkt ist der, wo ich im Unterschied zu den Regieanweisungen andere Bilder, andere Lebenserfahrungen habe. Hier habe ich nie das Gefühl, daß ich da etwas anderes mache, sondern nur meine eigene Wahrheit einbringe. Das ist so, wie wenn man mit Zwanzig ein Buch liest und dann zwanzig Jahre später noch einmal. Ganze Dimensionen hat man beim ersten Mal überhaupt nicht bemerkt. Was hat sich verändert? Nicht das Buch, sondern man selbst. Genauso ist es mit Partituren. Die Noten ändern sich nicht, aber schon in unserer Lebenszeit verändert sich das, was sie uns sagen. »Werktreue« finde ich gar nicht so schlecht, man darf es nur nicht moralisch definieren. Ich denke, daß ich einen Freund, also diesen Komponisten nicht im Stich lasse. Ich merke, daß der ganz wund war, und das entwickelt in mir große Sympathien. Werktreue ist, daß ich seinen Impuls verstehe und weitervermitteln kann.

Kämpfer: Gerd Rienäckers Begriff der »Werk-Gerechtigkeit« fände ich an dieser Stelle treffender.

Rienäcker: Das Interpretieren beginnt, wenn man sich von den Quellen löst, und das muß man als Künstler und Wissenschaftler gleichermaßen. Interpretation ist nicht allein das Verhältnis des Interpreten zum Werk, sondern zu dessen Wirklichkeit, dessen Gesellschaft, Natur, und umgekehrt. Das heißt, indem ich ein Stück interpretiere, bewege ich mich in einem ganz komplizierten Verhältnis, das weit über das Werk hinausgeht. Das ist ein Grund, warum mich der Begriff »Werktreue« so mißtrauisch macht. Ich bin überzeugt, daß Theater, solange es existiert, über die Gegenwart spricht und sich nicht darin erschöpft, nur zu rekonstruieren, was in einer Spielvorlage steht.

Zuhörer: Herr Konwitschny, wollen Sie ein Vermittler sein?

Konwitschny: Ja, ich sehe mich in einer Aufklärungstradition. Ich begreife mich als einer, der dem Zuschauer hilft, damit dieser sich selbst produktiv ins Verhältnis zum Stück setzen kann.

»Rosenkavalier«. »Friedenstag«. »Daphne«

oder: Warum man mit dem Ver-Urteilen
vorsichtig umgehen sollte

Richard Strauss, ein Schwieriger. Und deshalb vielleicht der Unbe-
liebte? Zumindest wird es so häufig hingestellt von sogenannten intellektuellen Insidern. Und auf der anderen Seite ist da der beim
Publikum ohne Ende Beliebte. Das jedoch nur mit einem bestimmten Ausschnitt aus seinem Werk. So wirkt manches an Strauss, wie
es scheint, merkwürdig, ziemlich widersprüchlich.

Da gibt es seinen Operneinakter *Friedenstag*. Ich habe ihn in
Dresden inszeniert. Fast alle tun sich schwer mit ihm, vor allem die
Kritiker. Das Stück gilt allgemein als unaufführbar. Meiner Meinung nach ist es eine echte Anti-Kriegsoper, entstanden während
der Hitler-Diktatur und 1938, also am Vorabend des Zweiten
Weltkrieges, in München uraufgeführt, also ausgerechnet zu der
Zeit, als Strauss Präsident der Reichsmusikkammer war, wenn
auch nur kurz – die Umstände sind bekannt. Aber die Tatsache
wirkt nach, sie hat sich als ein Vorurteil festgesetzt, das viele Betrachter, auch die meisten Kritiker, nicht aufgeben können und
wollen. Richtig ist: Strauss hat das Amt nicht ohne Bedauern aufgegeben. Außerdem hatte er Kontakt mit höchsten Amtsträgern
des Naziregimes: Goebbels, Baldur von Schirach, Hitler selbst.

Eine insgesamt schwierige Konstellation und gerade von heute aus hochkompliziert nachzuvollziehen. Man kann nicht einfach ableiten, daß Strauss ein Mitläufer des Regimes war, der sich darum drückte, eine klare politische Haltung zu beziehen; anders gesagt: ein Mitläufer, der musikalisch eindeutig angepaßt operierte. Man darf es sich da nicht zu einfach machen. Ich denke eher, daß bei Strauss in dieser Situation, also beim *Friedenstag,* eine spezifische persönliche Haltung wirksam wurde. *Salome* und *Elektra* lagen dreißig Jahre hinter ihm, und sie gehörten inhaltlich und ideologisch ins Jahrhundert davor, in eine scheinbar heile Welt. Da war Strauss damit beschäftigt gewesen, sein Material zu entwickeln. Wir werden mit provokanten Strukturen und Klängen konfrontiert, mit der Kürze dieser Opern, mit ihren mythologischen, archetypischen Themen.

Und kurz darauf erfolgte der bekannte unerwartete Knick: Ab jetzt wurden Strauss' Werke klassisch, nicht zuletzt im orchestralen Erscheinungsbild, das der Komponist bewundernswert beherrschte, so daß alle Musiker es immer gern gespielt, sich ihm nie verweigert haben. Sie haben in ihren Parts zwar schwierige Aufgaben zu bewältigen, die Instrumente werden sehr gefordert. Aber Strauss wußte immer, wie weit er gehen konnte. Alles in allem: Er war und ist ein ganz besonderer Komponist. Für ihn strengen sich Musiker gerne an.

Diese Art der Besonderheit finde ich für mich jedoch genauso in seinen Sujets. Nehmen wir *Daphne.* Am Ende steht eine Verklärung: Alle reagieren erleichtert, daß Daphne zum Baum mutiert. Aber ist diese Sicht nicht zu bequem? Für mich wird hier ein Politikum evident: Da wird eine Frau ausgelöscht und scheint mit diesem Vorgang auch ganz einverstanden zu sein, wie sie mit ihren jubelnden Vokalisen am Schluß zum Ausdruck bringt. Aber das Laub des Baumes, zu dem sie wird, krönt die Sieger: Es ist ein Lorbeerbaum. Mich interessiert an dem Vorgang, ob Strauss' Absicht in solcher Verklärungs-Apotheose schlüssig ist oder ob es auch eine andere Sichtmöglichkeit gibt.

Nun benenne ich ausgerechnet zwei Werke, um die die meisten Regisseure und Musiker einen Bogen machen. Mir sind beide zum Inszenieren angeboten worden, und ich habe für beide zugesagt. Interessanterweise befinde ich mich gegenüber Strauss damit in einer speziellen Position. Ich lerne praktisch einen anderen Strauss kennen als die meisten, denen er vom *Rosenkavalier* oder von den frühen Symphonischen Dichtungen her vertraut ist. Zu fragen wäre, wie sich mir der Strauss des *Friedenstags* und der *Daphne* eröffnet.

Im *Friedenstag* beschreibt Strauss am Anfang eine zutiefst depressive Stimmungslage, gerade auch im Heer; alle sind moralisch heruntergekommen. Dann zeigt er eine Frau, die um ihren Mann kämpft, um einen Mann, der – als Kommandant der zur Festung gewordenen Stadt – nicht fähig ist zu begreifen, daß dreißig Jahre eines ausschließlich auf Krieg konzentrierten Lebens zu Ende gehen. Alle reden auf ihn ein, und es braucht Zeit, bis man ihn zu der Einsicht veranlassen kann, daß es nicht länger einen Feind gibt, Mißtrauen unangebracht ist, militärische Abwehr sich erübrigt. Diese Problem-Situation sollte einige Jahre nach der Münchner Uraufführung der Oper manche deutsche Stadt betreffen, die von Kommandanten bis zur letzten Minute und um jeden noch so blutigen Preis gehalten und damit der sicheren Vernichtung preisgegeben wurde.

Der Kommandant im *Friedenstag* repräsentiert diesen Typ Befehlshaber. Strauss stellt sich und uns die Frage: Besteht eine Chance für diesen Mann, noch rechtzeitig einsichtig zu werden? Strauss – und das ist mir wichtig – behauptet hier etwas, was jeder Realpolitik entgegensteht: daß immer und sofort Frieden möglich ist, wenn beide Seiten einen Schritt zurückgehen, ihre Verbohrtheit aufgeben, ihr Feindbild fallenlassen. Dieser Standpunkt hat von jeher sehr verwirrt: Es konnte nicht angenommen werden, daß das als Behauptung in einem Kunstwerk formuliert ist. – Kanonen gehen los, der Kommandant meint, jetzt wird angegriffen, jetzt müssen wir uns verteidigen. Und dann gibt es unerwartet eine ganz stille Fläche; man greift nicht an, statt dessen warten alle, sitzen in ihren Verschanzungen. Plötzlich läuten alle Glocken – ein grandioser Moment. Es wird also hier in gewisser Weise von Strauss das Wunder des Friedens behauptet. Es wird nicht aufgrund der uns bis heute begegnenden politischen Zweckerwägungen unter Umgehung eines wirklichen Friedensbedürfnisses ein Waffenstillstand ausgehandelt, sondern Frieden stellt sich ein, und die Glocken verkünden ihn. Ein schwer zu begreifender Vorgang! Alle wundern sich deshalb, niemand ist in der Lage, das spontan nachzuvollziehen, bis sie es langsam zu verstehen beginnen. Nur einer versteht es nicht: der Kommandant.

Diese Behauptung ist in unserer Realität schwer durchzusetzen. Wir können nicht mehr daran glauben, daß Frieden so relativ einfach zu haben ist, wenn alle gemeinsam nur einen Schritt zurücktreten. Feindbilder gehen nach traditioneller Vorstellung niemals verloren, das ist uns so eingetrichtert worden. So haben wir auch Schwierigkeiten, von ihnen abzulassen. Das empfinde ich als eine enorme Botschaft, die Richard Strauss uns hinterlassen hat.

Jüngst habe ich mit dem allerletzten Stück von Strauss Kontakt bekommen, mit *Des Esels Schatten,* einem dem *Friedenstag* thematisch verwandten Werk. Es zeigt die Absurdität eines Streites um den Schatten eines Esels, in dessen Genuß der Mieter des Esels kommen möchte. Der Besitzer des Esels aber fordert zusätzlich zur Miete ein Extra-Geld für den Schatten, den sein Esel wirft. Der Mieter weist die Forderung zurück. Darüber entbrennt ein Streit, der vor Gericht gebracht wird. Anwälte werden eingeschaltet, die Stadt kommt in Bewegung, ein faschistischer Schuster ruft auf zum Kampf gegen die gegnerische Partei. Am Schluß ist der Esel tot, weil man ihn über die Auseinandersetzung in einem Nebenraum innerhalb des Gerichtsgebäudes, wo er abgestellt war, vergessen hat. Diese Farce, dieser Irrsinn und Irrwitz von menschlichen Spielregeln, daß Probleme nämlich einzig mit Gewalt zu lösen seien, wird von Strauss wieder ad absurdum geführt: Wenn es nicht mehr möglich ist, sich bei Hitze in einen Schatten zu setzen, und zwar ohne dafür bezahlen zu müssen, entsteht, überspitzt gesagt, Mord und Totschlag. Es kann doch kein Zufall sein, daß Strauss dieses Thema zum Ende seines Lebens hin aufgreift oder sich zuspielen läßt. Beide Werke, *Friedenstag* und *Des Esels Schatten*, werden so gut wie überhaupt nicht gespielt. Liegt das an Strauss? Es liegt an der Opernwelt, die kanonisiert, was ihr wert ist, und ausgrenzt, was sie nicht wahrhaben will.

Herrscht Ignoranz nun nur gegenüber den Stoffen oder auch gegenüber der musikalischen Qualität? Gerade der *Friedenstag* ist in der Hinsicht manchem Vorwurf ausgesetzt. Das Ende dieser Oper zum Beispiel, das lange C-Dur, ist als affirmative Geste abgetan worden. Carl Dahlhaus hat diesen Schluß praktisch umgemünzt: Er hat die Oper als ein Kriegsstück interpretiert und aus ihm Strauss' Zustimmung zu den politischen Erscheinungen während der Entstehungszeit des Werkes konstruieren wollen. Daran schlösse sich die schwierige Frage an, ob andere Strauss-Opern musikalisch wertvoller oder feiner und sensibler sind, weniger penetrant als der *Friedenstag*. Oder auch – sagen wir einmal – kunstgewerblicher.

Das Ende von Beethovens *Fidelio* wäre dann ebenfalls als penetrant zu bezeichnen. Es geht da aber nicht um schöne oder penetrante Musik, sondern es geht um gute, und das heißt: um richtige Musik. Und das Ende, wie übrigens auch in Webers *Freischütz*, bedeutet eben nicht die Lösung der Probleme. Auch in Beethovens Neunter klingt das Ende wie der Schrei von Verzweifelten, wenn die Soprane so überlang ein hohes »a« aushalten müssen, daß es nicht schön klingen kann. Das wußte Beethoven natürlich: Er wollte am Ende einen Schrei haben. Der Taumel, das Positive wird behauptet; es wird sozusagen verlangt, es möge sein – »überm Sternenzelt muß ein lieber Vater wohnen«. Das ist der übertriebene Gestus, das Penetrante.

Ich denke, beim *Friedenstag* begegnen wir etwas Ähnlichem. Und für mich ist der Vorwurf, das sei musikalisch nicht differenziert, dann seinerseits fragwürdig. Denn es gibt in der Oper ja auch ganz andere Musik, etwa das Duett zwischen Maria und ihrem Mann, dem Kommandanten. Das ist eine gewaltige Musik. Das Duett gipfelt darin, daß beide vollkommen unterschiedliche Texte singen. Er verherrlicht den Krieg, sie verflucht den Krieg, und das singen sie gleichzeitig, in einem hochdramatischen Duett verbunden. Diese Stelle ist für meinen Begriff ein Beispiel für Dialektik auf dem Musiktheater. Selbstverständlich klingt das nicht so schön, so harmonisch wie im *Rosenkavalier*; das ist einfach viel problematischer, dafür aber angemessen der Situation. Oder nehmen wir den Beginn der Oper: diese Hohlheit, diese leeren Klänge zum Erscheinungsbild der heruntergekommenen Soldaten, die nichts zu essen haben, ohne Freude ausharren müssen, sich nur noch gegenseitig den Kopf einschlagen können. Das ist keine minderwertige Musik, die zu diesem Bild erklingt! Sie macht es hörbar.

Als schön habe ich die Musik zum *Rosenkavalier* bezeichnet. Was heißt das, spricht das gegen Strauss' wohl beliebteste Oper? Sie wurde 1911 uraufgeführt, ist also entstanden ohne die Erfahrung des Ersten Weltkrieges und lange vor dem deutschen Faschismus, der im *Friedenstag* unausgesprochenes, aber eindeutiges Thema ist. Die Atonalität existierte bereits 1911. Aber bei Strauss/Hofmannsthal geht es um persönliche seelische Bereiche des Menschen, und da unternimmt Strauss den Versuch, das Wertvolle mit seiner Klangwelt zu fassen. Es ist angesichts der Thematik im *Rosenkavalier* durchaus angemessen, daß hier betont innerlich gesungen wird. Immerhin geht es um Verlust. Ich sehe den *Rosenkavalier* als Epochenstück, als ein epochales Stück, das über Epochen erzählt.

Es zeigt uns im ersten Akt feudales Leben, die aristokratische Situation, und die bedeutet: Es existiert viel Nähe zwischen den Menschen, es gibt Liebe, Wärme und auch Intrigen. Die Entfernung der Leute untereinander und voneinander ist gering. Da nimmt man auf die Moral keine Rücksicht, besser gesagt: Es gibt sie noch gar nicht, die bürgerliche. Man übergeht die Tatsache, daß zum Beispiel das Verhältnis zwischen der zweiunddreißigjährigen Marschallin und dem siebzehnjährigen Octavian im Grunde nicht statthaben dürfte. Man akzeptiert im Gegenteil: Die sind in Liebe verbunden, was allen bekannt und mit Händen zu greifen ist. Diese Situation enthält auch viele humorvolle Momente. Und zu dieser Welt gehört ein Typ wie der Ochs auf Lerchenau. Er verkörpert sozusagen das Urelement: schwer reglementierbar, schwer domestizierbar, schwer zivilisierbar. Der platzt ganz unvorhersehbar bei der Marschallin rein. Sieht er eine Frau, dann will er sie gleich anfassen. Da gibt es eine fünfzehnminütige, fast immer gestrichene Szene, wo er beschreibt, wie man diese und jene Frau an diesem und jenem Ort nehmen muß, und wie er das zu machen pflegt. Man muß sich den Ochs, wenn man sich seinen Praktiken nicht aussetzen will, vom Leibe halten. Aber er steht mit seiner Existenz sozusagen für die Lebendigkeit einer ganzen Sozietät ein. Und deshalb gehört ihm auch dieser wunderbare Walzer – Strauss ordnet ihm diese, sagen wir mal, sehr kräftige, ja, eine ausgesprochen körperliche Musik zu. Das ist das Leben: Gott ist noch nicht gestorben; die Leute werden vielleicht (oder wahrscheinlich) geschunden, aber alle leben noch vereint sozusagen unter einem Dach.

Im zweiten Akt bestimmt Faninal das Zentrum; er ist Kapitalist, ein Waffenproduzent, was ausgesprochen wird. Faninal ist bis in seinen musikalischen Gestus hinein um einiges simpler, primitiver als die anderen. Das Derbe gehört zu Ochs, das Glatte, Unpoetische, Unerotische, die Geldwelt dagegen zu Faninal. Der zweite Akt spielt deshalb nicht nur in einem anderen Haus, nämlich bei Faninal, sondern er berichtet uns von einer anderen, einer neuen Epoche. Faninal hat eine Tochter; sie erscheint mir dürftig in ihrem Charakter: Sie weiß nicht, was sie denken, wie sie sich verhalten soll. Statt sich zu entscheiden, betet sie sich das so her: Lieber Gott, was soll ich jetzt tun, ich bin doch ein anständiges Mädchen; darf ich das alles so mitmachen? Octavians Verlust – weg von der Marschallin und hin zu Sophie – ist immens. Das höre ich im letzten Akt. Denn womit endet die Oper? Mit diesem kleinen Liedchen in Terzen und Sexten – dürftig ist es. Das ist bereits in der Mitte des Jahrhunderts die Schlagermusik der Neuzeit, es antizipiert die dritte Epoche, nämlich die Jetztzeit als den Noch-mehr-Verlust an Körperlichkeit, an Lust, an Herz und natürlich auch an Geist. Alles liegt wie unter einer Eisschicht am Ende, wenn diese schönen Klänge einsetzen. Auch die silberne Rose im zweiten Akt steht als Symbol dafür ein: Sie ist eben silbern, Stimmung und Atmosphäre sind kalt. Das Stück im ganzen geht sozusagen vom Warmen zunehmend ins Kältere über. Der erste Raum – bei der Marschallin – ist intim und warm; ein enger Raum beinhaltet immer mehr Wärme. Bei Faninal herrscht Größe und Leere, da haben wir fast schon eine faschistische Bauweise, es sind Riesenpaläste zum Repräsentieren. Ein Innenleben wie die Aristokraten, wie die Marschallin, kennt Faninal nicht. Dem würde nie einfallen, nachts Uhren anzuhalten. Und in dieser Welt wird Ochs verwundet, denn in dieser Welt hat er keinen wirklichen Platz mehr.

Im letzten Akt, den ich mit Jetztzeit, was die Epoche betrifft, bezeichne, finden sich die handelnden Personen und wir uns in einem Lokal wieder, in dem Gespenster aus der Wand kommen. Dort will man Ochs verunsichern, ein Spaß soll das Ganze sein. Aber es ist kein Spaß mehr, sondern es bedeutet für mich allen Ernstes die Austreibung des Urelementes von Leben, von Lebendigkeit. Dieser derbe, rülpsende, aber unwiderstehliche Ochs – ja, wenn ich es inszenieren würde, dann wäre das keine spaßige Angelegenheit mehr, sondern eine zutiefst bedrückende. Das entspricht der modernen psychologischen Methode, jemanden in seiner Identität zu verunsichern und im wahrsten Sinne des Wortes verrückt zu machen. Ochs erträgt das nicht, er zieht sich zurück (»Leopold, mir gengan!«). Er hat noch genügend Instinkt, zum rechten Zeitpunkt der Zi-Zi-Zi-Zi-Zivilisation – frei nach Brechts *Mahagonny* – den Rücken zu kehren. Und zum letzten Mal erklingt sein Walzer – wie ein großer Abschied mutet das an. Danach kommt nur noch der Abschied der drei Frauen, die Hosenrolle des Octavian mitgerechnet – überhaupt: Ist das ein Mann, ist das eine Frau, warum läßt Strauss hier drei Frauenstimmen erklingen?

Man hat im *Rosenkavalier* eine aristokratische Epoche, eine Epoche des Geldes, des Kapitalismus und eine jetzige (die natürlich auch eine des Geldes ist), in der durch die Maschinisierung, die Computerisierung, die Digitalisierung der menschliche Kontakt noch weiter zurückgedrängt wird, in der die Entfernung zwischen den Menschen sich weiter vergrößert hat, wo das Ungebildete, das Herzensungebildete die Poesie verdrängt. Das meine ich mit Verlust für den Octavian, wenn er ab jetzt mit der Sophie zusammengeht. Sicher, sie ist jünger, sie ist vielleicht für den Moment ein bißchen anziehender als die Marschallin. Aber was um Gottes willen will Octavian nach dem Erlebnis Marschallin mit diesem naiven Mädel Sophie anstellen? Das Ergebnis wird sein: Sexualität ohne Seele in Terzen und Sexten durchs silbern klingelnde Leben. Das ist die Perspektive für das junge Paar.

Die Musik zwischen der Marschallin und Octavian am Anfang der Oper ist total anders. Und für mich ist eindeutig, daß hinter der Vertreibung des Ochs die Marschallin steckt. Die hat das Kneipen-Szenario gemanagt und finanziert. Die Marschallin trauert über den Verlust des Octavian, ihres Liebesgefährten. Einen so prallen Lebensball vor sich springen zu sehen wie den Ochs, der da immer redet, wie man diese und jene Frau …, der wird unerträglich, wenn man selbst diese Lebensmöglichkeit verloren hat. Die Marschallin leidet schon jetzt an der Einsamkeit, von der sie weiß, daß sie ihr Schicksal bestimmen wird. Obwohl sie erst zweiunddreißig Jahre alt ist, laut Libretto, bedeutet das für sie in bestimmter Hinsicht das Ende. Deshalb hält sie es nicht aus, Ochs als Verkörperung von

Vitalität ständig vor sich zu sehen. Sie muß ihn aus ihrer Welt entfernen, um nicht selbst verrückt zu werden. Es ist im Grunde genommen eine sehr böse und sehr traurige Reaktion, die Vertreibung des Ochs. Und die künftige Welt von Sophie und von Octavian wird einerseits eine ohne die Marschallin und andererseits eine ohne den Ochs sein. Das ist dann genau unsere Welt.

Noch einige Überlegungen zu *Daphne*. Das ist griechische Mythologie: Eine Frau hat das Glück, mit einem Gott zu schlafen; zur Belohnung wird sie zu einem Baum, und sie darf fortan ein Baum bleiben. Und sie scheint darüber auch noch glücklich zu sein. Ich will mich gar nicht darauf einlassen, ob Strauss das auch so gesehen hat oder nicht. Für mich gilt: Ein Werk weiß mehr als sein Autor.

Strauss hat hier eine verkommene Gesellschaft komponiert. Daphnes Eltern, die Mutter Gaea und der Vater, sind heruntergekommene Götter. Gaea, die Urmutter, fordert von ihrer Tochter Frohsinn, will sie geradezu zur Leichtlebigkeit überreden. Schließlich ist Liebe angesagt in den Büschen rundherum, am Fest des Dionysos. Die Tochter hat ihre liebe Not, sich gegen Mutter und Vater zur Wehr zu setzen. Auch ihr Freund wirft ihr Prüderie vor. Diesen Vorgang empfinde ich als eine besondere Qualität: Das ist nicht länger eine gehobene griechische, schöne, mythologische Darstellung des Dionysos-Festes, sondern es ist ein ziemlich derber Schabernack. Daphne verweigert sich. Sie liebt die Bäume, die Sonne, und sie will sich dieser Sphäre unbelästigt hingeben. Dann erscheint der Sonnengott, dem sie verfällt und dem sie sich hingibt. Bei diesem Vorgang stoßen wir im Klavierauszug auf eine Seite besonderer Art: Die Stimmung verdunkelt sich ganz unüberhörbar, es wird alles bedrohlich, die Ahnung eines fundamentalen Unglücks legt sich über alles. Es wird nicht gesungen, das Orchester spielt allein. Was kann sich Strauss da vorgestellt haben?

Das Mädchen Daphne ist zur Frau geworden, ein Mächtiger hat sie sich genommen, der danach jedes weitere Interesse an ihr verliert – eine für sie tragische Entwicklung. Wir bekommen hier den typischen Fall einer Frau-Mann-Beziehung im Abendland vorgeführt wie zum Beispiel in Goethes *Der Gott und die Bayadere*. (Man lasse Brechts Sonett *Über Goethes Gedicht »Der Gott und die Bayadere«* als Kommentar nicht außer acht.) Ein solches Verhältnis besteht hier zwischen Apoll und Daphne; wenn Daphne es erkennt, verdunkelt sich die Welt. Aber dann ist es auch bereits zu spät. Denn Apoll bittet Zeus, er möge Daphne verwandeln. Aber warum in einen Baum? – Weil er nun Ruhe vor ihr haben will, sie hingegen sich nicht mehr entfernen noch sich äußern kann. Ihr junges Leben endet in einem Baum-Dasein. Und es ist der reine männliche Zynismus, sie nun liebevoll von der Natur, von den Bäumen singen zu lassen – und das in ihrer Existenz als Baum! Diese berühmten Vokalisen der Daphne am Schluß der Oper machen mich traurig, obwohl dieser Gesang so heiter, so leicht, so unverbindlich zu klingen scheint.

Hier liegt für mich der springende Punkt, da interpretiere ich diese Musik anders. Und ich behaupte, daß Strauss sehr deutlich zu uns spricht, deshalb muß auch nichts hineingeheimnist werden. Mir ist völlig unverständlich, warum man so oft geneigt ist, dieses Ende als ein schönes Ende zu verstehen: Von einem Menschen bleibt ein Baum übrig, nichts weiter. Nimmt man das als schönes Ende, dann verklären sich die Vorgänge zur Unwahrheit.

Strauss' *Daphne* wird kaum je gespielt. Der Stoff scheint uns nichts anzugehen. Das ist beim *Rosenkavalier* zwar nicht anders, aber der geht uns immerhin musikalisch etwas an. Immerhin handelt es sich um eine besonders gelungene Partitur. Die musikalische Welt der *Daphne* hat sich, im Gegensatz zu der des *Rosenkavalier,* nicht eingeprägt. Also wird das Werk als Ganzes nicht zur Kenntnis genommen. Das ist falsch. Ich bin überzeugt: Es geht uns im Gegenteil viel an, vom Gegenstand her, vom Stoff, von der Geschichte, vom Thema, und in der Folge ist die Musik dann auch anders zu hören und anders zu bewerten. Natürlich, wenn man das

Ende als Happy End sieht mit einer glücklichen Daphne im Kreise rührender Menschen, und alles erschöpft sich in mythologischer Heiterkeit, dann fehlt der Konflikt, den ich in dem Werk erkenne.

Das sind meine Lesarten von drei Strauss-Opern, von Theaterkonzepten, die Strauss mit verschiedenen, sehr unterschiedlichen Librettisten realisiert hat. Ihm wird oft Beliebigkeit bei seinen dramaturgischen Konzeptionen unterstellt, er habe sich von Werk zu Werk geändert, mal so, mal so komponiert. Aber er war gewiß kein Komponist, der nur herumgehorcht und sich dann gefragt hat: Was ist hier beliebt, was schreibe ich jetzt. Das liefe auf schöpferischen Opportunismus hinaus, und das ist für mich viel zu kurz gegriffen. (Auf diese Weise erklärt man dann auch Wagner kurzerhand zum Nazi.) Was wäre das für eine Vorstellung von Komponisten, von ihrem höchst komplexen Leben und Arbeiten; wie Noten aufs Papier kommen; was sich da ausdrückt aus einem Menschen und aus einer Zeit, die durch den Menschen hindurchgeht. Für mich ist Strauss deshalb eine erst noch zu entdeckende Größe. Werke wie der *Rosenkavalier* und *Daphne,* die keine explizit politischen Themen exponieren, werden heute unerwartet interessant hinsichtlich der Frage, was für ein Mensch und Komponist sich hinter ihnen verbirgt. Bei *Daphne,* glaube ich, hat Strauss – vielleicht klugerweise oder zumindest listigerweise – nichts unternommen gegen eine bestimmte, nämlich klassische Interpretation, die unpolitisch erscheinen wollte; er hat diese glatten Interpretationen akzeptiert. In einer glatten Zeit.

Ich glaube, daß gerade in schwieriger Zeit, in diesem 20. Jahrhundert – und je weiter fortschreitend wir das Jahrhundert betrachten, desto komplizierter wurde und wird es (gerade in der Strauss-Zeit) – ich glaube also, da hat oft ein Selbstschutz eingesetzt. Die Komponisten haben – als gute Komponisten, und Strauss war ein guter Komponist – vieles sozusagen hinter ihrem eigenen Rücken gemacht, was verschlüsselt bleiben sollte. Was zum Beispiel in *Daphne* erklingt, ist schnell einzugemeinden in eine Sphäre des politisch Unbedarften – es klingelt mit vielen Effekten –, des letztlich Unpolitischen und damit Reaktionären, wenn man so will. Denn in einer politischen Zeit, so wird üblicherweise gefordert, müsse man sich auch politisch verhalten. Ergreift man nicht deutlich nachvollziehbar Partei gegen die Unmenschlichkeit, dann wird diese Haltung zum Politikum. Ich glaube aber, daß das nur nach außen so wirkt, daß sich dieses scheinbar oberflächliche Geklingele und Klassisch-Burleske sehr gut deuten beziehungsweise umdeuten läßt. Strauss beweist es uns. Man muß eben nur genau hinhören.

Man wird so kritische Lesarten wie die von mir entwickelten zweifellos auf viele Werke von Richard Strauss anwenden können. Tut man das, dann erkennt man Wesenszüge in Strauss' Schaffen, die darauf warten, herausgearbeitet zu werden. Ein Werk, mit dem man so verfahren kann, ist das Werk eines großen Komponisten.

Scheitern als Chance

Gespräch zu *Daphne* von Richard Strauss

Hintze: Ein Brief, den du mir vor nunmehr fast sechs Jahren geschrieben hast, beginnt mit dem etwas schockierenden Satz: »Habe gestern und heute *Daphne* gehört und gelesen. Schauerlich!« Gegen Ende des Briefes heißt es dann erläuternd: »Beim ersten Mal fand ich die Musik entsetzlich. Beim zweiten Mal das, was sie beschreibt.« Was beschreibt diese Musik?

Konwitschny: Zunächst einmal eine ziemlich kaputte Welt. Und eine schlimme Geschichte, die sich da abspielt. Wenn man sie ganz kurz zusammenfassen wollte, könnte man sie etwa so beschreiben: Es geht um eine junge Frau (Daphne), die ganz anders ist und sein will als alle anderen Menschen um sie herum und die dafür ausgelacht und schließlich bestraft wird.

Hintze: Inwiefern eine kaputte Welt?

Konwitschny: Das Stück führt uns in das alte Griechenland, an den Fuß des Olymp. In dieser mit den erhabensten Mythen der Menschheit verbundenen Gegend finden wir eine sehr merkwürdige Gesellschaft vor, die anscheinend nur noch ein Schatten einer glorreichen Vergangenheit ist. Daphnes Mutter heißt Gaea. Das ist der Name einer Urgöttin, eigentlich der Erde selbst, einer Gottheit jedenfalls, die älter ist als Zeus und seine Familie. Sie tritt aber hier nicht als Göttin in Erscheinung, sondern als normale Frau, die Ehegattin eines alten Fischers. Und dieser alte Fischer wiederum heißt Peneios. Das ist der Name eines Flußgottes, aber auch Peneios ist nicht mehr, was er einmal war. Gelegentlich spricht er ziemlich wirr davon, daß auch er einst Gott gewesen sei, aber er ist es nun offensichtlich nicht mehr. Es handelt sich hier also allem Anschein nach um eine Welt im Niedergang, die schon ziemlich verkommen ist. Und diese Leute feiern nun ein Fest.

Hintze: Das »Fest der blühenden Rebe« zu Ehren des Dionysos, ein Frühlingsfest also, mit dem das Wiedererwachen der Natur gefeiert wird.

Konwitschny: Und hier wird es wirklich merkwürdig. Man sollte doch meinen, daß Menschen, die ein solches Fest begehen, in dem die Schönheiten und Wunder der Natur gefeiert werden – das größte Mysterium, das wir kennen: das neue Wachsen und Blühen im Frühjahr –, daß diese Menschen die angeblich gefeierte Natur lieben und verehren. Beim Lesen des Stückes wird aber rasch deutlich, daß eigentlich nur Daphne, die mit den Bäumen spricht, ein solches Verhältnis zur Natur hat. Gleich im ersten Monolog beklagt sie heftig, daß die Menschen die Gräser zertreten und die Quellen trüben, mit anderen Worten: die Natur nicht respektieren, sondern sich rücksichtslos unterwerfen. Und eben für dieses liebevolle Verhältnis zur Natur wird sie von ihrer Umgebung verspottet. Auch an diesem Fest sieht man also deutlich die Zeichen des Verfalls, sein eigentlicher Sinn ist schon in Vergessenheit geraten, zurückgeblieben ist nur noch das Wissen, daß man einmal im Jahr Gelegenheit hat, sich richtig vollzusaufen und seiner Geilheit freien Lauf zu lassen, ohne Rücksicht auf Verluste. Die umgebende Natur ist längst vergessen.

Und dann taucht da ein wirklicher Gott auf: Apollo. Allerdings verhält der sich keineswegs, wie man es von einem Gott erwarten würde. Er hat diese hübsche Jungfrau entdeckt, und die will er haben. Also verkleidet er sich, belügt die Menschen und schleicht sich bei dem Fest ein. Er kommt zum Ziel, schläft mit Daphne, und dann überläßt er sie ihrem Schicksal, kümmert sich nicht mehr um sie. Freilich reagiert er trotzdem kleinlich eifersüchtig, wenn er bemerkt, daß ihm jemand seine Eroberung wegschnappen will. Leukippos, der Daphne liebt, wird kurzerhand aus dem Weg geräumt, totgeschlagen. Das ist ein ganz simpler Mord, der überhaupt nichts Göttliches an sich hat. Und dann hat der Gott Wichtigeres zu tun und muß Daphne verlassen. Vorher hinterläßt er ihr aber noch ein Geschenk. Sie hat doch immer gesagt, die Bäume wären ihre Brüder. Na prima! Dann machen wir sie eben selbst zum Baum! Das ist eine ganz infame Geschichte, ich kann das beim besten Willen nicht anders lesen. Wie wenn bei der Armee gefragt wird, wer Klavier spielen kann, und wer sich meldet, der muß dann das Klavier in den zweiten Stock tragen. Was immer Gregor und Strauss sich dabei gedacht haben mögen, sie haben das gedichtet und komponiert. Es ist komponiert, wie diesem Menschen die Sprache genommen wird, also die Möglichkeit, mit anderen Menschen zu kommunizieren, wie Daphne in diesen Baum eingeschlossen wird, wie ihr also ihr Menschliches genommen wird.

Hintze: Ist *Daphne* ein Stück über ökologische Probleme?

Konwitschny: Das kann man so einfach sicherlich nicht sagen. Aber es ist doch interessant, daß die Titelgestalt Dinge sagt und denkt, die für uns heute von wirklich großer Bedeutung sind. Vielleicht von größerer Bedeutung, als die Autoren damals ahnen konnten. In einer Zeit, wo wir schon nicht mehr wissen, ob wir die selbstverschuldete Zerstörung unseres Lebensraumes überhaupt noch aufhalten können, gewinnt eine solche Figur eine ganz unerwartete Relevanz. Und die Tatsache, daß die Gesellschaft ihre Botschaft nicht zur Kenntnis nimmt und verlacht, natürlich auch.

Hintze: Richard Strauss und sein Librettist Joseph Gregor haben das Stück 1937 geschrieben, die Uraufführung fand 1938 statt, im faschistischen Deutschland und kurze Zeit vor dem Ausbruch des Zweiten Weltkrieges. Haben die Autoren beabsichtigt, diese Zeit, in der sie lebten, in ihrem Werk widerzuspiegeln?

Konwitschny: Das glaube ich nicht. Nach allem, was wir über die Entstehungsgeschichte des Werkes und die Absichten der Autoren wissen, hatten sie wohl eher das entgegengesetzte Ziel: Da Strauss die Realität des nationalsozialistischen Deutschland verabscheute, wollte er ein Werk schaffen, daß von diesem Schmutz ganz unberührt ist. Er begibt sich also in sein geliebtes antikes Griechenland, wo scheinbar noch alles rein ist, versucht erneut, aus den klaren Quellen zu schöpfen, aus denen die Großleistungen der abendländischen Kultur geflossen sind.

Das Stück ist das Produkt eines Fluchtversuchs. Strauss war nie der Mann, der sich wirklich kritisch und wohl gar noch kämpferisch mit seiner Zeit auseinandergesetzt hätte. Politisch war er sicherlich eher naiv, wie sein Versuch, als Präsident der Reichsmusikkammer »Schlimmeres zu verhüten«, wie er sagte, deutlich genug zeigt. Er hat die Oper, die Musik über alles geliebt. Das war die Welt, in der er lebte, in geistiger Gemeinschaft mit den Großen unserer Kultur, mit den großen Komponisten, Dichtern, Malern. (Was Krieg eigentlich bedeutet, ist ihm ja erst klar geworden, als plötzlich auch die Opernhäuser, in denen seine Werke aufgeführt wurden, in Schutt und Asche lagen.) Und es tat ihm natürlich weh, die Unkultur der braunen Machthaber zu erleben, damit wollte er nichts zu tun haben. Diesen Entwicklungen will er sich nicht fügen. Eine reale Möglichkeit, mit der Kunst einen aktiven Beitrag zur Verbesserung der Gesellschaft zu leisten, gibt es für ihn aber nicht. Es bleibt ihm nur der Rückzug in den Elfenbeinturm. So setzen sich diese hochgebildeten und überaus kultivierten Männer zusammen – der Komponist Richard Strauss, der Theaterwissenschaftler Joseph Gregor, der Dirigent Karl Böhm, dem das Stück gewidmet ist – und schaffen sich eine Gegenwelt, beflügelt von ihrer Liebe zum Schönen. Und das Schöne ist für sie eben vor allem in der Antike zu finden, diesem Griechenland mit seinen großen mythischen Gestalten.

Hintze: Trotz allem scheint das Stück in gewisser Weise gerade diese Situation der Autoren in ihrer Zeit zu spiegeln. So wie sich Daphne aus dem Treiben der Menschen heraushält und sich denen zuwendet, bei denen ihr wohler ist, den Bäumen, der Natur, haben doch auch Strauss und Gregor versucht, sich aus der Welt herauszuhalten. Insofern gibt es zwischen den Autoren und der Titelfigur eine deutliche Analogie. Was du aber bisher über das Stück gesagt hast, legt den Schluß nahe, daß es sich bei der Welt, die das Stück darstellt, nicht um dieses heitere Arkadien handelt, in dem wir alle sein möchten, und in das die Autoren wohl fliehen wollten.

Konwitschny: Nichts, das ein Künstler tut, ist wirklich außerhalb der Zeit, in der er es tut. Selbst wenn er sich vorsätzlich von dieser Zeit abwendet, um sie nicht mehr zu sehen, wird eben dieser Prozeß der Abwendung das Zurückgewiesene wieder einlassen. Darin liegt gewissermaßen die Ironie der Geschichte: daß der Versuch der Rückwendung in die Zeit der Anfänge und ersten großen Blüte unserer Kultur dazu führt, daß gerade in diesem Versuch einer Wiederbelebung des Guten Alten die zeitgenössische Situation durchbricht, indem nämlich der reine Quell, aus dem hier geschöpft werden soll, unter der Hand zu einer Kloake der sich zersetzenden abendländischen Kultur wird.

Hintze: Muß man bei dieser Lage der Dinge nicht zugeben, daß das Werk mißlungen ist, weil die Autoren nicht vermocht haben, ihre Absichten zu realisieren? Und wenn das so ist, lohnt es dann überhaupt, das Werk noch aufzuführen?

Konwitschny: Im Sinne eines klassischen Kunstideals muß man wohl sagen, daß das Projekt von Gregor und Strauss gescheitert ist. Aber im Scheitern kann eine Chance liegen. Durch die Brüche, die das Mißlingen verursacht hat, ist die Zeit der Autoren, die doch draußen bleiben sollte, quasi in das Werk eingesickert. Nach dem bekannten Satz von Heiner Müller ist das Werk klüger als der Autor. Das heißt, in ein Kunstwerk können sich Dinge einschleichen, die nicht in den Absichten des Schöpfers liegen, die ihm nicht bewußt sind, die sich seiner Kontrolle entziehen. Das bedeutet, daß es eben nicht genügt, den Intentionen der Autoren nachzuforschen. Vielleicht noch wichtiger ist es, zur Kenntnis zu nehmen und zu erfragen, was die Autoren tatsächlich realisiert haben. So betrachtet, kann ein Werk ganz unerwartete Aspekte offenbaren, die eine Aufführung unbedingt lohnend erscheinen lassen. In diesem Falle stellt sich die Frage nach der Qualität anders. Ich denke, daß es sich bei *Daphne* um ein gutes Stück handelt, und zwar gerade, weil es gescheitert ist. Denn das Scheitern der ursprünglichen Konzeption hat dem Werk zu seiner Wahrheit verholfen.

Hintze: Das erinnert mich an die Geschichte von Berthold Schwarz, der unter größten Mühen und Entbehrungen rastlos versucht hat, den Stein der Weisen zu finden und schließlich zufällig der Erfinder des Schießpulvers wurde. Ist das ein ähnlicher Fall wie der hier beschriebene?

Konwitschny: Der Fall liegt ähnlich. Und die Analogie ließe sich noch weiterführen: Wir würden uns nicht sonderlich vernünftig verhalten, wenn wir das Schießpulver als Mittel zur Herstellung von Gold aus Blei verwenden wollten statt zu dem Zweck, zu dem es wirklich geeignet ist, nur weil die Intention des Erfinders eine andere war als das Ergebnis.

Hintze: Du klopfst das Werk also, einem Brechtschen Wort folgend, auf seinen Materialwert hin ab?

Konwitschny: So kann man es sagen, aber ich denke, man muß das etwas näher erläutern, um Mißverständnisse zu vermeiden.

Zunächst muß man davon ausgehen, daß das Theater ein eigenständiges Kunstwerk schafft, also nicht einfach die Aufgabe hat, bereits existierende Werke vorzuführen. Theater ist seinem Wesen nach eine gegenwärtige Kunst, es existiert nur in dem Moment, in dem es gespielt wird und kann nicht konserviert werden. (Selbst die Aufzeichnung einer Theateraufführung ist eben nur die Aufzeichnung, nicht die Aufführung selbst.) Hieraus folgt unmittelbar, daß sich das Theater die Stücke, mit denen es umgeht, und die in das Kunstwerk Aufführung eingehen, in einer Weise aneignen muß, die der Gegenwart entspricht. Das bedeutet nicht unbedingt, daß das Stück zerschnitten, umgestellt und bearbeitet wird, obwohl auch das durchaus legitim sein kann. (Der Begriff »Materialwert« könnte dieses Mißverständnis hervorrufen.) Das machen wir aber in diesem Falle nicht – die Partitur, die Strauss komponiert hat, und der Text, den Joseph Gregor gedichtet hat, bleiben unangetastet. Und sie bleiben die wesentliche und verbindliche, struktur- und gedankenbestimmende Grundlage der Aufführung. Wir halten uns freilich ausschließlich an das, was man vielleicht das Materielle eines solchen Stücks nennen könnte, also die Partitur, die geschriebenen Noten, den Text, die dramatischen Entwicklungen, Figurencharakteristiken, wie sie die musikalischen Strukturen dieses Werkes definieren. Das »Ideelle«, die Ideologie der Autoren, gewissermaßen den Überbau, halte ich dagegen nicht für wirklich wesentlich. (Trotzdem muß man das alles natürlich gründlich zur Kenntnis nehmen und in seine Überlegungen einbeziehen.)

Hintze: Möglicherweise stellen sich jetzt einige Leser eine Frage, die häufig in Diskussionen über deine Inszenierungen aufgeworfen wird: Warum benutzt du dann ein altes Werk, warum schreibst du dir nicht ein neues, das die Gedanken, die dir wichtig sind, ausdrückt?

Konwitschny: Diese Frage geht von der nicht bewiesenen (und nicht beweisbaren) Überzeugung aus, das Werk sei etwas, das ein für alle Male festgelegt ist und sich nicht mehr verändert. Ein Text verändert sich aber je nach der Zeit, in der er gelesen wird, und in dem Maße, wie sich der Leser ändert. Weil sich der Leser ändert. Man denke an das Staunen, das wir alle kennen, wenn wir ein Buch nach zwanzig Jahren wiederlesen. Haben sich die Buchstaben verändert? Nein – aber wir sind andere geworden. Denn wenn ich einen Text lese, sickert natürlich auch meine Zeit in diesen Text hinein. Eine »objektive« Analyse, die absieht von den Umständen, unter denen der Text gelesen wird, ist vollkommen unmöglich. Dadurch aber verändert sich das Werk selbst und ist immer wieder neu. Gerade das ist es, nebenbei bemerkt, was den Reiz bei der Beschäftigung mit alten Kunstwerken ausmacht.

Ich habe schon vorhin darüber gesprochen, welche unerwartete Aktualität Daphnes inniges Verhältnis zur Natur heute gewinnt. Man kann nicht behaupten, dieser Aspekt sei im Werk nicht vorhanden. Allerdings war dieser Wesenszug der Titelfigur für die Autoren wohl eher ein rührender Charakterzug der jungen Frau, aber kaum ein zentraler Gedanke des ganzen Stückes, zu dem er aber in einer heutigen Aneignung notwendigerweise wird. Dasselbe gilt für diese sonderbare Gesellschaft, die da das Dionysos-Fest feiert. Gerade im Gegensatz zu Daphne und ihren für uns heute so aktuellen Gedanken gewinnt auch diese Gesellschaft plötzlich Züge, die mir hochmodern scheinen. Das sind Leute, die anscheinend nach dem Motto »Nach mir die Sintflut« leben, ohne Rücksicht auf Verluste und auf den Mitmenschen, die nur noch auf den Genuß des Augenblicks aus sind. Das ist doch ein ganz aktuelles Phänomen, diese Gedankenlosigkeit, dieser Egoismus und diese Unfähigkeit zu wirklichem Erleben. Um überhaupt noch etwas zu fühlen, leihe ich mir eben einen Jeep aus und fahre durch die Wüste, den Müll lasse ich natürlich überall herumliegen, das Benzin läuft aus und so weiter, aber darauf kommt es nicht an. Ich bin hier, und ich will meinen Spaß, und nur das ist wichtig. Und dagegen steht dann die Frau, die sagt: Man darf aber die Gräser nicht zertreten, und auch die Bäume haben eine Seele. Dafür haben die natürlich nur ein müdes Lächeln übrig. Das ist doch in dem Stück drin. Und es ist hochaktuell und wirklich politisch. Soll ich das jetzt übersehen, weil ich weiß (zu wissen meine), daß die Autoren die Absicht hatten, ein durch und durch apolitisches Stück zu schreiben?

Hintze: Es gehört trotz allem eine gewisse Kühnheit dazu, einfach zu behaupten, man wisse besser als die Autoren, was sie geschaffen haben. Wovon läßt du dich bei solchen Aussagen leiten?

Konwitschny: Ich habe es schon angedeutet: Das einzige wirklich entscheidende Material ist die Partitur. Was es an Äußerungen des Komponisten über sein Werk gibt und was wir über seine Biographie und seine Zeit wissen, ist wichtig, aber letztlich nicht entscheidend. Das Wesentliche eines solchen Werkes ist in diesen Noten enthalten. Und in meinen Überlegungen gehe ich von diesem Material aus, das ich freilich ganz bewußt und absichtlich mit den Augen eines Menschen von heute lese. Bei *Daphne* fielen mir beim Studium der Musik sofort diese seltsamen Modulationen auf. Die große Anzahl der teilweise sehr gesuchten harmonischen Wechsel bewirkt ziemlich rasch, daß man bei dieser Musik den Eindruck von Orientierungslosigkeit hat. Man verliert quasi den Boden unter den Füßen. Aber auch die Melodik wird oft von einer kaum nachvollziehbaren Ornamentik verschleiert. Aus der Verwirrung, in die diese Musik den unvorbereiteten Hörer stürzen kann, entstand bei mir auch zunächst dieses Gefühl »schauerlich«, von dem am Anfang die Rede war. Wenn ich aber eine solche Musik nicht an einem einmal vorgegebenen Maßstab für Gelingen messe, sondern in ihrem szenischen Kontext befrage, stellt sich die Sache rasch anders dar. Dann wird diese Musik, die zur Beschreibung und Strukturierung theatralischer Vorgänge dienen soll, zum Ausdruck des Zustands einer Welt. Und wenn man sie so nimmt, merkt man rasch: In dieser Welt stimmt etwas nicht. Ein weiteres Studium macht dann klar, was in dieser Welt nicht stimmt, und dann erhält diese scheinbar so wirre Musik plötzlich einen Sinn, der – man kann es nicht oft genug wiederholen – nicht im Bewußtsein des Komponisten war, möglicherweise aber in seinem Unbewußten.

Hintze: Zum Schluß die alles entscheidende Frage: Warum ausgerechnet *Daphne?*

Konwitschny: Weil ich glaube, daß das ein gutes Stück ist, mit dem sich Wichtiges über unsere Zeit und unser Sein in der Welt sagen läßt. Und weil ich überzeugt bin, daß Theater genau das tun soll: Stellung nehmen zu den Problemen, mit denen wir uns heute konfrontiert sehen, eingreifen in das Leben außerhalb der »fensterlosen Häuser« – wie Brecht einmal die Theater genannt hat –, Impulse geben für eine Entwicklung, in deren Ergebnis die Welt vielleicht endlich wirklich bewohnbar sein wird.

Operettenwahrheiten
Konzeptionelle Gedanken zur *Csárdásfürstin*

Erstaunlich, daß die *Csárdásfürstin* 1915, also mitten im Krieg, uraufgeführt wurde! Immerhin brach mit dem Ersten Weltkrieg Österreich-Ungarn auseinander. Und nicht nur das: Europa, wie man es bis dahin kannte, ging unter. Die menschlichen Beziehungen waren sehr stark geprägt von diesem Desaster im Zentrum der Alten Welt, das damals Wien war. Und in dieser Situation wird eine Operette geschrieben – nicht nur eine. Wie kann man sich das erklären?

Hier kommen wir zu einem wichtigen ästhetischen Bestandteil der Operette: zur Musik, zum Tanz. Zum Beispiel der Walzer: der entstand in Wien, sein Großmeister ist Strauss: »Donau so blau ...«. Sicher gab es auch vorher Tänze im Dreivierteltakt. Aber diesen rauschhaften Sog, gegen den man sich nicht wehren kann, in dem man einfach mitschwingen muß, das gab es nicht vor 1870, als man schon allenthalben ahnte, daß der Untergang heraufdämmert. Und wider Erwarten wurde damals etwas Schönes, Heiteres, Beschwingtes erfunden. Ich halte das aber für sehr logisch. Da ist eine Tendenz zum Tod einer ganzen Kultur, einer Epoche, des Abendlandes, und dagegen wehrt sich alles, was lebt. Weil es nicht natürlich ist, daß sich das Leben aufgibt, solange es nicht seiner Natur halber zu Ende geht. Wenn alles zu Ende zu gehen scheint, erwacht eine Gegenkraft in den Menschen, die das Leben behauptet. Und diese Kraft bricht sich Bahn in Fröhlichkeit, im Jux, im Über-die-Stränge-Schlagen. Dahin gehört der Tanz, der Walzer, der Csárdás. Der Körper bewegt sich. Das tut gut. Da merkt man, daß man nicht tot ist. Man läßt sich nicht unterkriegen durch die Verhältnisse. Da ist eine Gegenkraft. Und das ist eben die Operette.

Flucht aus der Realität in eine Traumwelt? Vielleicht. Aber eine Flucht zur Verteidigung des Lebens.

Wie es scheint, geht es da um eine Frau, die in den Kreisen der Hocharistokratie akzeptiert werden will, was nicht möglich ist, weil sie nur Sängerin in einem Varieté ist. Was geht uns das eigentlich an? Anscheinend nichts. Bei näherem Hinsehen zeigt sich aber, daß das nicht alles ist. Kurz gesagt: Es geht ja um einen Mann und eine Frau und ihren Kampf um ihre Liebe. Das Stück beginnt damit, daß die Frau nach Amerika will. Sie will weg von dem Mann, den sie liebt, weil sie keine Zukunft für ihre Beziehung sieht. Denn Edwin hat einen Vater, von dessen Macht er sich nicht befreien kann. Wenn der Vater ihm die nicht standesgemäße Beziehung verbietet, dann wagt er nicht zu widersprechen. Das Stück erzählt nun, wie sich der Sohn über verschiedene Krisen emanzipiert. Und am Ende heißt es: »Mag die ganze Welt versinken, hab ich dich!« Mit anderen Worten: Und wenn die ganze Welt untergeht, das spielt keine Rolle. Wichtig ist nur, daß wir unser Leben leben und gelebt haben, wenn es zu Ende geht. Nein, das sind keine Scheinkonflikte, das sind wichtige Fragen, die heute so aktuell sind wie 1915.

Nehmen wir das sogenannte Buffo-Paar. Das ist bekanntlich immer eine traurige Angelegenheit. Die müssen immer »komisch«

sprechen. Der Mann hat rote Stiefel an und sagt immer: »Servus! Bin ich dein Freind?« Mehr ist meist nicht los. Und darüber soll man lachen. Dabei ist dieser Boni ein wunderbarer Kerl. Eigentlich hat er schon alles hinter sich. Er ist ein älterer, erfahrener Mann, der so langsam von der Sexualität in die Philosophie hinüberdriftet, und hat sich in Sylva verliebt, weil sie eben eine tolle Frau ist. Aber er weiß, daß sie einen anderen Mann liebt, und hat sich schon damit abgefunden, nur ihr väterlicher Freund zu bleiben. Und dann passiert etwas sehr Unerwartetes und Schönes. Ihm läuft ein junges Mädchen über den Weg, und da verliebt er sich. Und das ist dann das zweite, das Buffo-Paar: ein gestandener Mann und ein ganz junges Mädchen. Und sie haben auch einige Probleme zu lösen, müssen einige Kämpfe durchstehen, bis sie endlich zueinander finden. Daß sie es schließlich schaffen, ist etwas Wunderbares. Der Mann, der sich schon fast aufgegeben hatte, findet zu einem neuen Glück, einer neuen Liebe. Weil das Leben sich eben nicht unterkriegen läßt, und weil da Hoffnung ist, so lange es nicht zu Ende geht. Die angeblich so witzlose Witzgeschichte dieser beiden ist also eine ganz große Geschichte, in der bei allem Witz eine tiefe Wahrheit und eine ganz große Hoffnung liegt.

Die Geschichte der Operette beginnt mit Offenbach. In seinen Stücken geht es grotesk und makaber zu, sie machen sich vorsätzlich über die Verhältnisse des Zweiten Kaiserreichs lustig. Diese Stücke mit ihrer witzigen, oft intelligent parodistischen Musik werden noch allgemein geschätzt. Weniger einhellig sind die Urteile schon bei der Wiener Operette, mit ihrer »Dui-du«-Seligkeit, in der anscheinend nichts mehr stimmt. Alle belügen sich, aber mit schönen Melodien. Und dann kommt die sogenannte »spätbürgerliche« Operette. Und da sind sich ziemlich alle einig, daß das ein schlimmer Verfall im Vergleich zu den Anfängen ist, ein Verlust auf der ganzen Linie, eine Sentimentalisierung und wie diese Vorwürfe immer heißen mögen. Ich kann diese lineare Sicht nicht nachvollziehen. Selbstverständlich gibt es große Unterschiede zwischen den Produkten aus den verschiedenen Phasen der Operettengeschichte. Aber das liegt natürlich an den ganz anderen Zeitumständen, unter denen sie entstanden und die sie jeweils auf ihre Weise dokumentieren. Vor allem glaube ich nicht, daß man von einem Verlust der subversiven Kraft der Operette sprechen kann. Diese Gegenkraft ist vor allem bei Kálmán, meiner Ansicht nach, sehr stark. »Ganz ohne Weiber geht die Chose nicht«, »Das ist die Liebe, die dumme Liebe« oder »Die Mädis, die Mädis, die Mädis von Chantant« – das sind doch Melodien, deren Schwung sich keiner entziehen kann. Es ist der Körper, der unmittelbar in Resonanz mit diesem Schwung gerät, eine Resonanz, die letztendlich eine Revolte des Körpers gegen die zunehmende Einzwängung in die Konventionen der Gesellschaft ist. Darin liegt ein subversives Potential ebenso wie im »holden Blödsinn«, der diesen Stücken so oft zum Vorwurf gemacht wird. Karl Kraus hat darauf schon 1909 hingewiesen: Dieser Un-Sinn wird zum Sinn, indem er sich der zunehmenden Rationalisierung des Lebens durch pure Irrationalität entgegenstellt. Die ständige strenge Kontrolle über die Bewegung des Kapitals kann Unberechenbares nicht gebrauchen und verkraften. Was sich ihr entgegenstellt, bildet, absichtlich oder nicht, eine Gegenkraft, weist hin auf die Möglichkeit einer Welt, in der es um andere Werte geht als um Aktienkurse.

Das sogenannte »Happy End« gehört zur Operette und fehlt natürlich auch in diesem Stück nicht. Es ist interessant, daß sich die wenigen Operetten, die einen tragischen Ausgang versucht haben, nicht durchsetzen konnten. Die Operette ist dem Publikum offensichtlich wichtig als Erfüllung der Hoffnungen auf der Bühne, wenn sie schon im realen Leben alle zuschanden werden. Man kann das spießig oder verlogen finden, wird doch aber nicht leugnen können, daß jeder die Sehnsucht nach Erfüllung seiner Liebe in sich trägt, mithin also ein »glückliches Ende« auch für die Konflikte in seinem eigenen Leben erträumt und erstrebt.

Die Operette erfüllt uns diesen Wunsch, in ihrer illusionären Welt kommt immer alles zum guten Schluß: Die beiden Paare, die so lange und schwer umeinander gekämpft haben, kommen glücklich zusammen. In unserer Aufführung wird dann auch der äußerliche Rahmen, die Architektur zugrunde gegangen sein, und es entsteht eine neue Möglichkeit des Seins, eine Möglichkeit, ganz von vorn zu beginnen. Und diese Leere ist der ideale Raum für die Liebe, wenn es nichts mehr gibt, wenn man nicht mehr auf Besitz aus ist, wenn sozusagen das »Haben« verschwunden ist und nur noch das »Sein« übrig bleibt.

»Tausend kleine Engel singen, habt euch lieb!« Ist das nun Kitsch? Sentimental? Kann man das heute noch ertragen? Ich glaube ja. Wenn es einem nicht mehr der liebe Gott sagt oder die Mutter, dann sagen es eben tausend Engelchen. Darauf kommt es ja nicht an. Es kommt doch darauf an, daß es wahr ist. Man sollte manchmal einfach Schluß machen mit dem Frust und sich lieb haben. Darum geht es, glaube ich.

»Falstaff«: Bitte keine Posse!

Es sind die vielen Späße, die uns den Spaß an Verdis *Falstaff* verderben. Das Stück ist anders als die anderen späten Opern, *Aida* oder *Otello*. Im *Falstaff* werden Wäschekörbe aus Bühnenfenstern in Bühnen-Themsen gekippt; Frauen tricksen sich gegenseitig aus; ein dicker Mann hält sich seinen dicken Bauch; und die Musik ist nichts als atemlos, kurzatmig, kurzlebig. Keine einzige berühmte Arie, kein einziger berühmter Chor.

1893, *Falstaff*, Verdis letzte Oper wird uraufgeführt. Der Komponist ist 80 Jahre alt. Er hat noch acht Jahre zu leben. Das spürt er. So ab Mitte Fünfzig weiß man um die Zeitlichkeit. Gleichzeitig geht eine Epoche zu Ende. Die Relativitätstheorie steht vor der Tür, und die Menschen gehen dazu über, sich industriell zu vernichten. Im Krieg steht man sich plötzlich nicht mehr gegenüber, von Angesicht zu Angesicht. Entsetzliche Katastrophen bahnen sich an, für das Sein, für das menschliche Bewußtsein.

Auch das klassische Tonsystem geht zu Grunde. Verdi kann nicht mehr so komponieren wie zuvor. Wagner spielt eine enorme Rolle, sein Einfluß in ganz Europa wird immer größer. Auf der anderen Seite drängt der Verismus, drohen Massenet und Leoncavallo. Da zieht es die Leute hin. Das wollen sie hören. *Die lustigen Weiber von Windsor* sind erfolgreicher als *Falstaff.* Das ist der springende Punkt. Denn *Falstaff* ist unpopulär, vorsätzlich unpopulär. Großartig! Verdi sagt einmal, dieses Stück solle nicht an der Scala herauskommen, sondern in Sant' Agata, auf seinem Landsitz. Ganz ohne Schnürboden, ohne jedes Theater. Vielleicht muß man sich den *Falstaff* eher konzertant vorstellen, mit einigen skurrilen Anmerkungen des Komponisten aus der allerletzten Reihe. Und das ist kein Spaß, keine Fopperei, keine Alterseitelkeit.

Die Musik zum *Falstaff* ist eine Zumutung für die Sänger. Es gibt Passagen, die sind rhythmisch so vertrackt, daß man sie gar nicht vollständig fehlerfrei singen kann. Und Verdi war ja ein Komponist, der wußte, was er da schreibt.

»Dein Gesicht soll über mir erstrahlen wie ein Stern über der immensità«, dichtet Falstaff. Immensità, das Immense, das Alles, die Schöpfung. Nichts Geringeres ist es, was dieser Mann von der Liebe erwartet.

Giuseppe Verdi, der weltberühmte Komponist, macht mit 80 Jahren etwas, das kein Mensch versteht. Und nur weil er eben Verdi ist, der geachtete, weltberühmte Komponist, sieht die Welt über ihr eigenes Unverständnis hinweg. Bis heute. Wenn es nicht von Verdi gewesen wäre, diesem weltberühmten, hoch integren Komponisten, würde das Stück vielleicht einmal aufgeführt worden sein. Einmal und nie wieder.

Um es gleich zu sagen: Ich glaube, daß alle Frauen im Stück mit Falstaff schlafen wollen.

Virilità. Das Wort wird gern falsch übersetzt. Denn virilità meint wirklich Zeugungskraft. Darum geht's. In einer Welt, in der die Männer durch ihre Ausübung von Macht und Unterdrückung impotent werden, geht es (den Frauen) um nichts anderes.

Arrigo Boito war nicht nur Verdis letzter und wichtigster Librettist, sondern auch mit Eleonora Duse eng befreundet. Ihr schickt er das *Falstaff*-Libretto. Sie schreibt ihm zurück: »Wie traurig ist Ihre Komödie.« Wunderbar, dieses Libretto zu lesen und ganz klar zu sagen: Wie traurig ist diese Komödie.

Die Witze im *Falstaff* stürzen alle nach kurzer Zeit wieder in sich zusammen. Wie ein Licht, das von einer Masse ausgeht, die so groß ist, daß das Licht nach einer Zeit wieder zurückkehren muß. Mit diesen Witzen kommt keine Heiterkeit in die Welt. Eher erschrickt man über das vermeintlich Lustige. Wenn Alice aus Falstaffs Brief vorliest »Dein Gesicht soll über mir erstrahlen wie ein Stern über der immensità«, dann lachen immer alle. Als wollten sie in sich selber etwas abtöten. Als wollten sie mit der Aggressivität ihres Hohngelächters alles andere übertönen.

Verdis Tod Ende Januar 1901 markiert den Einbruch der Moderne in die Welt. Den Anfang vom Ende, auch vom Ende des Theaters. Ein langer, schwerer, schmerzensreicher Abschied. Heute erübrigt sich das Theater, weil die Menschen nicht mehr spüren, daß es für sie wichtig ist. Das Dabeisein im Augenblick. Dieses unentfremdete, unverstellte Miteinanderleben-Können, dieses Kommunizieren-Können, wie man es im Theater lernen kann. Nur im Theater.

Wie ist es um die sogenannte junge Generation bestellt? Nannetta und Fenton – sind das Hoffnungsträger? Ich denke nein. Die passen sich an und machen ab und zu ein bißchen mit. Kein Widerstand, kein Protest, keine Alternative. Letztlich müßte dieses alberne Spiel um den bierbäuchigen Alten für junge Menschen doch vollkommen uninteressant sein. Ist es aber nicht. Statt dessen singen sie einen sehr merkwürdigen Text. Sie sagen nämlich nicht »Ich liebe dich« zueinander, sondern sie sprechen mit Worten über die Liebe und fassen sich kein einziges Mal an, streicheln sich nie, sind sich nie wirklich gut, haben nie die kleinste Poesie miteinander. Deshalb ist Fentons Arie auch so unglaublich melancholisch. Darin liegt keine Liebe, kein Begehren. Das ist Erinnerung, daraus spricht eine große unerfüllte Sehnsucht. Und unendlich viel Trauer über das eigene Unvermögen.

Schließlich haben wir es hier mit einer neuen Zeit in einer neuen Welt zu tun. Alles dreht sich ums Geld. Falstaff ist anders. Er ist Anachronist, er kommt noch aus der alten Zeit. Als die Frauen ihn spaßeshalber im Wäschekorb entsorgen wollen und die Fuhre an einen großen Haken hängen, merken sie nicht, daß der Korb keinen Boden mehr hat. Die Last entschwindet, entschwebt – und Falstaff bleibt unten sitzen. Und schaut. Und schreibt. Den Satz von der Duse. »Wie traurig ist Ihre Komödie.« Dann wirft er seinen falschen Bauch weg und geht ab.

So trocken. So bitter.

Aber was macht man denn nun, wenn man für die Szene verantwortlich ist, mit so einem Stück. Da sind wir auf die Idee gekommen, ein Hilfsmittel einzusetzen. Die Idee haben wir aus der Mathematik ausgeliehen. Wenn man eine so komplizierte Gleichung hat, daß man sie nicht auflösen kann, dann fügt man auf beiden Seiten ein »z« ein, das die Gleichung lösbar macht und am Ende wieder verschwindet. Und dieses »z« ist bei uns das Ende des Theaters. Verdi war am Ende seines Lebens, Shakespeare auch, und unser Jahrhundert geht zu Ende und diese Epoche. Und das ist meine siebente Arbeit an der Grazer Oper und wahrscheinlich die letzte, denn auch die Intendanz von Dr. Brunner geht zu Ende, an die meine Arbeit persönlich gebunden ist. Und dann: In unserer Epoche sind die Theater sehr bedroht. Viele werden abgewickelt aus Geldmangel. Aber es werden auch Theater überflüssig, weil die Menschen nicht mehr spüren, daß sie für sie wichtig sind. Statt dessen wächst die Unterhaltungsindustrie. Und wenn in unserer Rahmenhandlung das Opernhaus am Schluß besenrein als Immobilie zum Verkauf übergeben wird, dann ist das ein Vorgang von großer Trauer und Melancholie.

Der Text der berühmten Schlußfuge *Tutto nel mondo è burla* (»Alles auf Erden ist Spaß«) behauptet, daß letztlich alles Spaß sei auf Erden. Ist das wirklich eine weise Einsicht? Ist der Achtzigjährige nicht auch gequält? Und was schreibt er für eine Musik dazu? Eine Fuge. Das ist kein Spaß. Das ist nur furchtbar schwer.

Fuge heißt Gleichschaltung: Einer gibt das Thema vor. Einer hat die Macht. Dann müssen es alle anderen nachsingen. Damit endet der *Falstaff.* Das ist keine Theatermusik mehr. Das ist das Ende des Theaters selbst.

Andererseits: Wenn die Frauen Falstaff begehren, heißt das nichts weiter, als daß in dieser Welt noch nicht alles verloren ist.

Anhang

Textnachweise

»Gedanken beim Hören und Lesen der Musik«, zuerst erschienen in: Programmheft Bühnen Graz/Steiermark zur Premiere von Smetana, *Die verkaufte Braut* am 24. Februar 1991 (vom Hrsg. leicht gekürzt)

»Konzeptionelle Notiz zu La Bohème«, zuerst erschienen in: Programmheft Oper Leipzig zur Premiere von Puccini, *La Bohème* am 15. Dezember 1991

»Endspiel und neuer Gedanke«, zuerst erschienen in: Programmheft Theater Basel zur Doppelpremiere von Bartók, *Herzog Blaubarts Burg* / Schönberg, *Erwartung* am 9. Juni 1991

»Theater wird zum Politikum. Parsifal als Dokument aus dem Jahre 1882«, zuerst erschienen in: Programmheft Bayerische Staatsoper zur Premiere von Wagner, *Parsifal* am 1. Juli 1995

»Körper, Tod und Utopie. Erfahrungen mit Verdi und Wagner«, zuerst erschienen in: Theater der Zeit 4/1996, Berlin

»Die unerfüllbare Sehnsucht. Notizen zur Konzeption von Lohengrin«, zuerst erschienen in: Programmheft Hamburgische Staatsoper zur Premiere von Wagner, *Lohengrin* am 18. Januar 1998

»Scheitern als Chance. Gespräch zu Daphne«, zuerst erschienen in: Programmheft Aalto Theater Essen zur Premiere von Strauss, *Daphne* am 29. Mai 1999

»Es ist Hoffnung, das Ende ist nun doch wohl gekommen. Peter Konwitschnys Wagner-Inszenierungen«. Veranstaltung der Stiftung Archiv der Akademie der Künste Berlin-Brandenburg zum 4. Kongreß der Gesellschaft für Theaterwissenschaft Berlin am 31. Oktober 1998, Textfassung Konstanze Mach-Meyerhofer und Frank Kämpfer (unveröffentlicht)

»Rosenkavalier. Friedenstag. Daphne oder: warum man mit dem Ver-Urteilen vorsichtig umgehen sollte«, zuerst erschienen in: Hanspeter Krellmann (Hrsg.) »Wer war Richard Strauss?« Insel Verlag Frankfurt/Main 1999, S. 260-271

»Falstaff: Bitte keine Posse!«, zuerst erschienen in: Programmheft Bühnen Graz/Steiermark zur Premiere von Verdis *Falstaff* am 25. Februar 2001.

»Operettenwahrheiten. Konzeptionelle Gedanken zur ›Csárdásfürstin‹«, zuerst erschienen in: Programmheft Sächsische Staatsoper Dresden, zur Premiere von Kalman, *Die Csárdásfürstin* am 29. Dezember 1999 (aufgezeichnet von Hella Bartnig und Werner Hintze; vom Hrsg. leicht bearbeitet).

Verzeichnis der realisierten Musiktheater-Inszenierungen von Peter Konwitschny

01

Friedrich Goldmann

R. Hot bzw. Die Hitze (Uraufführung)

■ Deutsche Staatsoper Unter den Linden, Berlin

Premiere: 27. Februar 1977

Musikalische Leitung: Friedrich Goldmann
Ausstattung: Karl-Heinz Schäfer
Dramaturgie: Sigrid Neef

Besetzung

Robert Hot: Peter Menzel; Lord Hot: Peter Olesch; Lord Hamilton: Peter Bindszus; Prinzessin: Brigitte Eisenfeld; Major/Beichtvater: Bernd Riedel; Soldat/Peter: Motomu Itzuki; Wundarzt/Williams: Peter Karsten Bläservereinigung Berlin; Bernd Caspar, Keyboards; Manfred Pernutz, Kontrabaß

02

Emmerich Kálmán

Gräfin Mariza

■ Theater Greifswald

Premiere: 31. Januar 1981

Musikalische Leitung: Franz Kliem
Bühne: Pieter Hein
Kostüme: Katrine Cremer
Dramaturgie: Jörg-Michael Koerbl
Choreographie: Frank Männel

213

Besetzung

Mariza: Helga Lucke; Moritz: Dietmar Kuntsche; Koloman: Rali Ralev;
Tassilo: Werner Staudinger; Lisa: Doris Hädrich; Liebenberg: Joachim Puls;
Bozena: Dorothea Rehm; Penizek: Ursula Schoene-Makus; Ilka: Uta Petroff;
Manja: Magdalena Oprescu; Tschekko: Hans Berger
Chor, Extrachor, Kinderchor, Orchester, Ballett und Tanzstudio des Theaters
Greifswald

03
Robert Hanell
Die Spieldose
■ Theater Greifswald
Premiere: 22. Januar 1982
Musikalische Leitung: Wilfried Koball
Ausstattung: Jochen Heite
Besetzung
Pierre Chaudraz: Bruno Auch; Paul Chaudraz: Werner Staudinger; Noelle:
Helga Lucke; Parmelin: Dietmar Kuntsche
Orchester des Theaters Greifswald

04
Carl Maria von Weber
Der Freischütz
■ Landestheater Altenburg
Premiere: 12. Juni 1983
Musikalische Leitung: Reinhard Kießling
Ausstattung: Gabriele Koerbl
Dramaturgie: Thomas Meier
Regieassistenz: Martin Balzer, Bettina Bartz
Besetzung
Ottokar: Volker-Johannes Richter; Cuno: Rafael Bienia; Agathe: Gabriele
Schumann; Ännchen: Dagmar Schellenberger; Caspar: Folker Herterich;
Max: Bernhard Brunko; Kilian: Gerhard Scholler; Eremit: Gisbert Zimmer;
Samiel: Bernd-Michael Baier und Helmut Loewe
Opernchor, Extrachor, Kleindarsteller. Landeskapelle Altenburg

■ Hamburgische Staatsoper
(Modell Altenburg mit verändertem Schluß)
Premiere: 31. Oktober 1999
Musikalische Leitung: Ingo Metzmacher
Ausstattung: Gabriele Koerbl
Dramaturgie: Bettina Bartz
Licht: Hans Toelstede
Besetzung
Ottokar: Wolfgang Rauch; Cuno: Dieter Weller; Agathe: Charlotte
Margiono; Ännchen: Sabine Ritterbusch; Caspar: Albert Dohmen; Max:
Poul Elming; Eremit: Simon Yang; Kilian: Oliver Zwarg; Samiel: Jörg
Michael Koerbl und Andra Darzins
Chor der Hamburgischen Staatsoper. Philharmonisches Staatsorchester
Hamburg

05
Georg Friedrich Händel
Floridante
■ Landestheater Halle/Goethe-Theater Bad Lauchstädt
Premiere: 13. Mai 1984
Musikalische Leitung: Christian Kluttig
Ausstattung: Kathrin Mentzel
Dramaturgie: Karin Zauft
Regieassistenz: Klaus Arauner, Werner Hintze,
                       Regina Karpinski
Deutsche Texteinrichtung von Werner Hintze und Peter Konwitschny auf
der Grundlage der deutschen Fassung von Karin Zauft
Besetzung:
Floridante: Annette Markert; Oronte: Jürgen Trekel/Tomas Möwes; Rossane:
Juliane Claus/Petra-Ines Strate; Elmira: Elisabeth Wilke/Mária Petrašovská;
Timante: Renate Leißner/Karin Börngen/Marita Posselt; Coralbo: Jürgen
Krassmann/Andreas David
Händelfestspielorchester Halle

06
Gioaccino Rossini
L'occasione fa il ladro
Ferrucio Busoni
Arlecchino
■ Cantiere Internazionale d'Arte Montepulciano
Premiere: 28. Juli 1985
Musikalische Leitung: Antony Beaumont
Ausstattung: Klaus Noack
Besetzung Rossini
Berenice: Monika Krause; Ernestina: Liat Himmelheber; Conte Alberto:
Andreas Poddighe; Don Eusebio: Karl Fred Elsner; Don Parmenione: John
Pflieger; Martino: Peter Nikolaus Kante; Servo del Conte Alberto:
Carmen-Maja Antoni
Besetzung Busoni
del Sarto: Reinhard Dorn; Cospicuo: John Pflieger; Bombasto: Eelco von
Jordis; Arlecchino: Carmen-Maja Antoni; Leandro: Karl Fred Elsner;
Annunziata: Elisabeth Terschluse; Colombina: Liat Himmelheber
Orchester des Cantiere Internazionale d'Arte Montepulciano 1985

07
Christoph Willibald Gluck
Orpheus und Eurydike
■ Landestheater Halle
Premiere: 22. März 1986
Musikalische Leitung: Harald Knauff
Bühne: Helmut Brade
Kostüme: Sabine von Oettingen
Dramaturgie: Peter Scheibe
Choreographie: Helmut Neumann
Deutsche Textfassung: Werner Hintze
Besetzung
Orpheus: Annette Markert/Mária Petrašovská; Eurydike: Evelin Garbrecht/
Petra-Ines Strate; Amor: Juliane Claus
Chor des Landestheaters Halle. Händelfestspielorchester Halle

■ Städtische Bühnen Nürnberg (Modell Halle)
Premiere: 9. Juni 1990
Musikalische Leitung: Christian Reuter
Bühne: Helmut Brade
Kostüme: Sabine von Oettingen
Choreographie: Horst Müller
Besetzung
Orpheus: Diane Elias; Eurydike: Gudrun Ebel; Amor: Nancy Hermiston
Chor der Städtischen Bühnen. Philharmonisches Orchester Nürnberg

08
Albert Lortzing
Der Waffenschmied
■ Leipziger Theater – Opernhaus
Premiere: 26. Oktober 1986
Musikalische Leitung: Johannes Winkler
Bühne: Axel Pfefferkorn
Kostüme: Jutta Harnisch
Dramaturgie: Werner Hintze/Lothar Wittke
Besetzung
Hans Stadinger: Rainer Lüdeke; Marie: Adelheid Vogel; von Liebenau:
Achim Wichert; Georg: Christian Vogel; Adelhof: Werner Hasselmann;
Irmentraut: Ruth Asmus; Brenner: Hans-Peter Schwarzbach; von
Katzenstein: Marie-Luise Butzek
Chor des Opernhauses, Opernchorstudio. Gewandhausorchester Leipzig

■ Staatstheater Kassel
Premiere: 9. Dezember 1989 (Modell Leipzig)
Musikalische Leitung: Andreas Kowalewitz
Bühne: Axel Pfefferkorn
Kostüme: Jutta Harnisch
Dramaturg. Mitarbeit: Ulrich Burkhardt
Besetzung
Hans Stadinger: Hans-Georg Moser; Marie: Marianne Larsen; von
Liebenau: Andreas Näck; Georg: Edgar Schäfer; Adelhof: Dieter Hönig;

Irmentraut: Gertraud Wagner; Brenner: René Claasen; von Katzenstein:
Jutta Gerling-Haist
Opernchor und Extrachor. Orchester des Staatstheaters Kassel

09
Jacques Offenbach
Die elektromagnetische Gesangsstunde / Ritter Eisenfraß
■ Friedrichstadtpalast Berlin/Das Ei
Premiere: 25. Dezember 1986
Musikalische Einrichtung
und Leitung: Henry Krtschil
Bühne: Pieter Hein
Kostüme: Ursula Wolf
Dramaturg. Mitarbeit: Bettina Bartz
Deutsche Textfassungen: Josef Heinzelmann
Besetzung *Die elektromagnetische Gesangsstunde*
Toccato: Henno Garduhn; Hans Schlauheimer: Hans-Otto Rogge
Besetzung *Ritter Eisenfraß*
Eisenfraß: Hans-Otto Rogge; Feuerstein: Peter Bindszus; Schlagetot:
Carmen-Maja Antoni; Schwefelblüte: Eleonore Elstermann; Schädelbrecht:
Henno Garduhn
Orchester: Flöten: Edda Laube, Johannes Siegert; Klarinette: Jürgen Kuppke;
Akkordeon: Kathrin Pfeiffer; Klavier: Jürgen Beyer; Kontrabaß: Bernhard
Krüger; Schlagwerke: Udo Reichel

10
Georg Friedrich Händel
Rinaldo
■ Landestheater Halle
Premiere: 15. März 1987
Musikalische Leitung: Christian Kluttig
Bühne: Helmut Brade
Kostüme: Kathrin Scholz
Dramaturgie: Werner Hintze
Deutsche Textfassung: Frank Kämpfer. Mitarbeit: Werner Hintze

Besetzung
Rinaldo: Annette Markert; Goffredo: Mária Petrašovská; Eustazio: Axel
Köhler; Argante: Andreas David; Armida: Hendrikje Wangemann; Almirena:
Juliane Claus
Händelfestspielorchester Halle

11
Béla Bartók
Herzog Blaubarts Burg
■ Staatstheater Kassel
Premiere: 26. September 1987
Musikalische Leitung: Adam Fischer
Ausstattung: Helmut Brade
Dramaturgie: Albrecht Puhlmann
                        Hans Joachim Schäfer
Deutsche Textfassung von Wilhelm Ziegler. 1963 revidiert von Helmut
Wagner und Karl Heinz Füssl. Überarbeitet von Werner Hintze und Peter
Konwitschny
Besetzung
Herzog Blaubart: Hans-Georg Moser; Judith: Julia Juon
Orchester des Staatstheaters Kassel

■ Hamburgische Staatsoper
Premiere: 28. Mai 2000
Musikalische Leitung: Ingo Metzmacher
Ausstattung: Helmut Brade
Licht: Konrad Lindenberg
Textfassung: original (ungarisch)
Besetzung
Herzog Blaubart: Robert Hale; Judith: Ildiko Komlosi
Philharmonisches Staatsorchester Hamburg

12
Charles Ives
The unanswered question

Kurt Weill
Die sieben Todsünden
■ Staatsschauspiel Dresden
Premiere: 16. Dezember 1987
Musikalische Leitung: Udo Zimmermann/Eckehard Mayer
Choreographie: Arila Siegert
Ausstattung: Jens Büttner
Dramaturg. Mitarbeit: Heike Müller-Merten
Besetzung
Anna I: Annette Jahns; Anna II: Arila Siegert; Vater: Peter Küchler; Mutter:
André Eckert; Söhne: Jürgen Hartfiel, Helmut Henschel
Dresdner Philharmonie

13
Giuseppe Verdi
Rigoletto
■ Landestheater Halle
Premiere: 28. Februar 1988
Musikalische Leitung: Christian Kluttig
Bühne: Martin Fischer
Kostüme: Monika Ringat
Dramaturgie: Werner Hintze
Deutsche Textfassung: Bettina Bartz und Werner Hintze
Besetzung
Herzog: Michail Michailow; Rigoletto: Jürgen Krassmann/Tomas Möwes;
Gilda: Juliane Claus/Hendrikje Wangemann; Monterone: Jürgen Trekel;
Borsa: Siegfried Joachim/Martin Petzold; Marullo: Gerd Vogel/Egon Weber;
Graf Ceprano: Dietrich Holfter; Gräfin Ceprano: Evelin Garbrecht; Spara-
fucile: Gisbert Zimmer; Maddalena: Annette Markert/Mária Petrašovská;
Giovanna: Inge Roil
Herrenchor des Landestheaters Halle. Händelfestspielorchester Halle

14
Georg Friedrich Händel
Aci, Galatea e Polifemo
■ Goethe-Theater Bad Lauchstädt
Premiere: 1. Mai 1988

Musikalische Leitung: Ludwig Güttler
Bühne: Helmut Brade
Kostüme: Friederike Grumbach
Dramaturgie: Werner Hintze
Besetzung
Aci: Ute Selbig; Galatea: Elisabeth Wilke; Polifemo: Bernd Grabowski
Virtuosi Saxoniae

15
Georges Bizet
Carmen
■ Landestheater Halle
Premiere: 25. Dezember 1988
Musikalische Leitung: Christian Kluttig
Bühne: Helmut Brade
Kostüme: Katrin Scholz
Dramaturgie: Werner Hintze
Deutscher Text: Walter Felsenstein. Fassung von Werner Hintze und Peter
Konwitschny
Besetzung
Carmen: Annette Markert/Mária Petrašovská; Don José: Michail Michailow/
Hans-Dirk Mundt; Escamillo: Tomas Möwes; Micaela: Hendrikje Wange-
mann; Zuniga: Gisbert Zimmer; Moralès: Gerd Vogel; Frasquita: Anke Bernd;
Mercédès: Renate Leißner; kleiner Don José: Clemens Harazim/Jost Hirthe
Chor, Extrachor; Kinderchor des Landestheaters. Händelfestspielorchester
Halle

16
Ludwig van Beethoven
Fidelio
■ Theater Basel
Premiere: 15. September 1989
Musikalische Leitung: Michael Boder
Bühne: Helmut Brade
Ausstattung: Katrin Scholz
Dramaturgie: Albrecht Puhlmann

Besetzung

Don Fernando: Urban Malmberg; Don Pizarro: Falk Struckmann; Florestan: Hubert Delamboye; Leonore: Kathryn Day/Ruth Gross; Rocco: Hans Peter Scheidegger; Marzelline: Gilian Macdonald; Jaquino: Stefan Margita Chor und Extrachor des Theaters Basel. Basler Sinfonie-Orchester

17
Georg Friedrich Händel
Tamerlan
■ Landestheater Halle
Premiere: 28. April 1990

Musikalische Leitung:	Christian Kluttig
Bühne:	Helmut Brade
Kostüme:	Andrea Eisensee/Anne Grimm
Dramaturgie:	Heike Hanefeld

Deutsche Textfassung: Frank Kämpfer. Mitarbeit Werner Hintze

Besetzung

Tamerlan: Axel Köhler; Bajazet: Nils Gisecke/Hans-Jürgen Wachsmuth; Asteria: Hendrikje Wangemann; Andronico: Annette Markert; Irene: Mária Petrašovská; Leone: Jörg Decker
Händelfestspielorchester Halle

18
Bedrich Smetana
Die verkaufte Braut
■ Vereinigte Bühnen Graz
Premiere: 24. Februar 1991

Musikalische Leitung:	Wolfgang Bozić
Bühne:	Jörg Koßdorff
Kostüme:	Michaela Mayer
Choreographie:	Enno Markwart
Dramaturgie:	Bettina Bartz

Deutsche Textfassung von Carl Riha und Winfried Höntsch in einer Texteinrichtung von Heidemarie Stahl. Überarbeitet von Peter Konwitschny

Besetzung

Kruschina: Konstantin Sfiris; Ludmilla: Foula Dimitriades; Marie/Esmaralda:

Angélique Burzynski; Micha: Zoltán Császár; Agnes: Ildiko Szönyi; Wenzel:
Fermin Montagud; Hans: Eugen Procter; Kezal: Ludovic Kónya; Zirkusdi-
rektor: Götz Zemann
Chor, Extrachor, Singschul' und Ballettschule der Grazer Oper
Grazer Philharmonisches Orchester

■ Sächsische Staatsoper Dresden
Premiere: 31. Januar 1993 (Modell Graz)
Musikalische Leitung: Michail Jurowski
Bühne: Jörg Koßdorff
Kostüme: Michaela Mayer
Choreographie: Anno Markwart
Dramaturg. Mitarbeit: Hella Bartnig
Besetzung
Kruschina: Jürgen Commichau; Ludmilla: Andrea Ihle; Marie/Esmaralda:
Sabine Brohm; Micha: Hajo Müller; Agnes: Angela Liebold; Wenzel: Ma-
nuel von Senden; Hans: Norbert Orth; Kezal: Reinhard Dorn; Zirkusdirek-
tor: Armin Uhde
Chor, Extrachor und Kinderchorstudio der Sächsischen Staatsoper Dresden
Sächsische Staatskapelle Dresden

19
Béla Bartók
Herzog Blaubarts Burg
Arnold Schönberg
Erwartung
■ Theater Basel
Premiere: 9. Juni 1991
Musikalische Leitung: Ingo Metzmacher
Ausstattung: Helmut Brade
Licht: Hermann Münzer
Dramaturgie: Albrecht Puhlmann
Dramaturg. Mitarbeit: Eva Qualmann
Deutsche Fassung (Bartók) von Wilhelm Ziegler. 1963 revidiert von Helmut
Wagner und Karl Heinz Füssl. Überarbeitet von Werner Hintze und Peter
Konwitschny

Besetzung
Herzog Blaubart: Falk Struckmann; Judith / Frau: Kristine Ciesinski
Basler Sinfonie-Orchester

■ Oper Leipzig
Premiere: 5. September 1992 (Modell Basel)
Musikalische Leitung: Udo Zimmermann
Ausstattung: Helmut Brade
Dramaturgie: Regina Brauer
Besetzung
Herzog Blaubart: Falk Struckmann; Judith / Frau: Kristine Ciesinski
Gewandhausorchester Leipzig

20
Giacomo Puccini
La Bohème
■ Oper Leipzig
Premiere: 15. Dezember 1991
Musikalische Leitung: Stefan Soltesz
Ausstattung: Johannes Leiacker
Dramaturgie: Ilsedore Reinsberg, Regina Brauer
Wissenschaftl. Mitarbeit: Gerd Rienäcker
Besetzung
Rodolfo: Keith Olsen; Marcello: Robert Heimann; Schaunard: Andreas
Scholz; Colline: Lennart Forsén; Mimi: Kathleen Cassello; Musetta:
Hendrikje Wangemann; Alcindoro: Rudolf Riemer; Benoit: Konrad Rupf;
Parpignol: Victor Sawaley; Händler: Thomas Heymann; Zöllner: Klaus Nier;
Sergeant: Wolfram Protze; Seiltänzerin: Andrea Kröber
Chor und Kinderchor der Oper Leipzig. Gewandhausorchester Leipzig

■ Vereinigte Bühnen Graz
Premiere: 22. Dezember 1996 (Modell Leipzig)
Musikalische Leitung: Wolfgang Bozić
Ausstattung: Johannes Leiacker
Besetzung
Rodolfo: Janez Lotric; Marcello: Miguelangelo Cavalcanti; Schaunard:

Stephen Owen; Colline: Hans Sisa; Mimi: Maureen Browne; Musetta: Sonia Zlatkova; Alcindoro: Robert Mlekus; Benoit: Ludovic Kónya; Parpignol: Manuel von Senden; Zöllner: István Galamb; Sergeant: Zoltán Galamb; Seiltänzerin: Melanie Eberhart
Grazer Philharmonisches Orchester. Chor, Extrachor, Singschul' und Statisterie der Grazer Oper

■ Nationale Reisopera Enschede
Premiere: 28. Mai 1999 (Modell Leipzig)
Musikalische Leitung: Lawrence Renes
Ausstattung: Johannes Leiacker
Besetzung
Rodolfo: Harrie van dert Plas; Marcello: Robert Bork; Schaunard: Marcel Boone; Colline: Michail Schelomianski; Mimi: Elzbieta Szmytka; Musetta: Catherine Dubose; Alcindoro: Tom Haenen; Benoit: Jan Garritson; Parpignol: Huub Verreijt; Händler: Hans Vriezen; Zöllner: Chris Riteco; Sergeant: Peter Krijn
Koor van de Nationale Reisopera. Kinderkoor *Multiple voice.* Het Gelders Orkest

21
Jacques Offenbach
Hoffmanns Erzählungen
■ Sächsische Staatsoper Dresden
Premiere: 21. März 1992
Musikalische Leitung: Caspar Richter
Ausstattung: Bert Neumann
Dramaturgie: Hella Bartnig
Dialogfassung der Sächsischen Staatsoper Dresden unter Verwendung der quellenkritischen Neuausgabe von Fritz Oeser in der deutschen Übertragung von Gerhard Schwalbe und des gleichnamigen Schauspiels in der Übersetzung von Angela Fremont-Borst und Regine Friedrich
Teilweise Neuübersetzung der Gesangstexte: Bettina Bartz
Besetzung
Hoffmann: Tom Martinsen; Muse/Niklas/Stimme der Mutter: Annette Jahns; Lindorf/Coppelius/Mirakel/Dapertutto: Karl-Heinz Stryczek; Andre-

as/Cochenille/Franz/Pitichinaccio: Helmut Henschel; Olympia: Christiane Hossfeld; Antonia: Sabine Brohm; Giulietta: Waltraud Vogel; Spalanzani: Karl-Friedrich Hölzke; Crespel: Rolf Wollrad; Schlemihl: Thomas Förster; Nathanael: Peter Keßler; Hermann: Frank Schiller; Wilhelm: Matthias Henneberg; Luther: Günter Dreßler; Stella: Katrin Dönitz
Chor der Sächsischen Staatsoper. Sächsische Staatskapelle Dresden

22
Giacomo Puccini
Madame Butterfly
■ Vereinigte Bühnen Graz
Premiere: 3. Mai 1992
Musikalische Leitung: Wolfgang Bozić
Bühne: Jörg Koßdorff
Kostüme: Hanna Wartenegg
Dramaturgie: Bettina Bartz/Bernd Krispin
Besetzung
Butterfly: Maureen Browne; Suzuki: Julia Bernheimer; Kate Pinkerton: Fran Lubahn; Pinkerton: Hans Aschenbach; Sharpless: Ludovic Kónya; Goro: Michael Roider; Bonze: Konstantin Sfiris; Yamadori: David McShane; Kommissar: Zoltán Császár; Yakusidé: James Jolly; Mutter: Roswitha Leski-Posch
Chor und Extrachor der Grazer Oper. Grazer Philharmonisches Orchester

23
Gioacchino Rossini
Der Türke in Italien
■ Theater Basel
Premiere: 15. November 1992
Musikalische Leitung: Markus Stenz/Rüdiger Bohn
Ausstattung: Klaus Noack
Licht: Hermann Münzer
Dramaturgie: Albrecht Puhlmann
Italienisch-deutsche Mischfassung: Albrecht Puhlmann und Peter Konwitschny nach einer Übersetzung von Peter Brenner

Besetzung

Selim: Pavlo Hunka; Fiorilla: Sonia Theodoridou; Geronio: Marcus Fink; Narciso: Gregory Mercer; Prosdocimo: Mark Holland; Zaida: Dorothea Unger; Albazar: Werner Güra
Herrenchor des Theaters Basel. Radio-Sinfonieorchester Basel

24

Wolfgang Amadeus Mozart
Die Entführung aus dem Serail
■ Vereinigte Bühnen Graz
Premiere: 9. Oktober 1993
Musikalische Leitung: Mario Venzago
Bühne: Jörg Koßdorff
Kostüme: Michaela Mayer
Dramaturgie: Bettina Bartz
Besetzung
Bassa Selim: Andreas Sindermann; Konstanze: Silvana Dussmann; Blonde: Martina Unden; Belmonte: Gregory Mercer; Pedrillo: Michael Roider; Osmin: Franz Kalchmair; Wolfgang A.: Verena Kuzmany
Grazer Opernchor. Grazer Philharmonisches Orchester

25

Michael Jarrell
Cassandre (Uraufführung)
■ Théatre du Chatelet, Paris
Premiere: 4. Februar 1994
Musikalische Leitung: David Robertson
Ausstattung: Helmut Brade
Licht: Dominique Borrini
Besetzung
Cassandre: Marthe Keller. Ensemble Intercontemporain. IRCAM Paris

26

Sergej Prokofieff
Der feurige Engel
■ Bremer Theater

Premiere: 14. April 1994

Musikalische Leitung: Ira Levin

Ausstattung: Bert Neumann

Dramaturgie: Dagmar Birke

Deutsche Textfassung; überarbeitet von Bettina Bartz, Dagmar Birke,
Peter Konwitschny

Besetzung

Renata: Katherine Stone; Ruprecht: Ron Peo; Wirtin/Äbtissin: Eva Gilhofer;
Wahrsagerin: Christiane Iven; Agrippina/Mephisto/Doktor: Walter Gabriel;
Faust: Loren Christopher Lang; Inquisitor: Konstantin Gorny; Jacob Glock:
Erwin Feith; Matthias Wissmann/Knecht/Wirt: Volkmar Ziemens; Kellner:
Manfred Laudenbach

Chor des Bremer Theaters. Philharmonisches Staatsorchester Bremen

27

Giuseppe Verdi

Un ballo in maschera

■ Sächsische Staatsoper Dresden

Premiere: 2. Oktober 1994

Musikalische Leitung: Ingo Metzmacher

Ausstattung: Bert Neumann

Dramaturgie: Hella Bartnig

Deutsche Übertitel nach einer Übersetzung von Bettina Bartz. Eingerichtet
von Hella Bartnig und Peter Konwitschny

Besetzung

Riccardo: Mario Malagnini/Igor Filipovic; Renato: Dimitri Kharitonov/Lud-
wig Baumann; Amelia: Luana DeVol; Ulrica: Birgit Remmert; Oscar: Christiane Hossfeld/Roxana Incontrera; Silvano: Matthias Henneberg; Samuel:
Reinhard Dorn/André Eckert; Tom: Hajo Müller; Richter: Gerald Hupach;
Diener: Karl-Heinz Koch

Chor und Kinderchor der Sächsischen Staatsoper Dresden.
Sächsische Staatskapelle Dresden

28

Giuseppe Verdi

Aida

■ Vereinigte Bühnen Graz
Premiere: 27. November 1994
Musikalische Leitung: Mario Venzago
Bühne: Jörg Koßdorff
Kostüme: Michaela Mayer
Dramaturgie: Bernd Krispin/Sabine Czeskleba
Deutsche Übertitel: Bernd Crispin, Sabine Czeskleba, Peter Konwitschny
Besetzung
König: Konstantin Sfiris; Amneris: Ildiko Szönyi; Aida: Maureen
Browne; Radames: Wolfgang Müller-Lorenz; Ramfis: Franz Kalchmair;
Amonasro: Jacek Strauch; Bote: Manuel von Senden; Priesterin: Natela
Tchkonia
Chor und Extrachor der Grazer Oper. Grazer Philharmonisches Orchester

■ Südthüringisches Staatstheater Meiningen
Premiere: 22. Dezember 1995 (Modell Graz)
Musikalische Leitung: Marie-Jeanne Dufour
Bühne: Jörg Koßdorff
Kostüme: Michaela Mayer
Dramaturgie: Bernd Krispin/Sabine Czeskleba
Deutsche Übertitel: Bernd Crispin, Sabine Czeskleba, Peter Konwitschny
Besetzung
König: Lothar Froese/Bernd Hofmann; Amneris: Aurelia Hajek; Aida:
Wiebke Göetjes/Heike Lerer; Radames: Eric Leon Holland; Ramphis:
Genady Rodionow; Amonasro: Giacomo del Fonte/Dimitar Sterev; Bote:
Bernhard Hirsch/Hartmut Struppek; Priesterin: Ute Dähne
Chor und Extrachor. Orchester des Meininger Theaters

29
Pjotr Iljitsch Tschaikowskij
Eugen Onegin
■ Oper Leipzig
Premiere: 22. Januar 1995
Musikalische Leitung: Jiři Kout
Ausstattung: Johannes Leiacker
Dramaturgie: Regina Brauer

Russisch-deutsche Mischfassung von Regina Brauer und Peter Konwitschny
auf der Grundlage der Fassung von Wolf Ebermann und Manfred Koerth;
überarbeitet von Bettina Bartz

Besetzung

Larina: Monika Luck; Tatjana: Soja Smoljaninowa; Olga: Annette Markert;
Filipjewna: Ruth Asmus; Onegin: Tomas Möwes; Lenskij: Evan Bowers;
Gremin: Matthias Hölle; Triquet: Viktor Sawaley; Hauptmann/Saretzkij:
Rudolf Riemer; Guillot: Joachim David
Chor der Oper Leipzig. Gewandhausorchester Leipzig

■ Gran teatre del Liceu Barcelona
Premiere: 14. Mai 1998 (Modell Leipzig)
Regieassistenz: Verena Graubner
Musikalische Leitung: Alexander Anissimov
Ausstattung: Johannes Leiacker
Russische Textfassung

Besetzung

Larina: Viorica Cortez; Tatjana: Solveig Kringelborn; Olga: Itxaro Mentxaka;
Filipjewna: Rita Gorr; Onegin: Wojciech Drabowicz; Lenski: Evan Bowers;
Gremin: Konstantin Gorny; Triquet: Eduard Giménez; Hauptmann/
Saretzkij: Aik Martirossian
Orquestra simfònica y cor del gran teatre del Liceu Barcelona

■ Nationale Reisopera, Den Haag
Premiere: 15. September 1999 (Modell Leipzig)
Einstudierung: Verena Graubner
Musikalische Leitung: Lawrence Renes
Ausstattung: Johannes Leiacker
Russische Textfassung

Besetzung

Larina: Annelies Lamm; Tatjana: Sinéad Mulhern; Olga: Cécile van de Sant;
Filipjewna: Lucia Meeuwsen; Onegin: Jean-Luc Chaignaud; Lenski: Daniel
Kirch; Gremin: Michail Scheliomianski/Zelotes Edmund Toluiwer; Triquet:
John Cogram; Hauptmann Saretzkij: Christ Riteco
Koor van de Nationale Reisopera. Het Gelders Orkest

30
Richard Strauss
Friedenstag
■ Sächsische Staatsoper Dresden
Premiere: 2. April 1995
Musikalische Leitung: Stefan Soltesz
Ausstattung: Johannes Leiacker
Dramaturgie: Hella Bartnig, Werner Hintze
Besetzung
Kommandant: Hans-Joachim Ketelsen; Maria: Luana DeVol; Wachtmeister:
Karl-Heinz Stryczek; Schütze: Tom Martinsen; Konstabel: Andreas Scholz;
Musketier: André Eckert; Hornist: Jürgen Commichau; Offizier: Jürgen
Hartfiel; Frontoffizier: Matthias Henneberg; Piemonteser: Werner Güra;
Holsteiner: Oddbjörn Tennfjord; Bürgermeister: Klaus König; Prälat: Rainer
Büsching; Frau: Sabine Brohm
Chor und Kinderchor der Sächsischen Staatsoper Dresden. Sinfoniechor
Dresden. Staatskapelle Dresden

31
Richard Wagner
Parsifal
■ Bayerische Staatsoper München
Premiere: 1. Juli 1995
Musikalische Leitung: Peter Schneider
Ausstattung: Johannes Leiacker
Licht: Peter Halbsgut
Dramaturgie: Werner Hintze
Besetzung
Amfortas: John Bröcheler; Titurel: Karl Helm; Gurnemanz: Kurt Moll;
Parsifal: John Keyes; Klingsor: Tom Fox; Kundry: Marjana Lipovšek/
Waltraud Meier; Gralsritter: James Anderson und Markus Hollop
Chor der Bayerischen Staatsoper. Bayerisches Staatsorchester

32

Giuseppe Verdi

Nabucco

■ Sächsische Staatsoper Dresden

Premiere: 19. Mai 1996

Musikalische Leitung: John Fiore
Bühne: Helmut Brade
Kostüme: Frauke Schernau
Dramaturgie: Werner Hintze

Deutsche Übertitel nach einer Übersetzung von Sandra Leupold. Eingerichtet von Hella Bartnig und Peter Konwitschny

Besetzung

Nabucco: Hans-Joachim Ketelsen; Ismaele: Tom Martinsen; Zaccaria: Danilo Rigosa; Abigaille: Soja Smoljaninova; Fenena: Kerstin Witt; Oberpriester: Rainer Büsching; Abdallo: Helmut Henschel; Anna: Sabine Brohm

Chor der Sächsischen Staatsoper Dresden. Sinfoniechor Dresden e. V. Staatskapelle Dresden. Bühnenmusik: Musikverein Dresden 71 e. V.

33

Jörg Herchet

Abraum *(Uraufführung)*

■ Oper Leipzig

Premiere: 7. März 1997

Musikalische Leitung: Lothar Zagrosek
Ausstattung: Helmut Brade
Mitarbeit Kostüme: Claudia Naumann
Dramaturgie: Antje Kaiser

Besetzung

Stefan: Tom Erik Lie; Chilene: Jörg Schörner; Anna: Hendrikje Wangemann; Dr. Reininger: Jürgen Kurth; Gustav: Konrad Rupf; Wirtin: Monika Luck; der Alte: Martin Petzold; Töchter: Alena-Maria Stolle, Heidrun Halx, Vivian Hanner, Annelott Damm; Schwarze Königin: Cornelia Helfricht; Arbeiter: Siegfried Worch, Volker Tancke; Florian Tabor; Bildnis: Ofelia Sala

Damen des Opernchors Leipzig. Gewandhausorchester Leipzig

34
Richard Wagner
Tannhäuser
■ Sächsische Staatsoper Dresden
Premiere: 29. Juni 1997
Musikalische Leitung: Christoph Prick
Bühne: Hartmut Meyer
Kostüme: Ines Hertel
Dramaturgie: Werner Hintze
Besetzung
Landgraf: Siegfried Vogel; Tannhäuser: Heinz Kruse; Wolfram: Andreas
Scheibner; Walther: Tom Martinsen; Biterolf: Bernd Zettisch; Heinrich:
Helmut Henschel; Reinmar: André Eckert; Elisabeth: Eva Johansson;
Venus: Ulla Sippola; Hirt: Christiane Hossfeld
Chor der Sächsischen Staatsoper Dresden. Sinfoniechor Dresden e.V.
Staatskapelle Dresden

35
Richard Wagner
Lohengrin
■ Hamburgische Staatsoper
Premiere: 18. Januar 1998
Musikalische Leitung: Ingo Metzmacher
Ausstattung: Helmut Brade
Kostüm-Mitarbeit: Inga von Bredow
Dramaturgie: Werner Hintze
Licht: Manfred Voss
Besetzung
König Heinrich: Harald Stamm; Lohengrin: Thomas Moser; Elsa: Inga
Nielsen; Telramund: Hans-Joachim Ketelsen; Ortrud: Eva Marton; Heer-
rufer: Wolfgang Rauch; Gottfried: Daniel Michel
Chor der Hamburgischen Staatsoper. Philharmonisches Staatsorchester
Hamburg

■ Gran teatre del Liceu Barcelona
Premiere: 18. März 2000 (Modell Hamburg)

Einstudierung:	Vera Nemirowa
Musikalische Leitung:	Peter Schneider
Ausstattung:	Helmut Brade
Licht:	Manfred Voss

Besetzung

König Heinrich: Hans Tschammer/Robert Holzer; Lohengrin: Roland Wagenführer/Michael Pabst; Elsa: Gwynne Geyer/Elisabete Matos; Telramund: Hartmut Welker/Roy Stevens; Ortrud: Eva Marton/Eugenie Grunewald; Heerrufer: Wolfgang Rauch/Angel Odena; Gottfried: Alvaro Fernández/ Xavier Rubro

Orquestra simfònica y cor del gran teatre del Liceu

36

Albert Lortzing

Regina *(Uraufführung der Originalfassung)*

■ Schillertheater NRW Gelsenkirchen

Premiere: 14. März 1998

Musikalische Leitung:	Johannes Wildner
Ausstattung:	Johannes Leiacker
Dramaturgie:	Carin Marquardt
Wissenschaft. Mitarbeit:	Jürgen Lodemann

Besetzung

Simon: Hartmut Bauer; Regina: Ines Krome; Richard: Thomas Piffka; Stephan: John Rilley-Schofield; Kilian: Karl-Heinz Brandt; Wolfgang: Tom Erik Lie; Beate: Beatrix Bardy; Barbara: Eva Tamulénas; Freischärler: Jerzy Kwika

Chor und Extrachor des Musiktheaters Gelsenkirchen

Neue Philharmonie Westfalen

37

Richard Wagner

Tristan und Isolde

■ Bayerische Staatsoper München

Premiere: 30. Juni 1998

| Musikalische Leitung: | Zubin Mehta |
| Ausstattung: | Johannes Leiacker |

Licht: Michael Bauer
Dramaturgie: Werner Hintze
Besetzung
Tristan: Siegfried Jerusalem; Marke: Kurt Moll; Isolde: Waltraud Meier;
Kurwenal: Bernd Weikl; Melot: Claes H. Ahnsjö; Brangäne: Marjana
Lipovšek; Hirt: Kevin Conners; Steuermann: Hans Wilbrink; junger
Seemann: Ulrich Reß
Chor der Bayerischen Staatsoper. Bayerisches Staatsorchester

38
Alban Berg
Wozzeck
■ Hamburgische Staatsoper
Premiere: 27. September 1998
Musikalische Leitung: Ingo Metzmacher
Ausstattung: Hans-Joachim Schlieker
Licht: Hans Toelstede
Dramaturgie: Werner Hintze
Besetzung
Wozzeck: Bo Skovhus; Tambourmajor: Jan Blinkhof; Andres: Jürgen Sacher;
Hauptmann: Chris Merritt; Doktor: Frode Olsen; Marie: Angela Denoke;
Margret: Renate Spingler; Handwerksburschen: Konrad Rupf, Kay Stiefer-
mann; Soldat: Findlay A. Johnstone; Narr: Frieder Stricker
Chor der Hamburgischen Staatsoper. Philharmonisches Staatsorchester
Hamburg

39
Giuseppe Verdi
Macbeth
■ Vereinigte Bühnen Graz
Premiere: 21. Februar 1999
Musikalische Leitung: Günter Neuhold/Dan Ratiu
Bühne: Jörg Koßdorff
Kostüme: Michaela Mayer-Michnay
Dramaturgie: Bernd Krispin, Bettina Bartz
Besetzung

Duncan: Otto David/Alexander Höller; Macbeth: Jacek Strauch; Banquo:
Konstantin Sfiris; Lady Macbeth: Ildiko Szönyi; Kammerfrau: Anna Portika;
Macduff: Juraj Hurny; Malcolm: Walter Pauritsch; Diener/Mörder/Arzt:
Ludovic Kónya
Chor der Grazer Oper. Grazer Philharmonisches Orchester

40
Richard Strauss
Daphne
■ Aalto Musiktheater Essen
Premiere: 29. Mai 1999
Musikalische Leitung: Stefan Soltesz
Ausstattung: Johannes Leiacker
Dramaturgie: Werner Hintze
Besetzung
Peneios: Marcel Rosca; Gaea: Elisabeth Hornung; Daphne: Zsuzsanna
Bazsinka; Leukippos: Rainer Maria Röhr; Apollo: Jeffrey Dowd; Schäfer:
Heiko Trinsinger, Herbert Hechenberger, Thomas Sehrbrock, Andreas
Baronner. Mägde: Astrid Kropp, Gritt Gnauck
Herren des Opernchors und des Extrachors. Essener Philharmoniker

41
Emmerich Kálmán
Die Csárdásfürstin
■ Sächsische Staatsoper Dresden
Premiere: 29. Dezember 1999
Musikalische Leitung: Stefan Soltesz
Ausstattung: Johannes Leiacker
Choreographie: Enno Markwart
Dramaturgie: Hella Bartnig, Werner Hintze
Besetzung
Leopold: Hajo Müller; Anhilte: Barbara Hoene; Edwin: Klaus Florian Vogt;
Stasi: Pascale Schulze; Boni: Chris Merritt; Sylva Varescu: Sabine Brohm;
Rohnsdorff: Rolf Tomaszewski; Feri: Konrad Rupf; Amerikaner: Günter Dreß-
ler; Kiss: Ronald Steffek; Miksa: Peter Meining; Leiche: Katharina Christl
Chor der Sächsischen Staatsoper Dresden. Sächsische Staatskapelle

42
Richard Wagner
Götterdämmerung
■ Staatsoper Stuttgart
Premiere: 12. März 2000
Musikalische Leitung: Lothar Zagrosek
Ausstattung: Bert Neumann
Licht: Lothar Baumgarte
Dramaturgie: Werner Hintze, Juliane Votteler
Besetzung
Siegfried: Albert Bonnema; Gunther: Hernan Itturalde; Alberich: John Wegner; Hagen: Roland Bracht; Brünnhilde: Luana DeVol; Gutrune: Eva-Maria Westbroek; Waltraute: Tichina Vaughn; Nornen: Janet Collins, Lani Poulson, Sue Patchell; Woglinde: Helga Rós Indridadóttir; Wellgunde: Sarah Castle; Floßhilde: Janet Collins
Chor der Staatsoper Stuttgart. Staatsorchester Stuttgart

43
Kurt Weill
Aufstieg und Fall der Stadt Mahagonny
■ Hamburgische Staatsoper
Premiere: 12. November 2000
Musikalische Leitung: Ingo Metzmacher
Ausstattung: Helmut Brade
Kostüm-Mitarbeit: Inga von Bredow
Licht: Hans Toelstede
Dramaturgie: Werner Hintze, Annedore Cordes
Besetzung
Begbick: Mechthild Gessendorf; Willy: Chris Merritt; Dreieinigkeitsmoses: Günter Missenhardt; Jenny: Inga Nielsen; Paul: Albert Bonnema; Jacob: Walter Raffeiner; Heinrich: Jürgen Freier; Josef: Dieter Weller; Tobby: Frieder Stricker
Chor der Hamburgischen Staatsoper. Philharmonisches Staatsorchester Hamburg

44

Giuseppe Verdi

Falstaff

■ Vereinigte Bühnen Graz

Premiere: 25. Februar 2001

Musikalische Leitung:	Ulf Schirmer
Regiemitarbeit:	Vera Nemirowa
Bühne:	Jörg Koßdorff
Kostüme:	Michaela Mayer-Michnay
Dramaturgie:	Bettina Bartz, Bernd Krispin
Licht:	Reinhard Traub

Deutsche Übertitel: Bettina Bartz, Bernd Crispin, Peter Konwitschny

Besetzung

Falstaff: Jacek Strauch; Ford: Miguelangelo Cavalcanti; Fenton: Sergei Homov; Cajus: Manuel von Senden; Bardolfo: Camillo dell'Antonio; Pistola: Ludovic Kónya; Alice Ford: Natalia Biorro; Nannetta: Sonia Zlatkova; Meg Page: Natela Nicoli; Mrs. Quickly: Ildiko Szönyi; Miss Ehre: Irene Tsompova Chor und Statisterie der Grazer Oper. Grazer Philharmonisches Orchester

Bibliographie

I. Musiktheater-Regie

Ackermann, Uta (Hrsg.): *Johann Kresnik und sein Choreographisches Theater.* Berlin 1999

Eckert, Nora: *Von der Oper zum Musiktheater. Wegbereiter und Regisseure.* Berlin 1995

Eggert, Mara / Jungheinrich, Hans-Klaus: *Durchbrüche. Die Oper Frankfurt. 10 Jahre. Musiktheater mit Michael Gielen.* Weinheim und Berlin 1987

Ely, Norbert / Jaeger, Stefan (Hrsg.): *Regie heute. Musiktheater in unserer Zeit.* Berlin 1984

Freyer, Achim: *Taggespinste Nachtgesichte.* Herausgegeben von der Akademie der Künste Berlin. Berlin 1994

Friedrich, Götz: *Musiktheater. Ansichten – Einsichten.* Berlin 1986

Genzel, Hans-Jochen / Schmidt, Eberhardt (Hrsg.): *Harry Kupfer, Musiktheater.* Im Auftrag der Komischen Oper Berlin. Berlin 1997

Hennenberg, Fritz (Hrsg.): *John Dew inszeniert Mozart.* Im Auftrag der Oper Leipzig. Berlin 1996

Jungheinrich, Hans-Klaus (Hrsg.): *Musiktheater.* Gespräche mit Gérard Mortier, Ruth Berghaus und Peter Mussbach. *Musikalische Zeitfragen*, Bd. 17. Kassel/Basel/London 1986

Koban, Ilse (Hrsg.): *Walter Felsenstein. Die Pflicht, die Wahrheit zu finden.* Briefe und Schriften eines Theatermannes. Frankfurt/Main 1987

Koban, Ilse (Hrsg.): *Joachim Herz. Theater – Kunst des erfüllten Augenblicks.* Briefe. Vorträge. Notate. Gespräche. Essays. Berlin 1989

Kranz, Dieter: *Der Regisseur Harry Kupfer. Ich muß Oper machen.* Kritiken. Beschreibungen. Gespräche. Berlin 1988

Neef, Siegrid: *Das Theater der Ruth Berghaus.* Berlin 1989

Panofsky, Walter: *Wieland Wagner.* Bremen 1964

II. Über Peter Konwitschny

Arauner, Klaus: *Peter Konwitschny inszeniert »Floridante« von Georg Friedrich Händel.* Dokumentation. Reihe Theaterarbeit in der DDR, Bd. 16. Berlin 1988

Eisenhardt, Uta: *Die Inszenierungen von Peter Konwitschny am Landestheater Halle.* Diplomarbeit, Fach Regie. Hochschule für Musik *Hanns Eisler*, Berlin 1990

Harder, Friderike: *Der geohrfeigte Dritte. Regiegeschichtliche und urheberrechtliche Aspekte des Skandals um Peter Konwitschnys Inszenierung ›Die Csárdásfürstin‹ zur Jahrtausendwende.* Mag. Art., FU Berlin 2001

Kämpfer, Frank: *Sehnsucht nach unentfremdeter Produktion. Der Regisseur Peter Konwitschny.* Ein Materialbuch. Reihe Theaterarbeit. Zentrum für Theaterdokumentation und -information, Akademie der Künste, Berlin 1992

Mellich, Christine: *Der Zustand ist hoffnungsvoll, in dem Sinn, dass das Ende nun doch wohl gekommen ist. Peter Konwitschnys Lesart der Musikdramen ›Tri-*

stan und Isolde‹ und ›Götterdämmerung‹ von Richard Wagner, betrachtet unter dem Aspekt einer Inszenierbarkeit von Utopie. Mag.art., Humboldt-Universität, Berlin 2000

Petraschewski, Stefan: *Peter Konwitschny inszeniert »Tristan und Isolde« an der Bayerischen Staatsoper München*. Musikfeature MDR KULTUR, Leipzig 29.07.1999

Zahlreiche Materialien über Peter Konwitschny und seine Regiearbeit befinden sich in der Stiftung Archiv der Akademie der Künste Berlin-Brandenburg/Archivabteilung Darstellende Kunst (Peter-Konwitschny-Archiv und Sammlung Inszenierungsdokumentationen des Arbeitsbereiches Theaterdokumentation)

III. Bild- und Tonträger

Berg, Alban – *Wozzeck*
Live-Mitschnitt in der Hamburgischen Staatsoper
September/Oktober 1998
Regie: Peter Konwitschny
Musikalische Leitung: Ingo Metzmacher
EMI Classics, CD 7243 5 56865 2 7, 96 min

Wagner, Richard – *Tristan und Isolde*
Produktion der Bayerischen Staatsoper
Regie: Peter Konwitschny
Musikalische Leitung: Zubin Metha
Arthaus / Naxos DVD 100056, 241 min

von Weber, Carl Maria – *Der Freischütz*
Produktion der Hamburgischen Staatsoper
Regie: Peter Konwitschny
Musikalische Leitung: Ingo Metzmacher
Arthaus / Naxos DVD 100106, 160 min

Über Peter Konwitschny

Geboren 1945 in Frankfurt/Main. Vater: Dirigent, Mutter: Sängerin. Abitur in Leipzig. 1965–70 Regiestudium an der Hochschule für Musik *Hanns Eisler* Berlin. 1971–79 Regieassistent am Berliner Ensemble unter der Intendanz von Ruth Berghaus. Ab 1980 freie Regiearbeit u. a. in Berlin, Budapest, Greifswald, Altenburg, Montepulciano, Kassel, Nürnberg, Paris, Bremen, Gelsenkirchen, Essen, Barcelona. 1986–90 Regisseur am Landestheater Halle. Ab 1990 regelmäßige Gastinszenierungen am Theater Basel, an den Bühnen Graz, an der Oper Leipzig und der Sächsischen Staatsoper Dresden. Ab 1998 Regietätigkeit an der Hamburgischen Staatsoper in Zusammenarbeit mit GMD Ingo Metzmacher.

Theatergeschichtliche Bedeutung hatte sein Neuansatz bei der Interpretation Händelscher Opern, mit dem er 1984 eine Ära der Halleschen Händelpflege begründete. Ebenso eröffneten seine Inszenierungen Wagnerscher Musikdramen in München, Dresden, Hamburg und Stuttgart eine neue Phase der Auseinandersetzung mit dem Werk Richard Wagners.

Seit 1981 regelmäßige Lehrtätigkeit für Regisseure, Dramaturgen, Bühnenbildner, Schauspieler und Sänger an Hochschulen in Rostock, Berlin, Graz, Leipzig und Hamburg.

1985 Kollektiver Händel-Preis des Rates des Bezirks Halle. 1988 Kunstpreis der DDR. 1992 Konrad-Wolf-Preis der Akademie der Künste Berlin. 1997 Bundesverdienstkreuz. 1995, 1998, 1999 und 2000 Regisseur des Jahres der Zeitschrift *Opernwelt*.

Peter Konwitschny ist Gründungsmitglied der Freien Akademie der Künste zu Leipzig, Mitglied der Sächsischen Akademie der Künste und der Akademie der Künste Berlin-Brandenburg.

242

Musik lesen? Probieren Sie es!

Theodor W. Adorno / Hanns Eisler
Komposition für den Film
mit Notenbeispielen aus »Vierzehn
Arten den Regen zu beschreiben« von
Hanns Eisler
209 Seiten, gebunden mit Schutzumschlag
ISBN 3-434-50090-1

George Antheil
Bad Boy of Music
Autobiographie
Herausgegeben und mit einem Prélude
sowie einem Antheil-Alphabet versehen
von Rainer Peters und Harry Vogt
Aus dem Amerikanischen von
Jutta und Theodor Knust
mit Abbildungen
458 Seiten, gebunden mit Schutzumschlag
ISBN 3-434-50499-0

Sonderausgabe mit CD
ISBN 3-434-52999-3

Udo Bermbach
Wo Macht ganz auf Verbrechen ruht
Politik und Gesellschaft in der Oper
314 Seiten, gebunden mit Schutzumschlag
ISBN 3-434-50409-5

David Bret
Callas
Biographie
Mit einem Vorwort von Montserrat Caballé
Aus dem Englischen von Götz Burghardt
mit Abbildungen
462 Seiten, gebunden mit Schutzumschlag
ISBN 3-434-50493-1

Wolfgang Held
Manches geht in Nacht verloren
Die Geschichte von Clara und
Robert Schumann
254 Seiten, gebunden mit Schutzumschlag
ISBN 3-434-50418-4

Carla Henius / Luigi Nono
Carla Carissima
Carla Henius, Luigi Nono – Briefe,
Tagebücher, Arbeitsnotizen
Mit einem Nachwort von Jürg Stenzl
mit Abbildungen
128 Seiten, gebunden mit Schutzumschlag
ISBN 3-434-50071-5

Carla Henius
Schnebel, Nono, Schönberg
oder die wirkliche
und die erdachte Musik
Essays und Autobiographisches
mit Abbildungen
196 Seiten, gebunden mit Schutzumschlag
ISBN 3-434-50026-X

Remi Hess
Der Walzer
Geschichte eines Skandals
Aus dem Französischen von
Antoinette Gittinger
mit Abbildungen
384 Seiten, gebunden mit Schutzumschlag
ISBN 3-434-50087-1

Bücher zur Musik und zur Musikgeschichte in der Europäischen Verlagsanstalt

Arnoldo Liberman
Gustav Mahler
Eine Annäherung in vier Sätzen
Aus dem Spanischen von Heidrun Adler
128 Seiten, gebunden mit Schutzumschlag
ISBN 3-434-50006-5

Hans Melderis
Raum – Zeit – Mythos
*Richard Wagner und die modernen
Naturwissenschaften*
250 Seiten, gebunden mit Schutzumschlag
ISBN 3-434-50487-7

Jean-Jacques Nattiez (Hg.)
»Dear Pierre« – »Cher John«
*Pierre Boulez und John Cage:
Der Briefwechsel*
Aus dem Englischen und Französischen von
Bettina Schäfer und Katharina Matthewes
257 Seiten, gebunden mit Schutzumschlag
ISBN 3-434-50098-7

Nikolaus de Palézieux
**Wassily Kandinsky und
Arnold Schönberg**
*Der geometrische Punkt ist
ein unsichtbares Wesen*
Duograohie, Bd. 9
134 Seiten, Broschur
ISBN 3-434-50209-2

Werner Pieck
Die Mozarts
Porträt einer Familie
mit Abbildungen
405 Seiten, gebunden mit Schutzumschlag
ISBN 3-434-50435-4

Werner Pieck
Leben Händels
mit Abbildungen
288 Seiten, gebunden mit Schutzumschlag
ISBN 3-434-50455-9

Arnold Schönberg
Rede auf Gustav Mahler (1912)
Band 9 der Reden-Reihe
Mit einem Essay von Werner Hofmann
80 Seiten, gebunden
ISBN 3-434-50109-6

Juliane Votteler (Hg.)
Musiktheater heute: Klaus Zehelein
Dramaturg und Intendant
mit Abbildungen
232 Seiten, gebunden mit Schutzumschlag
ISBN 3-434-50498-2

Anregungen und Kritik, Lob und Tadel erreichen uns unter
www.europaeische-verlagsanstalt.de
oder per Post: Europäische Verlagsanstalt, Bei den Mühren 70, 20457 Hamburg

Europäische Verlagsanstalt – eine Auswahl

Doris Burchard
Der Kampf um die Schönheit
Helena Rubinstein, Elizabeth Arden,
Estée Lauder
300 Seiten

Ursula El-Akramy
Die Schwestern Berend
Geschichte einer Berliner Familie
368 Seiten

Tania Förster
Dora Maar
Picassos Weinende
192 Seiten

Vera Forester
Lessing und Moses Mendelssohn
Geschichte einer Freundschaft
262 Seiten

John Fuegi
Brecht & Co.
Biographie
Autorisierte erweiterte und berichtigte
deutsche Fassung von Sebastian Wohlfeil
1088 Seiten

György Dalos
Die Reise nach Sachalin
Auf den Spuren von Anton Tschechow
ca. 280 Seiten

Freddy Jermanós
Teresa
Aus dem Neugriechischen übersetzt
und mit einem Glossar versehen von
Susanne Reichert
226 Seiten

Susanne Knecht
Lady Sophia Raffles auf Sumatra
Ein wagemutiges Leben
276 Seiten

Dominique Marny
Die Schönen Cocteaus
Aus dem Französischen übersetzt
von Bettina Schäfer; 254 Seiten

Peter Ostwald
»Ich bin Gott«
Waslaw Nijinski – Leben und Wahnsinn
Mit einem Vorwort von John Neumeier
490 Seiten

Paul Parin
Der Traum von Ségou
Neue Erzählungen
198 Seiten

Uwe Schultz
Descartes
Biographie
378 Seiten

Margarete Steffin
Briefe an berühmte Männer
Walter Benjamin, Bertolt Brecht,
Arnold Zweig
358 Seiten

Elsbeth Wolffheim
**Wladimir Majakowskij und
Sergej Eisenstein**
Duographie
174 Seiten

Charlotte Ueckert
**Margarete Susman und
Else Lasker-Schüler**
Duographie
160 Seiten

Alle Bücher schön gebunden und
mit zahlreichen Abbildungen